國家社科基金項目階段性成果

稽古緒論校注

〔明〕趙時春 撰

杜志強 蘭蓓蓓 校注

上海古籍出版社

圖書在版編目（CIP）數據

稽古緒論校注 /（明）趙時春撰；杜志强，蘭蓓蓓
校注. —上海：上海古籍出版社，2023.8
ISBN 978-7-5732-0747-0

Ⅰ.①稽… Ⅱ.①趙… ②杜… ③蘭… Ⅲ.①中國歷
史－古代史－史籍②《稽古緒論》－注釋 Ⅳ.①K204

中國國家版本館 CIP 數據核字（2023）第 124742 號

稽古緒論校注

（明）趙時春　撰

杜志强　蘭蓓蓓　校注

上海古籍出版社出版發行

（上海市閔行區號景路 159 弄 1-5 號 A 座 5F　郵政編碼 201101）

（1）網址：www.guji.com.cn

（2）E-mail：guji1@guji.com.cn

（3）易文網網址：www.ewen.co

浙江臨安曙光印務有限公司印刷

開本 850×1168　1/32　印張 8.25　插頁 2　字數 243,000

2023 年 8 月第 1 版　2023 年 8 月第 1 次印刷

印數：1—1,300

ISBN 978-7-5732-0747-0

K·3397　定價：48.00 元

如有質量問題,請與承印公司聯繫

前　言

　　趙時春（1508—1567），字景仁，號浚谷，平涼（今甘肅平涼市）人，嘉靖五年進士，"嘉靖八才子"之一，歷任刑部主事、司經局校書、山東民兵僉事、都察院右僉都御史、山西巡撫、都督雁門等地軍務，著作有《平涼府志》13卷，《趙浚谷集》16卷，《洗心亭詩餘》1卷，《稽古緒論》2卷。趙時春爲人堅持氣節，剛正不阿，關心國政，心繫民生，同時，他又著文修史，闡發儒學思想，勤謹一生，孜孜以求。他曾率軍轉戰於山東、山西，爲國效力，晚年定居平涼，低調著述，在去世前三年爲平涼韓王府宗室所迫，移家至華亭硯峽的群山之中，郁郁以殁。趙時春是一位有着崇高理想、高貴人格、淵博學識和較高文化成就的隴籍士大夫。在明代嘉靖年間的政壇和文壇上，他有着較大的影響，在隴右文化的發展歷程中，他更佔據着重要地位。今天，整理趙時春的著作，表彰他在文學、史學、思想等方面的成績，批判地弘揚其文化遺産，對於整理傳統文化典籍、發揚地域文化、促進新時代的文化建設，都有積極的學術意義。目前，趙時春的著作中，《趙浚谷集》《洗心亭詩餘》已整理出版，《平涼府志》正在整理之中，《稽古緒論》未見整理。爲此，我們選取《稽古緒論校注》這一課題，以爲趙時春和地域文化研究貢獻一份綿薄之力。

　　趙時春生平、仕履、個性、文學創作、身後評價及目前的研究狀況等，我們在《趙時春文集校箋》《趙時春詩詞校注》兩書的前言中都有分析，茲不贅述。本序僅就《稽古緒論》其書及其成書背景、書中所體現的趙時春思想等作一簡要論析。

一、《稽古緒論》寫作的時代背景

在明代歷史上,嘉靖朝是一個有轉折意義的時段。北蒙南倭的邊患,是困擾朝廷的最大問題,頻繁的戰事導致財政緊困,人民賦稅沉重,軍人疲於奔命卻戰力低下。嘉靖皇帝在其統治的初期興"大禮議"之爭,中後期又很少臨朝,以致朝臣傾軋弄權,政局日漸衰落。可以說,從嘉靖後期開始,不僅明代政局,乃至整個中國古代政局的走勢,已經處於頹勢之中。此後的張居正改革,雖然能起到暫時的延緩、救急之用,但最終還是無法扭轉整體的趨勢。

面對頹廢的政局,明代中期的士大夫在思想、文學乃至個人氣節等方面,都作出了積極的、令人感動的努力。他們奮不顧身地與權臣抗爭,其風骨之烈,在中國歷史上都是少見的,如嘉靖初年"大禮議"事件中楊廷和、楊慎等抗爭張璁、方獻夫,嘉靖中期楊繼盛、馮恩、趙錦等彈劾嚴嵩,均風骨凜凜。在思想上,自明朝伊始即被尊奉的程朱理學,已然嚴重限制了思想的發展,所以,以王陽明爲代表的思想家開始了對理學的叛逆和反思,他門闡發思想,聚衆講學,鼓蕩士風,並在嘉靖、隆慶、萬曆時期形成了蔚爲壯觀的心學思潮和流派,成爲中國思想發展後期的一道亮光。在文學上,以李夢陽帶代表的文學家反對台閣體的匠氣,主張用秦漢文章的矯健古氣和盛唐詩歌的渾融氣象來矯正當代詩文的板滯之弊,而且也形成了廣泛而持久的文學復古思潮,開啓了明清文學中流派紛呈、輪流登場的大幕。應該說,以王陽明、李夢陽爲代表的士大夫,分別從思想和文學的維度,爲明中期的文化做着積極的努力。雖然這些努力許多都發端於嘉靖之前,但其真正形成廣泛、持久而深入的影響,卻更多是在嘉靖時期。所以,嘉靖朝是明代歷史發展中具有轉折意義的時段。

趙時春是嘉靖時期一位積極有爲的士大夫。在嘉靖初年的"大禮議"事件中,他支持楊廷和,反對張璁,拒絕方獻夫的邀請,並因此導致了初入仕途的失意,體現出士大夫的堅定立場。在"庚戌之變"中,趙時春毅然赴任,訓練民兵,任山西巡撫、率軍轉戰於雁門一帶,後來又堅決支持好友唐順之出山抗倭,並撰寫《北虜紀略》,這是他對北蒙南倭的回應。他參與嘉靖初年"詩學初唐"的文學活動,反對"詩必盛唐",文學訴求上與時代接軌。在任東宮僚屬時,他以儒學自任,與唐順之、羅洪先並稱"三翰林",體現出對學術的執著。他與王慎中討論"尊德性,道問學"的理學問題,撰寫《稽古緒論》以闡發思想,體現出對時代士風的憂慮和力圖匡扶思想的抱負。從這些角度來説,趙時春是深度地融入了時代政局與思想文化之中,走在主流文化的行列,他的所作所爲、所思所想,無不打着鮮明的時代烙印。

二、《稽古緒論》的寫作與刊刻時間

《稽古緒論》一書,趙時春未有序,其詩文中也未提及該書。趙時春的著作都沒有自撰序跋,如《稽古緒論》《趙浚谷集》《洗心亭詩餘》均是,不自撰序跋似是趙時春有意爲之。因此之故,今天我們要了解其著作的寫作時間、緣起、目的等,就只能通過其他文字來間接推求了。

寫於嘉靖四十一年(1562)的孫應鰲序云:"得公所著《稽古緒論》,讀之,雖累日彌旬,餘音遺味,猶不盡於口耳。"孫應鰲讀了《稽古緒論》全帙,因此,可以肯定,至少在嘉靖四十一年,《稽古緒論》已完成,其刊刻時間也應在本年或略後。我們今天能見到的《稽古緒論》,也僅此一個版本。該本分上下卷,凡30篇,四萬餘字。

寫於嘉靖四十四年的李開先《趙浚谷詩文集序》云:"浚谷子每寄聲,云詩、文、詞、論俱未有序,在交遊知愛莫有如中麓者,四序幸勿退托。"言下之意，趙時春在書信中説，自己的詩、文、詞、論四部著作都尚未有序，故請李開先爲之序。這與嘉靖四十一年孫應鰲作《稽古緒論序》的事實明顯相背。之所以這樣，應當是趙時春邀請作序的書信發出去較早，李開先因身體欠安，遲遲没有寫序，直至四十四年纔寫成，這期間他也未見孫應鰲序，故叙述如此。

完成於萬曆八年（1580）的王祖嫡代周鑒作的《重刻稽古緒論序》云："因檢集中九篇，舊刻弗載，謀於學憲李君，並梓學宫。"周鑒是趙時春的女婿、得意門生，時以督察院右副都御史巡撫河南。在開封，周鑒擬重刻《稽古緒論》，遂撰寫了這篇序言。作爲方面大員，周鑒能調動充足的人力和物力，所以纔有能力刻印趙時春著作。他精選趙時春詩文，刻印《趙浚谷詩文集》17卷，同時，他還擬重刻《稽古緒論》。從引文來看，周鑒是想把集中主題相近的其它9篇作品也收錄進來，以擴大《稽古緒論》的篇幅，但遺憾的是，周鑒刻本《稽古緒論》今已難覓其踪。我們推測，周鑒並未完成《稽古緒論》的刻印工作，因爲就在本年，他因被彈劾而離開河南，調入京城，任通議大夫、督察院右副都御史了。所以，周鑒刻《稽古緒論》可能就不存在。但周鑒對趙時春的忠誠之情，是值得高度讚賞的。當然，另一種可能是，周鑒已經刻印完成，只不過我們尚未見到而已。

三、《稽古緒論》的寫作目的

（一）著書立説、留名青史是趙時春撰寫《稽古緒論》的根本目的

儒家自古就有立德、立功、立言"三不朽"的觀念，通過著述以垂不朽，是古代士大夫普遍的人生理想。趙時春固執地堅守儒學思想，因而，他必然地受其影響，在"立功"難以實現的情況下，埋頭著述以期傳諸久遠，就成爲他理所當然的選擇。

嘉靖三十二年底，時年 45 歲的趙時春因戰敗罷官，三十三年初返鄉，從此開始了他餘生 14 年的著述生涯。從返鄉初至《稽古緒論》的完成約九年時間，這期間他還作有 380 餘首詩、70 餘篇文章，以及幾十首詞（具體作時不明）。另外，趙時春從嘉靖三十五年開始纂修《平涼府志》，爲此，他遍歷平涼各縣，歷時五年，完成《平涼府志》13 卷，被譽爲西北名志。一年之後，他完成《稽古緒論》。可以看出，在這九年間，趙時春創作欲旺盛，勤奮著書，可謂高産；而在此之前，他以寫詩作文爲主，戰敗返鄉後，他纔決心埋頭著述。

從前引李開先《趙浚谷詩文集序》的話來看，趙時春是一直在用心地收集着自己的詩文，"詩、文、詞、論"，再加上"史"（《平涼府志》），五類作品，詩、文還有清晰的編年，體現出對其作品的高度重視。再從這九年間趙時春文章創作來看，《趙浚谷集》中與《稽古緒論》主題相近的文章還有：嘉靖三十五年完成的《諸儒》《儒學》《莊列諸子》《周漢君臣》《漢二帝》，三十六年的《雜劇談》17 則，三十七年的《史論》33 則，四十年的《〈詩〉論》，四十一年的《范曄史》《觀〈玄〉》等，這些文章，或討論儒學問題，或評論歷史人物，說明這九年中趙時春思考的問題主要集中在儒學思想和歷史思辨上。

綜合這些信息，我們能得出結論：立志著述是趙時春返鄉之後的首要任務。他在不斷地積累着材料，完善着思考。他想完成的，首先是立足儒學問題的思想性著作《稽古緒論》，其次應該是類似王夫之《讀通鑑論》的史論著作。他企圖藉此以傳諸久遠，垂名後世。遺憾的是，他執著於"述而不作"的傳統，大多闡發那些略顯陳舊的儒學命題，選題新意不够；他的史論也顯得零散、不够系統和集中。而且，他將這兩類問題的討論都匯集到《稽古緒論》中，使該書內容不够純粹，當然也影響到他在思想史、學術史上的成就和影響（詳後）。但至少可以肯定,立志著述以垂名後世,是趙時春撰寫《稽古緒論》的根本動因。

(二)闡發思想、矯正士風是撰寫《稽古緒論》的直接目的

今天來看,《稽古緒論》是一部以闡發儒家思想爲主的著作。趙時春平生以儒學自任,在程朱理學與陽明心學交替的嘉靖思想界,趙時春闡發儒家思想,必然有其深衷。我們首先要明確的是:對於陽明其人及其心學,趙時春從未有過明確評論,他是不知道陽明其人,還是不了解心學思潮? 爲何不置一評? 考慮到陽明心學的風行,我們以爲,説趙時春不了解心學絕無可能;他之不置一評,本身就是對陽明心學的態度。趙時春的儒學思想,主體在先秦儒家思想、漢代賈誼、董仲舒以及程朱理學的範圍,對於陽明心學,趙時春不感興趣,也不認同,所以,他從不提陽明其人,也基本不提"心"的概念,至少從未以"心即理""心外無物"的角度提"心"。明代儒者中,趙時春僅對河東學派的薛瑄給予了高度讚譽,因爲薛瑄本來也是繼承和發展程朱理學的。由此推理,趙時春撰寫《稽古緒論》,繼承和闡發先秦儒學、程朱理學思想,其直接目的就是要在陽明學風行天下的時代,依然倡揚程朱理學,以消解陽明心學的影響。

如果再放寬視野來看,趙時春長期生活的平涼,屬於"關學"的影響範圍,而明中期的"關學",本身也是抗衡陽明心學的。比趙時春略早的隴籍著名學者胡纘宗也宗奉程朱理學,受薛瑄影響尤多。所以,無論趙時春讚譽薛瑄,還是受關學影響,都能反映出在明中期的山西和西北地區,認同或信奉心學思想的學者很少。

需要明確的第二個問題是,趙時春不認同心學,卻與陽明後學交往密切,這該如何解釋? 趙時春交往的陽明後學有徐階、聶豹、程文德、鄒守益、錢寬、羅洪先、唐順之等,其中徐階於趙時春有知遇之恩,

鄒守益之子師事趙時春,羅洪先、唐順之與趙時春交往過從尤爲密切。在我們看來,趙時春與陽明後勁交往密切,但這並不妨礙他堅持立場、保持距離。事實上,嘉靖年間陽明學的興盛與徐階入閣關係甚大。嘉靖二十六年,徐階入閣,以宰相身份聚衆講學,以致學徒雲集,纔爲隆慶前後陽明心學的鼎盛奠定了基礎。這期間,趙時春於嘉靖二十九年至三十二年出仕,但主要任職於山東、山西,很少在京城,所以他無暇參與心學活動;罷官後,他長居田園,活躍於京城、江南的心學講習也與他毫無干係。由此可推定,趙時春與陽明後學的交往,主要是在心學大盛之前;心學大盛之後,他偏居西北一隅,無法預入其中。當然,這都是外部因素,更根本的原因是他對程朱理學的認同和對陽明心學的排斥。

趙時春撰寫《稽古緒論》的另一目的是矯正士風。對於當時的士風,趙時春很不滿意,批評很多,這在《稽古緒論》中體現得很明確,如《子貢欲去告朔之餼羊》篇批評"竊名以自大,眩以自高"的欺世盜名之徒,《荷蓧》篇批評"鄉愿"之徒,《學至聖人之道》篇批評"異端他歧之術",《人主出治之本》篇批評"趨於文藝之習"之人等。其許多歷史評論也是在影射時代,如《項莊拔劍起舞》篇言:"人臣之事君,當先急其所急而後其所緩。"即作爲大臣,就應該抓重點、解決緊要問題,如果聯繫嘉靖時代宰相多靠"青詞"進身的現實,這頗具諷刺意味;《聞雞起舞》篇批評祖逖貌似忠勇、實則觀望的僞忠,《三者皆人傑》篇批評韓信、蕭何是苟幸富貴的"盜賊之雄",這與趙時春激烈批評平虜大將軍仇鸞非常近似。《人之出治之本》《至誠治天下》兩篇討論君主修身以治理天下的問題,其核心落腳點不外仁義禮智信,這與嘉靖皇帝後期統治的僞善與一味修玄恰好形成鮮明對照。應該說,趙時春撰寫《稽古緒論》,是有着其鮮明的現實關懷,有着矯正士風的目的。

四、《稽古緒論》中以"聖人"爲核心的儒家思想

(一)趙時春言必稱聖人

"聖人"是至爲完善的人,是才德兼善的超越性的存在。但是,聖人到底該有如何氣象、如何品質? 聖人有没有情? 如何去學做聖人? 普通人能不能達到聖人的境界? 這些歷來都衆説紛紜。在我們看來,古人所謂"聖人",只不過是一個高懸着的、超越性的理想人格,各人有各人心目中的聖人,各家也有各家思想譜系中的聖人。

趙時春言必稱聖人。在《稽古緒論》中,直接以聖人名篇的有《聖人天地氣象》《學至聖人之道》《學者潛心聖人》《聖人文章自然,與學爲文者不同》《聖人法天而不私》5篇,這些文章直接論述聖人之道及聖人的氣象、文章、品格等,最爲醒目;其他篇章,也絶大多數都以聖人爲鵠的,甚至爲終極依歸。所以,説趙時春的儒家思想以聖人爲核心是合理的。當然,擴展來看,則言必稱聖人也是許多儒家學者的基本風貌,也符合古代儒家思想的基本傳統,王陽明《傳習録》上卷絶大部分都是討論聖人的言論。由於聖人濃縮了儒家的最高理想,所以,聖人概念不僅包含着修齊治平的最佳方案和忠孝倫理的最優水準,而且也包含着儒家解釋世界、認識社會、處理人際關係的根本準則。於是,我們就能看到,古代儒家學者在闡發思想時都對聖人念念不忘、三致其志,趙時春也不例外。

(二)聖人的本體性與超越性

趙時春的基本邏輯是:天是一切的根源,命出於天;因爲命出於天,所以道出於天,聖人也出於天。聖人不僅是"道中之一人",同時也是"道之宗主"(《道之大原出於天》),承道而行;承道而行,也即承天而

行。正是在這個邏輯上，趙時春將天、道、聖人串聯起來，甚至是在一定程度上等同起來，從而借天之權威性來賦予聖人承天而行的特權，讓聖人具有了高於常人的超越品性。

爲什麼聖人能承天而行，普通人就不能呢？因爲在趙時春看來，衹有聖人的行爲纔符合道，而普通人的行爲與道有距離。道無處不在，變化萬千，但總能歸於一；聖人也能“通天下爲一身”（《聖人天地氣象》），正與道吻合。道之大，在簡易而無窮；聖人之傑特，在“無我”“無欲”，在“不獨擅”，在“以天下爲公”（《聖人法天而不私》），也就是說，聖人在其行爲品性上完全合於道。基於此，他認爲聖人具有“天地氣象”：“天無私覆，地無私載，日月無私照，聖人以其無私被天下。”（《聖人天地氣象》）這其實是在本體性上論述了聖人崇高的超越性地位。

（三）聖人是日常行爲的典範和治國平天下的依據

爲什麼聖人不僅能成爲人們日常行爲的典範，而且能成爲齊家治國平天下的依據呢？趙時春還是從本體論起。“一陰一陽之謂道”，即陰陽成道；陰陽化五行，五行化萬物；“聖人因陰陽以驗天地”（《五殊二實，二本則一》），於是，聖人本於道而制定五典、五禮、五刑、五服，以及仁、義、禮、智、信等人倫，而且都能顯仁藏用，體用無窮，“凡食息罅漏之間，鄙褻幽隱之地，無適而非道也”（《道之大原出於天》）。因此，聖人纔能成爲人們日常行爲的典範。由此推理，國君之治理天下也必然以此爲終極依據，“天道，聖人且不之違，而況於有治之責求以安民乎？”（《至誠治天下》）言下之意，國君治理天下，必然以天道爲依歸，堯、舜、禹、湯、文、武、周公之治理，莫不如是；孔孟之道，賈誼、董仲舒以及程朱理學，亦莫不如是；而如“文士高選”“詩酒不輟”的陳後主、隋煬帝則恰好相反，所以會敗不旋踵。

　　進而，趙時春提出，士子學習的最終目的就是要達成或接近聖人之道，而且，還必須持之以恒。他說："夫學者，非學爲聖人乎？""欲至聖人之道，必先學聖人之學；欲爲聖人之學者，必不失可爲之機；欲不失可爲之機者，必先去'吾姑待明日'之心而後可。"（《姑待明日便不可》）

　　（四）《稽古緒論》中的程朱理學思想
　　《稽古緒論》中的《聖人天地氣象》《五殊二實，二本則一》《吟風弄月》三篇，分別論述宋代理學中三個醒目的命題：聖賢氣象，五殊二實、二本則一，風月無邊。其中"聖賢氣象"是二程屢次申述，進而得到吕希哲、李侗、朱熹、真德秀等高度認同的概念，朱熹、吕祖謙編《近思錄》甚至以"聖賢氣象"來收束全書，真德秀《西山讀書記》也列專篇論析，逐漸地，"聖賢氣象"便成了理學家的口頭禪。"五殊二實，二本則一"與"風月無邊"均出自周敦頤，其中"五殊二實，二本則一"概括"理氣"問題，儘管各家對"理""氣"關係的看法不盡相同，但其在程朱理學中的根本性位置則毫無疑問；"風月無邊"是表現理學家個人修養境界的詞語。

　　這些命題，或是理學家語錄體的簡述，或是學者解釋《周易》《論語》時的發揮，或者是他們詩歌中的描述，而類似趙時春這樣的專篇論述並不多見（筆者未見到古人的專篇論述，真德秀的論述也祗是讀書札記）。所以，專文論述本身就是趙時春對這些命題的倡揚和推進。而且趙時春還將聖人氣象提高到"祖述堯舜，憲章文武，上律天時，下襲水土，如天地之覆載，四時之錯行，日月之代明"的高度，這與此前將聖賢氣象局限於"孔顏樂處"和"曾點氣象"相比，是明顯的提高，是理論貢獻。趙時春將"吟風弄月"解釋爲理學家内心的"自然之天"，是

"天然之機流動充滿,足乎己而無待於人",是與顏回、虞舜境界相當的聖人之境,這與僅僅將"吟風弄月"(又作"風月無邊""光風霽月")解釋爲胸襟坦蕩、灑落相比,也是明顯的發展和深化,增益了這些命題的價值與内涵。按照"述而不作"的古訓來看,趙時春的"述"確實是對傳統思想的擴展。這完全值得肯定。

(五) 對異端思想的批判

在儒家思想中,孔、孟以楊、墨爲異端,韓愈以佛、老爲異端,朱熹以"非聖人之道而別爲一端"者爲異端。顯然,所謂異端,其内涵也在不斷地豐富着。趙時春思想中"異端"内涵明顯繼承了這些傳統看法,即"不楊則墨,不佛則老",其對異端的批判,也與孟子、韓愈等如出一轍:"辟異端者必倡道,倡道者必倡言,倡言者必先諸聖。"(《聖人文章自然,與學爲文者不同》)他將貶斥異端與道統、文章、聖人緊密聯繫起來。這大體是韓愈做法的翻版,雖態度鮮明,但新意無多,不再贅述。

五、《稽古緒論》中的歷史評論

(一)《稽古緒論》中歷史評論的目的是闡揚儒家思想

趙時春曾任翰林院編修、司經局校書,受過嚴格的國史訓練,有着較高的史學素養,這從其《平涼府志》可見一斑。另外,從其文集中大量的史論文章來看,趙時春對歷史也有着強烈的興趣。所不同的是,其文集中的史論多是就史論史,而《稽古緒論》中的史論則有着鮮明的傾向性,即都集中在與儒家思想相關的人物或事件上。顯然,《稽古緒論》是借史論以闡發儒家思想,所以書中《雋不疑引經斷獄》《雪夜微行》《武帝不冠不見黯》《求忠臣必於孝子之門》等文章,每篇有一個與儒家倫常相關的主題。如《雋不疑引經斷獄》評論雋不疑借《春秋》經義以果決應變的策略，批評那些膠着經義，而忽略當時主少國疑、大臣未附之政局的説法，是膠柱鼓瑟的迂腐之談；《求忠臣必於孝子之門》分析求忠出孝的人性根源，進而對王祥卧冰求鯉的故事提出了有力的質疑，尤其是對王祥貌似誠孝卻助晉篡魏的僞孝進行了嚴厲批判。這樣的評論，都明顯關涉儒家學説和倫常，是借史論來倡揚儒家思想。

（二）《稽古緒論》中的歷史評論具有新鋭特質

在史論中，趙時春無新不發，每篇必有新見。許多已有成論的觀點在趙時春的評論中被否定了，而且這些否定也都有理有據。比如，向來被傳爲美談的"聞雞起舞"與"雪夜微行"故事，在趙時春看來都不值得讚美。他認爲，聞雞起舞固然勵志，祖逖固然忠勇可嘉，但因其守志不堅、心懷觀望，所以實在難稱純臣，祖逖的首鼠兩端也恰好成爲其敗覆的根源；趙匡胤雪夜微服私訪趙普，並由此確定掃平天下之方略，但微服私訪置國君於不安之境，於國家有害，於禮不合，於經有違，他還引"公至自某"的春秋筆法以爲證。這樣的論述，具有鮮明的新意。今天來看，趙時春雖然有刻意求新之嫌，但其立足點確實是在儒家思想與倫常之上，觀點鮮明，大多立論堅實，説服力較强。

（三）囿於固執的"聖人"觀念和忠孝倫理，其部分史論有失牽强

如前所述，趙時春言必稱聖人，他也以聖人的標準和忠孝倫理來衡量、評論歷史人物，在他看來，衹有堯、舜、禹、湯、文、武、周公、孔子等纔是古今完人，此後便質文更替，末世滋僞，道以代降，聖人遂不復見。基於這種觀點，他認爲，如西漢高祖、武帝雖然雄才大略，但高祖本草昧之徒，興兵自利，開天下爲私之先河；武帝重用刑名，巫蠱之禍中骨肉相殘，臨終時捨長立幼，留下了主少國疑、大臣未附的政局，因此，他對高祖、武帝均給予了苛評。他還從"知人以道"和"知人以術"

的角度出發，認爲堯、舜等知人以道，故君臣始終相睦，而劉邦則知人以術，故難與韓信善終，進而評韓信等人爲盜賊之雄，甚至譏諷劉邦是"時來胡虜亦成功"。相應地，他對漢文帝這樣的温和守成之君給予了高度評價。我們以爲，這樣的評論囿於其固執的聖人觀念，局限明顯。歷史地看，高祖、武帝以及韓信等人，確實爲推動歷史發展作出了突出貢獻，趙時春的苛評難以令人信服。

六、《稽古緒論》的學術特點及評價

(一)《稽古緒論》的學術特點

對於明代學術，《明史·儒林傳》概括云："有明諸儒，衍伊、洛之緒言，探性命之奧旨，錙銖或爽，遂啓岐趨；襲謬承訛，指歸彌遠。至專門經訓，授受源流，則二百七十餘年間，未聞以此名家者。經學非漢、唐之精專，性理襲宋、元之糟粕。論者謂科舉盛而儒術微，殆其然乎？"言下之意，明代學者沿襲邵雍、二程的理學，一味地探討性命之學，不訓釋經義，也不考究經學源流。因此，明人遺落了漢、唐經學的精華，僅繼承了宋元理學的糟粕。抛開《明史》的褒貶之外，其概括明人的學術特點爲不考究經學源流、不訓釋經典字詞，是準確的。

趙時春的學術特點與明代學風一致，他從不考究經學的授受源流，從不訓釋經典的字詞含義，也從不考辨儒學概念。體現在《稽古緒論》中，便是一味的義理演繹和歷史評論。就其優點而言，這樣的義理演繹具有清晰的本體追問特色，體現出精緻的思理，嚴密的邏輯，顯得理論水平較高；其歷史評論也都在是非褒貶之間隱寓着繼承往聖、垂鑒當世的深衷，具有鮮明的現實傾向。所以，趙時春以及明人學術是在務虛的表象中包蘊着關注時代、塑造思想的現實情懷。就其不足之處而言，因爲一味的思想闡發和是非評論，故其立論的基礎時有不可靠之處，甚至偶有常識性疏漏，這就顯得明人似乎"讀書少"，甚至是"空疏不學"，以致招致清代學者"遊談無根""優孟衣冠"（多見於《四庫全書總目》）之譏。如果嚴格按照這個缺點來追蹤的話，那《稽古緒論》也確有此弊。

（二）縱橫不羈的文筆

趙時春在當時的影響，主要是在文章創作上，徐階"其所爲文章傳播海内，士相與口誦手抄，以爲法式"（《浚谷趙先生集序》）的話，可以爲證。黄宗羲《明文海》選録趙時春文章18篇，也能體現出一代學術宗師對趙時春文章的肯定。凡是明人關於趙時春的傳記，基本都認爲趙時春文章有司馬遷、李太白遺風，於是，"豪宕閎肆""雄渾頓挫"就成爲對趙時春文章的普遍評價。基於這樣的文風，所以，儘管《稽古緒論》是學術著作，側重在思想闡發與歷史評論，但字裏行間還是難以掩遏其縱橫不羈的文筆。趙時春散筆行文，卻又多用俳句，顯得文意浩蕩、氣暢神足，多數段落文采斐然，如："文士高選，楊廣不足以取文士之首冠，而祇足以取智及之弑逆；詩酒不輟，長城不足取虜將之來朝，而祇足以取匽井之阨辱。""大抵放肆於深宫大庭之中，而斂束於稠人廣衆之際；矯揉於親近君子之時，而狎近於暱倖小人之時；收拾於大道聖言之粗餘，而肆意於言語文字之習。"（《人主出治之本》）趙時春在分析那些不修身誠意的國君，他列舉陳後主、楊廣爲反面例證，分析他們貌恭心蕩、不習聖道的種種情形，散筆對句，確有賈誼、司馬遷之風。有意思的是，趙時春批評那些沉溺文辭之人，其本人卻對於文辭極爲在乎、在行，其身後也主要以文傳名。這表面看似有矛盾，其實也完全可以理解，作家可以在價值層面貶低文學，但在具體創作中卻又含英咀華、研討文辭，以致文采斐然，似此情形，史上多見。

（三）《稽古緒論》的學術評價

我們以爲，明人不考究源流、不訓釋字詞的特點，與其説是明人學術的不足，不如説是明人學術的時代特點。在漫長的歷史中，思想遞嬗，學以代變，到底哪一個時段的學術是輝煌？哪一個時段是衰落？一般來説，先秦諸子、魏晉玄學、宋明理學是中國思想史上較有成就的段落，漢代經學、清代樸學也受到較多肯定，唯有明人學術，受到自清初以來學者的大力批判，遂成空疏不學的代表。明人真不學嗎？真空疏嗎？其實，明代學人的抱負、執著、熱情、純粹及其責任感、使命感，不比任何一個時代弱，只不過他們以另一種風貌表現出來而已。如趙時春好友薛應旂《宋元資治通鑑》、唐順之"六編"（左、右、文、武、儒、稗）以及晚明陳子龍的《皇明經世文編》、黃宗羲的《明儒學案》《明文海》等，均是皇皇巨著，有着強烈的經世傾向，體現出明人的學術思想與應世方案。我們相信，隨着學術的不斷深入和推進，這些著作的價值必然會愈發凸顯和重要起來的。時至今日，歷時千年的漢宋之爭，不應該還延續在我們的學術評價中。

同理，趙時春《稽古緒論》所體現出來的學術特點，與其説是不足，不如説是時代學術風貌的映現，不容輕易貶低。趙時春對傳統儒家思想命題的闡發，雖然選題陳舊，但這也是古代儒學發展的基本特點，何況其論述大都細緻深入，能對傳統儒學思理進行豐富和深化，體現出精緻的理論水平；其史論多能別出心裁，眼光敏鋭，議論尖新，對於我們更爲深入地認識歷史無疑具有啓迪、借鑒價值。如果再從"理解之同情"的角度出發，我們能給趙時春給以較高評價，即：他是一位正直、積極、有責任、有抱負的士大夫，其人其書都值得我們尊重，儘管他未能登上歷史一流水平。

基於這樣的認識，我們不完全同意司馬朝軍的評價。司馬朝軍言："時春稽古未深，學問未成，《緒論》一編，龐雜無緒，卑之無甚高論，未能研精一理，亦未能自成家數。"（《續修四庫全書雜家類提要》，商務印書館 2013 年，第 39 頁）其中"龐雜無緒""未能研精一理"的評價，有一定道理，但要説趙時春"稽古未深，學問未成"，似嫌低評。我們的理解是，《稽古緒論》之所以成爲"龐雜無緒"的面貌，有其特定原因。

《稽古緒論》之"龐雜無緒"，顯然不是趙時春的初衷。趙時春受過國史訓練，對他來説，認識這樣的不足不言而喻，但他還是匆匆地、"龐雜無緒"地將著作付梓了，什麽原因？我們推理，嘉靖三十九年趙時春完成《平涼府志》，其中對平涼藩王韓王府的所作所爲多有指責與揭露，從而引起了韓王的仇視，以致百般刁難。趙時春感到了嚴重的威脅與生之不易，所以，他將尚未完成的、體例未統一的思想性與史論性文章合編刊刻，兩年後便舉家移至華亭硯峽的群山中。對這一變故，趙時春無法言説，也不欲向世人明言，所以，其著述中基本不見痕迹，唯有詩句云："移家硯峽千層嶺，淶灑丘園三百年。""念吾盧破碎，有國難投。爲皇家力戰三關，與宗室何心一鬥？"在生命的最後階段，居然抛棄有三百年歷史的故園，其心情之惡，可想而知；這位曾爲國力戰三關的鬥士，爲了避免與韓王府宗室的惡鬥纔舉家遷移，否則他有什麽理由從平涼移至華亭群山之中安家？因此，我們認爲，趙時春之所以將《稽古緒論》匆匆付梓，韓王府的威脅是主因。《稽古緒論》呈現出來的這個面貌，並不能説明趙時春"稽古未深，學問未成"。

七、關於本次校注的説明

本次校注，以《續修四庫全書》影印收録的北京師範大學圖書館藏明嘉靖刻本爲底本。該本刻工較好，字迹清晰，可惜印刷質量一般，個別頁中因紙張褶皺而産生漫漶不清之處，還有一張空白頁，是爲遺憾。

該本校勘不精之處也多有，有二十餘處字誤，明顯是刻工不明文意，誤認字迹，而核校者没有校對出來，如"王猛捫虱"篇中偶有"虱"字誤作"風"字。對這類錯誤，我們改之，并出校，校記列於注釋之前。另外，書中篇目雖有"龐雜無序"之嫌，但爲了保存原書面貌，思忖再三，還是未進行調整。

杜志强

2020 年 10 月 20 日

目　录

1

卷　下

《稽古緒論》叙

孫應鰲

【題解】

　　孫應鰲(1527—1586)：字山甫，號淮海，謚文恭，貴州清平衛(今凱里)人，嘉靖三十二年(1553)進士，初選庶吉士，後歷任户科給事中、江西按察司僉事、陝西提學副使、四川右參政、督查院右僉都御史巡撫鄖陽、户部侍郎等職。孫應鰲受陽明心學影響較大，著述宏富，是明代較有影響的理學家、學者。嘉靖四十年(1561)，孫應鰲任陝西提學副使，次年至平涼考察士子，選拔人才。在平涼，孫應鰲拜訪趙時春，並爲《稽古緒論》作序。由此可見，至少在本年，《稽古緒論》已經完成。另外，《趙浚谷集》有《孫督學壽親序》一文，是爲祝賀孫應鰲父親壽辰而作，文中也提及孫應鰲來平涼拜訪之事，“顧余涇上之廬”(《趙時春文集校箋》，天津古籍出版社 2012 年，第 455 頁)。

　　本序從劉勰對論體文“彌綸群言”“義貴圓通”“心與理合”“辭共心密”的概括出發，來分析《稽古緒論》的特色，認爲趙時春該書探析義理之源，不作附會緣飾，接近於劉勰所説“彌綸群言”“辭共心密”的標準。有意思的是，孫應鰲引用《趙浚谷集》中的話，而未引《稽古緒論》以例證，這或許就是他對《稽古緒論》的委婉態度。

　　劉勰之言曰：“論也者，彌綸群言而研一理者也。”[1] 又曰：“義貴圓通，辭忌枝碎，必使心與理合，彌縫莫見其隙；辭共心密，敵人不知所乘：斯其要也。”[2] 余嘗味斯言，因以締觀文章家[3]，

1

其標格名目至夥衆[4]，乃若融百慮而出一辭，辨析事勢、道術之奥以爲權衡[5]，則所謂論學者，寔兼綜焉。然質諸"心與理合" "辭共心密"之旨，則率又多漫羨宾宂[6]，靡定於要束[7]，難以稱作者。將無"彌綸群言"之本，未立其研理者，無所折衷歟？

兹歲壬戌[8]，余試士至平涼，得見浚谷先生趙公，移日始別去[9]。已又得公所著《稽古緒論》，讀之，雖累日彌旬[10]，餘音遺味，猶不盡於口耳。於戲，其理合矣，其心密矣！

夫形器易徵，文情難鑒[11]。二三子從余游，於所謂論學者欲知權衡，盍肄業於是[12]，以求源本，寧毋徒傅會緣飾於枝葉耶[13]。世之論公爲文，多擊節於異稟，而裾魄於奇氣[14]。於戲！公有言曰："不觀諸子之學，則無以知聖人之德大而精；不究異端之失，則無以見聖人之道微而顯，是交用者也。"[15]又曰："聰明者，耳目之正事；知識者，耳目之餘事。能不作餘事，則心靜而清，知識自退藏矣。故曰：'栽者培之。'"[16]"知識者，己也；帝則者，禮也。故曰：'克己復禮。'"[17]於戲！此公所以"彌綸群言而研一理"，爲作者所不能及，是所謂源本，而不可以徒傅會緣飾者也。二三子肄業之。

壬戌秋中淮海孫應鼇書

【注釋】

[1] 劉勰（？—473）：字彦和，南朝梁東莞（今江蘇省武進縣）人，著名文學評論家，有《文心雕龍》50 篇，爲體大思精的文學理論著作。《文心雕龍·論説》："論也者，彌綸群言而研一理者也。"彌綸：綜括、貫通。

[2] 本段文字出《文心雕龍·論説》。劉勰的意思是，論體文貴在思理嚴密，切忌文辭瑣屑，亦不能留下可供別人批評或攻擊的空隙。枝碎：支離瑣

碎。彌縫：縫合；補救。

［3］締觀：綜觀。締：結合；交結。

［4］標格：猶規範，楷模。夥衆：即衆夥，衆多。晉左思《蜀都賦》："異類衆夥，於何不育。"

［5］權衡：稱量物體輕重的器具，引申指法度、標準。

［6］漫羨：無邊無際。窅窊（yǎo wā）：亦作"窅窊"，凸凹之意。

［7］靡：無，没有。要束：禁約；約定的共同遵守的内容或條款。《漢書·高帝紀上》："且吾所以軍霸上，待諸侯至而定要束耳。"

［8］壬戌：嘉靖四十一年（1562）。

［9］浚谷：原爲平涼水名，趙時春以之爲號。移日：日影移動，表示時間很久。

［10］彌旬：滿十天。

［11］語出《文心雕龍·知音》："形器易徵，謬乃若是；文情難鑒，誰曰易分。"形器：《周易·繫辭上》："形而上者謂之道，形而下者謂之器。"意思是，抽象的、不可感知的是道，具象的、可感知的是器（代指萬物）。徵：證明；證驗。鑒：審查，鑒别。

［12］肄業：修習課業。古人書所學之文字於方版謂之業，師授生曰授業，生受之於師曰受業，習之曰肄業。

［13］傅會：指依附時事的言辭。《文心雕龍·論説》："雖復陸賈籍甚，張釋傅會……並順風以托勢，莫能逆波而泝洄矣。"緣飾：鑲邊加飾，繪飾。

［14］擊節：本指打拍子，此處指讚賞。褫（chǐ）：同"褫"，奪去。

［15］數句出於趙時春《淺言》，詳見《趙時春文集校箋》第 255 頁。

［16］數句出於趙時春《淺言》之第 14 條，詳見《趙時春文集校箋》第 250 頁。

［17］數句出於趙時春《淺言》之第 14 條，詳見《趙時春文集校箋》第 250 頁。

附：重刻《稽古緒論》序（代）

王祖嫡

【題解】

本文録自王祖嫡《師竹堂集》卷九(《明人別集叢刊》第三輯，第 87 册)。王
祖嫡(1531—1590)，字胤昌，號師竹，信陽人，隆慶五年(1571)進士，歷任翰林
院庶吉士、翰林院檢討、國子監司業、右春坊右庶子等職，有《師竹堂集》37 卷
等。從題目看，當是王祖嫡代人所做。代誰作的呢? 代巡撫河南都御史周鑒
而作。

周鑒，字子明，平涼人，嘉靖三十一年陝西鄉試第一，三十二年舉進士
(1553)，曾任河南參政、四川、山東等地按察副使、督察院右副都御使巡撫河南
等職。據《明神宗實録》卷五九、卷九六載，周鑒於萬曆五年(1577)二月升任都
察院右副都御史巡撫河南，萬曆八年二月受到南京給事中傅作舟等劾人的彈
劾，不久即轉任通議大夫。周鑒是趙時春弟子，娶趙時春女爲妻。序云"予於
公爲館甥，又嘗授業"，即既是趙時春的女婿(館甥：女婿)，又從趙時春授業，符
合這個條件的，唯有周鑒一人。

此時的王祖嫡任翰林院檢討。萬曆二年他曾赴平涼册封韓王，平涼之行
必然使他了解已故翰林、山西巡撫趙時春的生平與著述；萬曆五年到八年，王
祖嫡因母病而多次往返於京城、開封間，居開封時間較長，這使得他與趙時春
高足、河南巡撫周鑒多有交往，他們也有共同的話題——趙時春，所以，在周鑒
擬重刻《稽古緒論》時，請王祖嫡代爲作序，正在情理之中。

周鑒應是僅僅請人撰寫了序言，並没有完成《稽古緒論》的刊刻，這可從其
《重刻〈趙浚谷先生集〉序》來推理。該序也作於萬曆八年，我們推測，周鑒在刊

刻完 17 卷本《趙浚谷先生集》（今存）之後，便於本年底調離河南，赴京任通議大夫、督察院右副都御史，因而未來得及完成《稽古緒論》的重刻。所以，今見《稽古緒論》僅有嘉靖四十一年前後的平涼刻本，而沒有萬曆刻本。

序文簡單介紹了《稽古緒論》的舊刊情況後，從劉勰《文心雕龍·論説》中關於論體文的界定、分析入手，認爲凡"古今成敗、人物臧否、事機微茫、心術隱伏"等內容，都可以用"論"來闡釋、評議；這其實是在爲本書的內容（包括思想性論文和史論）尋找合理根據。進而，他將《稽古緒論》比擬爲賈誼《過秦論》，認爲趙時春其人其文，"卓識宏才，雄詞古調"，爲《過秦論》之遺響，因此，他與河南督學"李君"（不詳）合議，準備重刻《稽古緒論》，以嘉惠學子，希望有助於他們成爲"通達之才"。

趙公浚谷所著《稽古緒論》若干篇，平涼舊有小帙，淮海孫公督學關中[1]，復梓示多士。顧坊肆新刻盛行，剽綴往譚[2]，假托時彥，前輩鉅筆揮棄，謂非近式[3]。此何異村社俗伶[4]，聚觀詼謔，間一奏雅，欠伸散去也。

夫論之爲義，大要不出劉勰氏所云[5]。然聞之長老，論之爲言，倫也，藻別者謂之倫鑒[6]，秩序者謂之倫理。至於古今成敗、人物臧否、事機微茫、心術隱伏，匪藉評議，曷繇闡揚？故孔篇二十，謂之《魯論》[7]，固非駢儷排偶、末藝小技而已。賈生通達治體，《過秦》之著[8]，毋論文辭妙絕，而嬴氏得失之故，千載而下，歷殽函之墟[9]，尚使人低回太息不能已。斯不與百二胥重耶[10]？

公秦人也，蚤冠南宮，世擬之雒陽少年[11]，經濟之略，弗竟厥用，又頗相類。今觀諸論，雖不越場屋繩墨[12]，而卓識宏才，雄詞古調，庶幾《過秦》遺響。乃知文尚西京[13]，不專繫之時矣。

自予旬宣兩河[14]，至於填撫[15]，聞諸握槧者率攻時藝[16]，論學略而弗講，即講亦不過記誦，坊肆僥倖取捷，豫爲材藪，意甚惑焉。豈前輩鉅筆傳佈未廣，非盡多士咎耶[17]？暇讀公論，有慨於衷，因檢集中九篇，舊刻弗載，謀於學憲李君[18]，並梓學宮[19]，俾知嚮往。誠欲以通達之才望諸生，匪徒資進取之階而已。予於公爲館甥，又嘗授業[20]，深慚李漢[21]，聊附侯芭[22]，毋曰烏烏擊缶，與雅並奏也[23]。

【注釋】

[1] 淮海孫公督學關中：指孫應鰲於嘉靖四十一年（1562）任陝西提學副使，可參前叙注。

[2] 剽綴往譚：抄襲、拼湊前人言論。

[3] 前輩鉅筆揮棄：將前輩的大手筆論著丟棄，這裏指將類似趙時春《稽古緒論》這樣的著作置之不理。

[4] 村社俗伶：遊走在村落間的庸俗藝人。

[5] 夫論之爲義：指劉勰《文心雕龍・論説》篇的相關論述，可參前叙注。

[6] 藻別：用語言去判別、鑒定。《唐語林・文學》："中正，鄉曲之表也。藻別人物，知其鄉中賢愚出處。"

[7] 孔篇二十，謂之《魯論》：指《論語》。《論語》在漢代有三家傳本，《魯論語》《齊論語》《古文論語》，其中的《魯論語》是魯人所傳，共 20 篇，篇次和今本《論語》相同。東漢末年，鄭玄注《論語》，融合諸本，始成今本。

[8] 賈生通達治體：言賈誼對國家制度、治國策略都較有造詣。《過秦》之論：指賈誼《過秦論》。

[9] 殽函之墟：殽山、函谷關一帶。殽山、函谷關爲秦地門户，戰略重地。

[10] 百二：即百二秦關，這裏指秦地。《史記・高祖本紀》："秦，形勝之國，帶河山之險，縣隔千里，持戟百萬，得秦百二也。"胥重：皆看重。百二胥重，即古來皆看重秦地。言下之意，秦地和秦地人文，向來所重。

[11] 公秦人也：趙時春里籍平涼，屬古秦地。南宮，唐代尚書省或禮部的別稱；趙時春18歲禮部會試第一（會元），故云“冠南宮”。雒陽少年：指賈誼，因其洛陽人，故稱。李開先《趙浚谷詩文集序》：“（趙時春）抵掌笑談天下事，靡不切當，通達國體，識者謂可比之賈生。”可見，當時將未及弱冠的趙時春比作賈誼，是較爲普遍的。

[12] 場屋繩墨：科舉考場的法度。《稽古緒論》中，有作於趙時春十二三歲時的三篇，這類作品，科舉訓練文的可能性比較大。

[13] 文尚西京：文宗西漢；言下之意，趙時春文章有西漢文的風格。

[14] 旬宣：周遍宣示。語本《詩經·大雅·江漢》：“王命召虎，來旬來宣。”兩河：黃河中下游，這裏指河南。黃河從晉陝高原南流至風陵渡，稱西河；自風陵渡東流至開封，爲南河；自開封東北流入海，爲東河。《呂氏春秋》：“兩河之間爲冀州。”其“兩河”即指黃河之南河、東河段。周鑒任河南巡撫，故云“旬宣兩河”。

[15] 填撫：安撫，這裏應指巡撫河南。

[16] 握槧：手拿書板書寫，這裏指寫作。時藝：當時流行的文體。

[17] 多士：百官。《詩經·大雅·文王》：“濟濟多士，文王以寧。”

[18] 學憲：各省督學的別稱。李君：不詳。或許是李廷龍。李廷龍，字近麓，湖南湘陰人，周鑒同榜進士，萬曆五年前後任河南布政使右參政、分巡南汝道。另外，從周鑒的敘述來看，本次刊刻，是將趙時春文集中的9篇同類作品，補刻進《稽古緒論》中。只不過，這次很可能沒有付梓，今見《稽古緒論》僅爲嘉靖本，未見萬曆本。

[19] 學宮：這裏應指河南省鄉學。

[20] 予於公爲館甥，又嘗授業：館甥，女婿。周鑒《明御史中丞浚谷趙公行實》落款云：“賜進士第提督學校四川按察副使門下愚婿周鑒頓首謹述。”可以確定，周鑒是趙時春女婿、授業門生。

[21] 李漢：字南紀，韓愈弟子，《新唐書·李漢傳》：“（李漢）少事韓愈，通古學，屬辭雄蔚，爲人剛，略類愈。愈愛重，以子妻之。擢進士第，累遷左拾遺。”

[22] 侯芭：西漢巨鹿人，揚雄弟子，《漢書·揚雄傳》：“雄以病免，復召爲大夫。

家素貧，耆酒，人希至其門。時有好事者載酒肴從游學，而巨鹿侯芭常從雄居，受其《太玄》《法言》焉。"

[23] 烏烏擊缶：指秦聲。李斯《諫逐客書》："夫擊甕叩缶，彈箏搏髀，而歌呼嗚嗚快耳目者，真秦之聲也。"趙時春的文風，慷慨俊朗，胡松評之爲"秦人而爲秦聲"（《浚谷集序》）。

卷　上

子貢欲去告朔之餼羊

【題解】

　　論題出自《論語·八佾》："子貢欲去告朔之餼羊。子曰：'賜也，爾愛其羊，我愛其禮。'"大意是，子貢想撤去告朔祭祀時用的羊，這不合周禮，所以孔子不主張撤去，説："你吝惜羊，我更珍惜禮。"子貢，姓端木，名賜，字子貢，衛國人。在孔子弟子中，子貢以語言著稱，善外交，辦事爽利，曾在魯、衛任職，參與政治活動，聘問諸侯。同時，他又善於經商，富於財。

　　告朔，周制，天子於季冬頒布新曆，諸侯受之，藏於祖廟；此後每月初一，諸侯都需殺牲以祭，請出新曆，以安排本月之事，謂之"告朔"。《周禮·春官》："頒告朔於邦國。"餼羊，用來祭祀的羊。朱熹注曰："告朔之禮，古者天子常以季冬頒來歲十二月之朔於諸侯，諸侯受而藏之祖廟。月朔，則以特羊告廟，請而行之。……魯自文公始不視朔，而有司猶供此羊，故子貢欲去之。"可見，魯國自文公之後，國君便不再參加告朔之禮，但祭羊仍用之，所以子貢欲撤去，以免糜費。後人遂以"告朔餼羊"比喻形同虛設之事。

　　本文以子貢、孔子在要不要撤去告朔禮中祭祀用羊上的分歧爲切入點，主要論述名實問題。孔子懷着名實相須的初衷，希望維護禮制；子貢則很務實，眼見告朔之禮已然不受重視，時斷時續，還不如省去祭祀用羊。趙時春認爲，子貢是幹練之才，其撤去祭羊，不僅可使名實相副，也能彰顯魯國不遵守禮制的罪過，具有警示作用，因此，他對子貢給予了高度評價，並得出結論："聖門之學在務實。"在我們看來，這樣的議論不僅通情達理，而且在趙時春的認知體系中具有重要地位。孔子言："必也，正名乎！名不正則言不順。"孔子將正名置於治理社會、匡正人倫的核心位置，趙時春的論述也隱寓着這樣的深衷。

名實之不孚[1]，君子之所深憂也。世之弊於名久矣，彼方竊以自大，眩以自高，而孰與相憂？如是，則其實不容以不盡廢。名徒存而實盡廢，天下幾何而不入於大亂乎？夫亂之生，君子之所深憂也。憂之，將奈何？夫將欲憂大亂，則必有大聖人以濟之於大治之域。此非君子之力所能強而至者，故卒之以無策，則憤其名而欲併去之[2]。此君子之所以存心，非君子之所能爲，世固不當以聖人之所爲病君子，君子亦不當以聖人之所爲強自任也[3]。

子貢欲去告朔之餼羊，而孔子教之，曰：“爾愛其羊，我愛其禮。”子貢憤世之名隆而實敝，故欲剗去其名以矯世之病。孔子懷名實相須之道，故欲即其名以成其實。孔子，聖人也。聖達權[4]，凡事變之，出於非常。君子之所謂舉不可爲者[5]，聖人皆有道以濟之，此非君子之所預知，故曰：“不可知之謂聖。”[6]君子量力而行，度德而任者也[7]，故不敢以自大自高之詞欺世而盜名[8]。夫欺世而盜名，君子之所深嫉者也。

甚矣哉，世之不知君子也！非徒不知，乃更矯誣聖人之言以詆君子[9]。甚矣，其病吾聖人而昧於君子之道也！抑嘗求夫所謂名者，非言之可命者乎[10]？所謂實者，非行之可以成功者乎？即子貢之名而考其實，孔子嘗目之以達[11]，而賜也建破齊存魯之功[12]，聞性與天道之妙[13]，則達之實，固孚也；又嘗名之以瑚璉之器矣[14]，而賜也聞一知二，自許於顏子之下[15]；綏來動和，又測夫神化之機[16]，則器之實又孚也。由是觀之，則孔子之所以教子貢，子貢之所以受教於孔子，名之不可苟，而實之必相稱，必不敢以自大自高之辭文致而面謾也[17]，固矣！宜其問難授受之間，必量力度德，而後有言者也。

試考之：告朔之禮，非三代聖王之所傳而周公之所制乎[18]？夫禹、湯、文、武、周公[19]，固皆聖人也，數聖人所傳之禮，而一魯文公墮之[20]。甚矣，禮之難行而易廢，名之易建而實之難舉也。子貢有憂焉，曰："魯之不能告朔，上方乎王命[21]，下逆乎民時，前以毀聖制，而後以迷來哲。"甚矣，魯之無王非聖之罪[22]，當誅也。甚矣，魯之廢時失事之罪[23]，當誅也。然而天子不能討，方伯不能詰，聖如孔子，亦未聞以爲非焉[23]，何哉？豈非魯以存羊之虛名詒之乎？夫詒天子方伯，一人耳目耳。詒聖人，則塞萬世之耳目。子貢於是乎有深憂，故譏之曰："與其存虛名之羊以詒人，不如併其羊而去之。"以彰魯之罪，且使世之務爲虛名而不事實行者無所容其奸，而君子得以攻其惡，有王者出必將取而誅之，以大警於世。嗚呼！子貢之憂世[24]，何其深且切！而於名實之辨，何其謹且嚴哉！雖然，此君子守常之心，非聖人達權救弊之理也。此其所以直以廢禮之言告聖人，而無愧色者也。

聖人曰："魯，父母之邦，不可誅也。名可因而進之以求其實，不可退而更損其名也。使吾得位而行道[25]，則唐虞三代之禮樂復之如反掌耳[26]。行夏時，乘殷輅，服周冕，奏韶樂[27]。魯非春秋之魯，而周公伯禽之魯也[28]。羲和四岳之職，璇璣玉衡之秘[29]，吾舉而運之掌上。彼告朔之禮，特餘事耳。吾何憂而去其羊哉？"此內聖外王之業[30]，真孔子之能事，可以語子貢，而非所以責子貢也。

爲子貢者將奈何？得百里之國而治之[31]，慎典章，謹法制，富民尊主，守信明義。要之，名實相孚，而上下不二，此子貢之行可以底於成功者也。聖門亦不獨子貢,如由、求之言志[32],宰我之論喪[33],子夏之言學[34],皆各以力之所至,實言之不敢爲虛名,以苟自高大。此其所以卒底於成,而非後世好名無實之徒所可企及也。故曰:聖門之學在務實[35]。

【注釋】

[1] 名實:先秦諸子普遍討論的一對哲學概念。孔子主張"正名"(《論語·子路》),墨家則主張"以名舉實"(《墨子·小取》),荀子主張"制名以指實"(《荀子·正名》)。名實討論的普及,根本原因是春秋時期社會變革、名實不副現象太多。宋明理學中的名實之辨,更多是認識論方面的問題。孚:相應,符合。

[2] 三句實指子貢"欲去告朔之餼羊"之事。

[3] 自任:自覺承擔;當作自身的職責。《孟子·萬章下》:"其自任以天下之重也。"三句所指,亦在子貢"去告朔之餼羊"事。言下之意,子貢之所以"去餼羊",是心存深衷的,世人不應就此詬病子貢。

[4] 達權:即達權知變,隨機應變。"權"與"經"相對,是古代禮學中討論較多的問題。

[5] 不可爲:《論語·憲問》:"子路宿於石門。晨門曰:'奚自?'子路曰:'自孔氏。'曰:'是知其不可爲而爲之者也。'"

[6] 不可知之謂聖:《孟子·盡心下》:"大而化之之謂聖,聖不可知之之謂神。"朱熹《孟子集注》:"程子曰:'聖不可知,謂聖之至妙,人所不能測。'"

[7] "君子量力而行"二句:《左傳·隱公十一年》:"度德而處之,量力而行之。"

[8] 欺世而盜名:《荀子·不苟》:"是非仁人之情也,是奸人將以盜名於暗世者也,險莫大焉。"

[9] 矯誣聖人之言以詆君子:虛借聖人之言以詆毀君子。這裏趙時春以孔子

爲聖人,以子貢爲君子,認爲是後世曲解了孔子之意,進而批評了子貢,所以他想爲子貢辯護。關於後世學者對這段話的不同解釋,兹列舉兩種:一、皇侃認爲,子貢去羊的原因是,告朔禮已不存,祇剩下餼羊的儀式,無甚意義,所以去之;孔子答復的意思是,祇有保留儀式,後人纔能知道告朔的古禮(詳見《論語義疏》,中華書局 2013 年,第 68 頁)。二、朱熹認爲,子貢去羊,是因其"無實而枉費";孔子主張存羊,目的是使後人"猶得以識之而可復焉",即通過存羊以盡可能地恢復古禮(詳見朱熹《四書章句集注》,中華書局 1983 年,第 66 頁)。

[10]"抑嘗求夫"二句:意即所謂"名",是語言的指命。語出《墨子·經説上》:"所以謂,名也;所謂,實也。名實耦,合也。……名:物達也,有實必待文之命也。"

[11]孔子嘗目之以達:《論語·雍也》:"季康子問:'賜也可使從政也歟?'曰'賜也達,於從政乎何有?'"孔子的意思是,子貢通達事理,對於行政而言,有什麼困難呢?

[12]建破齊存魯之功:指孔子"命賜存魯"之事。《史記·仲尼弟子列傳》載,齊國田常欲作亂,卻又懼怕國內高、國、鮑、晏諸氏,故先移兵伐魯。孔子聞之,問諸弟子曰:"夫魯,墳墓所處,父母之國,國危如此,二三子何爲莫出?"子路、子張、子石請行,孔子皆不許。子貢請行,孔子許之。於是子貢至齊、吳、越、晉諸國遊説,"子貢一出,存魯,亂齊,破吳,強晉而霸越。子貢一使,使勢相破,十年之中,五國各有變。"

[13]聞性與天道之妙:《論語·公冶長》:"子貢曰:'夫子之文章,可得而聞也。夫子之言性與天道,不可得而聞也。'"子貢意思是,孔子的文獻、學問,我們可以聽到;但孔子關於天道和人之本性等方面的言論,我們卻没有機會聽到。孔子罕言性命、天道,非其人則不傳;然而並非不言、不傳,其贊《易》、修《春秋》等,皆含大道。所以,程頤認爲,"此子貢聞夫子之至論而歎美之言也"(朱熹《四書章句集注》,第 79 頁)。趙時春的語意,當是沿着程頤的思想。錢穆先生對此有别見,詳見其《孔子與論語》一書。

[14]瑚璉之器:《論語·公冶長》:"子貢問曰:'賜也何如?'子曰:'女器也。'

曰：'何器也？'曰：'瑚璉也。'"瑚璉：古代宗廟祭祀用的尊貴器皿，因其重要，故以喻可堪大任、經國治邦之才。

[15] "賜也聞一知二"二句：《論語·公冶長》："子謂子貢曰：'女與回也孰愈？'對曰：'賜也何敢望回？回也聞一知十，賜也聞一以知二。'子曰：'弗如也，吾與女弗如也。'"

[16] "綏來動和"二句：《論語·子張》："陳子禽謂子貢曰：'子爲恭也，仲尼豈賢於子乎？'子貢曰：'君子一言以爲知，一言以爲不知，言不可不慎也。夫子之不可及也，猶天之不可階而升也。夫子之得邦家者，所謂立之斯立，道之斯行，綏之斯來，動之斯和。其生也榮，其死也哀。如之何其可及也？'"對話中，子貢給孔子以最高的評價，説假如孔子能"得邦家"（成爲諸侯），那麼百姓就會"立之斯立，道之斯行，綏之斯來，動之斯和"，即能最大程度地安撫、教化百姓。對此，朱熹注云："程子曰：'此聖人之神化，上下與天地同流者也。'"朱熹又引謝氏語云："人雖見其變化，而莫窺其所以變化也。"（《四書章句集注》）朱熹用"神化"來描述"綏來動和"之效果，成爲後來儒者普遍遵循的解釋。神化：《周易·繫辭下》："神而化之，使民宜之。"意爲神妙地潛移默化。

[17] 文致：粉飾，掩飾。《漢書·路溫舒傳》："蓋奏當之成，雖咎繇聽之，猶以爲死有餘辜。何則？成練者衆，文致之罪明也。"面謾：當面欺蒙。

[18] 三代：夏、商、周，古人以之爲太平盛世。周公：周武王之弟姬旦，周初著名政治家，他主持制禮作樂，奠定了周代的制度基礎，影響極爲深遠。

[19] 禹、湯、文、武：夏禹、商湯、周文王、周武王，是儒家認可、尊奉的賢明之君。

[20] 魯文公：魯國第十九任國君姬興，在位十八年，期間三桓、襄仲争權，公室屠弱。《春秋·文公六年》："閏月，不告朔，猶朝於廟。"《左傳》曰："閏月不告朔，非禮也。……不告閏朔，棄時政也，何以爲民？"可見，魯文公沒有嚴格遵守告朔之禮。

[21] 方：違背，方命即違命。

[22] 無王非聖：趙時春的意思是，告朔是周禮，魯文公不遵行周禮，即是對文王、周公等聖賢的思想的不尊。

[23] 廢時失事：告朔的本來目的，就是從太廟中取出曆法，頒行朔閏，以安排生產，所以，魯文公不嚴格遵守，就不能準確報時、錯失農事。

[23] "聖如孔子"二句：趙時春的意思是，魯文公不遵告朔，周天子未能征討，其他諸侯未能告示，就連聖人孔子，也未能嚴厲批判之。其實，《春秋》之記載此事，即已隱寓了彰顯其失的本意，只不過孔子未留下明顯批判的話語而已。

[24] 子貢之憂世：趙時春認爲，子貢本來就不滿魯文公廢告朔的行爲，所以他撤去餼羊，使魯文公廢禮的行爲更爲彰顯，"以彰魯之罪"，體現出子貢憂世憂時的深衷。應該說，這是一種新解。

[25] 得位而行道：《論語集釋》卷三〇解"作者七人"時，引劉原父《七經小記》云："聖人得位而制作者凡七人，即堯、舜、禹、湯、文、武、周公也。"由此可見，所謂"得位"，即做天下之主。行道，推行"王道"理想。

[26] 唐虞：唐堯與虞舜。

[27] 夏時：夏代的曆法。殷輅：商代之輅，樸素渾堅之木輅。周冕：周代祭服所用之冠。韶樂：相傳上古時夔所作樂，以簫爲主樂器，後以韶樂爲樂教的代表。《論語·衛靈公》："顏淵問爲邦。子曰：'行夏之時，乘殷之輅，服周之冕，樂則韶舞。放鄭聲，遠佞人。鄭聲淫，佞人殆。'"

[28] 伯禽：周公旦長子，魯之始封君，姬姓，字伯禽。

[29] 羲和四岳：四岳爲堯臣羲、和四子，分掌四方諸侯。《尚書·堯典》："帝曰：'咨，四岳。'"孔傳："四岳，即上羲、和之四子，分掌四岳之諸侯，故稱焉。"璇璣玉衡：古代玉飾之觀天儀器。《尚書·舜典》："在璇璣玉衡，以齊七政。"孔穎達疏："璣衡者，璣爲轉運，衡爲橫簫，運璣使動於下，以衡望之。是王者正天文之器。漢世以來謂之渾天儀者是也。"

[30] 內聖外王：內具聖人之才德，外行王道。始見於《莊子·天下》，但因其與儒家思想相通，故"內聖外王"也成了儒家的核心命題。

[31] 百里之國：指千乘之國，春秋時的中小諸侯國。《論語·學而》："道千乘之國：敬事而信，節用而愛人，使民以時。"子貢因利口巧辯，通達有政事之才，故云。

[32] 由、求之言志：指子路、冉有各陳爲政志向之事。由即子路，求即冉有，見《論語・先進》。子路之志是："千乘之國，攝乎大國之間，加之以師旅，因之以饑饉；由也爲之，比及三年，可使有勇，且知方也。"冉有之志是："方六七十，如五六十，求也爲之，比及三年，可使足民。如其禮樂，以俟君子。"

[33] 宰我之論喪：宰我，宰予，字子我，孔子弟子。《論語・陽貨》載，宰我向孔子提出，守三年喪禮嫌太久，一年即足够，爲此，孔子譏諷並嚴厲批評了宰我，認爲其"不仁"。

[34] 子夏之言學：卜商，字子夏，孔子弟子，擅長文學、詩學，在《詩》《易》的疏解、流傳過程中有重要貢獻。孔子殁，子夏講學於西河，魏文侯師事之。趙時春所謂"子夏之言學"，當指子夏講學西河事。《論語・先進》有對孔門弟子才華的定位："德行：顏淵、閔子騫、冉伯牛、仲弓。言語：宰我、子貢。政事：冉有、季路。文學：子游、子夏。"

[35] 聖門之學在務實：朱熹弟子陳淳《北溪字義・道》云："聖門之學，無一不實。……自聖門實學不明，然後有老莊、佛氏一切等説。……故欲求道者，是就人事中，盡得許多千條萬緒當然之理，然後可以全體是道，而實具於我。"趙時春對孔子思想的總結，與陳淳同，或是襲陳氏説而來。又，北宋胡安國《答曾幾書》云："窮理盡性，乃聖門事業。"胡氏的概括顯然有別於陳淳、趙時春。

周公成文、武之德

【題解】

周公，周武王之弟姬旦，周初著名政治家，他主持制禮作樂，奠定了周代的制度基礎，産生了極爲深遠的影響。《尚書大傳》稱周公"一年救亂，二年克殷，三年踐奄，四年建侯衛，五年營成周，六年制禮樂，七年致政成王"，大致能概括其一生的主要功績。"周公成文、武之德"，語本《禮記·中庸》：

> 子曰："無憂者，其惟文王乎！以王季爲父，以武王爲子，父作之，子述之。武王纘大王、王季、文王之緒，壹戎衣而有天下，身不失天下之顯名。尊爲天子，富有四海之内，宗廟饗之，子孫保之。武王末受命，周公成文、武之德，追王大王、王季，上祀先公以天子之禮。斯禮也，達乎諸侯、大夫及士庶人。父爲大夫，子爲士，葬以大夫，祭以士。父爲士，子爲大夫，葬以士，祭以大夫。期之喪，達乎大夫。三年之喪，達乎天子，父母之喪，無貴賤，一也。"

賈誼云："文王有大德而功未就，武王有大功而治未成，周公集大德大功大治於一身。"（《新書·禮容》）這可看成是"周公成文、武之德"的注腳。

本文主要論述周公"成文、武之德"的功業。這是自孔子以來的老話題，新意無多，但趙時春的論述更具本體意味，顯得更深入。他認爲，周公所成就的"文、武之德"，主要體現在製禮作樂上；進而，他從上合天心、下協祖德的角度，從殷周之際社會治理的需要出發，分析周公制禮作樂的重要性和偉大所在，並對禮、樂的性質進行分析，説服力較强。在趙時春的思想體系中，聖人具有高度的重要性，周公作爲儒家思想中的大聖人，作爲歷史名臣，更作爲趙時春心目中的理想人格，理所當然地成了趙時春思想的主心骨。

聖人之道，始乎禮，終乎樂。禮之分嚴，嚴以止亂；樂之情和，和以興治。聖人畏天下亂，而憂其治也，故制禮必嚴其分，分定而亂無由興。施必和其情，情和而後治，斯隆矣！

嘗觀禮樂之道[1]，雖聖人之所行，而非聖人之所得爲也，天也。《易》曰：“上天下澤，履。君子以辨上下，定民志。”[2]上下之所不可辨，民志之所不可定，亂之所由興也。聖人觀於上天下澤之象，而知夫禮之分不可以不嚴也，故以之禁亂焉。又曰：“雷地奮，豫，先王以作樂崇德，殷薦之上帝，以配祖考。”[3]夫上不合於天心，下不協於祖德，而能致治者鮮矣！聖人觀於天之雷動、萬物之象，而知樂之情不可以不和也，故使其流動充滿於覆載之間[4]，以致其和而治自興焉。故禮以止亂，而樂以致治。斯二者非獨聖人之所設，蓋原於天矣！聖人善原夫天者也，善觀夫人者也。

方殷之衰，民之厭亂極矣，天之棄商久矣[5]。亂甚則治不易舉，故以文、武、周公數聖人相繼，至於周公而後大成，其勢然也。甚矣，文、武之道難行也，禮樂之難成也！禮莫大於分，樂莫大於和。弒君懸頭[6]，以下犯上，不可謂之分。羑里之囚，伯邑之廢[7]，不可謂之和。文、武雖欲興禮樂，無由也，勢也。管、蔡之誅，武庚之誅[8]，頑民之□[9]，害君嗣，賊昆仲[10]，破斧鉞[11]。我周公雖欲興禮樂，無由也，勢也。

夫上下之分一，定而不可易者，天也。其所以使之不困，而制禮作樂以禁亂興治，則天之與勢，固亦無如聖人何。雖然，所謂天與勢者，聖人終不廢也。故周公之制禮也，辨其功德，別其親疏遠近而上下之，特追王太王、王季[12]，尊祖配天，尊父配地[13]，而其他莫敢望焉。故天下之人皆曰：“如是而後父子之分定，如是而後君臣之等嚴。則臣不得以干君，子不得以犯父。”故曰：禮嚴其分而正其始，亂乃止矣。禮有定分，則情不易洽[14]；情不易洽，則治不可久。於是，制爲天子之樂，祫禘之典[15]。凡周之先君無間於遠近親疏，舉以孝子曾孫之儀而配享焉。故天下之人皆曰："如是而後親戚之恩洽，如是而後懂忻之情交。故天地無戾氣，而人物無怨聲。"故曰：樂和其情而正其終，以興治矣。

《記》曰："知禮樂之情者能作，識禮樂之文者能述；作者之謂聖，述者之謂明。"[16]周公，聖人也，故制禮作樂以隆周道。比於唐虞之際，後王殘缺不舉，孔子傷之[17]，故稱曰："周公成文、武之德。"[18]然則後王之廢周典，使文、武之道永墜於地，可勝誅哉！世儒不識文、武之業，不達禮樂之本。篤於情者，近諛而忘禮；嚴於分者，尚刻而遺樂。其說紛紜，聚於成訟。

愚嘗謂天保四章[19]，引此說曰：聖人常伸公義於天下，而私恩以許之[20]，緣情以盡。周公以公義不可廢，故於追王而斷之以法[21]；以私情不可泯，故於祭祀而溥之以恩[22]。仁之至，義之盡，可以破百世之惑矣。其後卒以此說絀[23]。嗚乎！世安得復有周公、孔子出，而與之論禮樂哉？

【注釋】

［１］禮樂之道：指周代以來基於周公制禮作樂的禮樂之治。

［２］數句爲《周易·履卦》象傳。履卦上卦爲乾，乾爲天，下卦爲兑，兑爲澤，故云"上天下澤"。上天下澤，意味着尊卑有别，故云"君子以辨上下"。尊卑既定，則百姓循禮而動，就會心志堅定，不會有非分之想，故云"定民志"。

［３］數句爲《周易·豫卦》象傳。豫卦上卦爲震，震爲雷，下卦爲坤，坤爲地，故云"雷出地奮"。象傳的意思是，雷聲震作，大地振奮，象徵着歡樂（豫，安閒之意）；先代君王因此製作音樂，以讚美功德，並通過隆盛的典禮奉

獻給天帝，也讓祖先的神靈配合共享。殷薦：殷，盛樂。《説文解字》曰：
"作樂之盛稱殷。"薦，進獻；送上。

[4] 覆載：天覆地載，猶言天地。

[5] 天之棄商久矣：《左傳·僖公二十二年》："天之棄商久矣，君將興之，弗可
赦也矣。"這是宋楚泓之戰前，宋國大司馬勸諫宋襄公之言，意思是，作爲
商人後裔的宋國，老天早已不再眷顧了，可宋襄公還輕啓戰端，違天之
命，恐難獲赦免。趙時春借《左傳》之語，描述商周之際的商人情勢。

[6] 弑君：指臣子殺君主，故下文有"以下犯上"之語。

[7] 羑（yǒu）里之囚：指周文王爲商紂囚禁。羑里，地名，在今河南湯陰縣北，
羑水流經。伯邑之廢：伯邑，伯邑考，周文王長子，周武王胞兄。按照嫡
長子繼承制，周文王之後應該是伯邑考繼位，但伯邑考命運坎坷，未能繼
位。史載，伯邑考作人質，爲紂王駕車，在周文王被拘羑里時，紂王烹殺
伯邑考，並讓文王喝羹湯。另有學者認爲，伯邑考可能早卒，並非被廢太
子之位。趙時春這裏沿用的是伯邑考被廢太子之位的説法。

[8] 管、蔡之誅，武庚之誅：管、蔡，管叔鮮與蔡叔度，二人均爲周武王、周公之
弟，周初分封於衛、墉，與霍叔之邶，合稱"三監"，以監視三國合圍之下的
殷（武庚）。周武王死後，管、蔡挾紂王之子武庚發動叛變，周公率軍討平
之，管叔自殺，蔡叔被囚，史稱"管蔡之亂""三監之亂"。武庚：商王紂之
子，字祿父，周初分封於殷。武王去世，成王年幼，周公攝政，三監不服，
武庚乘機聯合三監，拉攏東方夷族起兵，周公平定之，武庚被殺。

[9] 頑民：本義指殷代遺民中不服從周朝統治的人。《尚書·畢命》："毖殷頑
民，遷於洛邑，密邇王室，式化厥訓。"此處亦指商遺民。

[10] 昆仲：兄弟，長曰兄，次曰仲。這裏當指周公、管、蔡兄弟。

[11] 破斧鈌：語出《詩經·豳風·破斧》。《破斧》一詩是讚美周公東征、平定
"三監之亂"的詩歌，"既破我斧，又缺我斨。周公東征，四國是皇"。對於
"既破我斧，又缺我斨"二句，鄭玄注爲"既破毀我周公，又損傷我成王，以
此二者爲大罪"，趙時春"害君嗣，賊昆仲，破斧鈌"的意思，當即來源於
此。今天來看，鄭玄注有過度引申之嫌。

[12] 太王、王季：周二先祖，太王指古公亶父，是周人遷岐命周、走向興盛的關鍵人物。王季指季歷，爲古公亶父之第三子，文王之父。季歷繼位後，承古公之道，興農訓軍，使周族成爲西方諸侯之長。其兄泰伯、虞仲出奔荆蠻，讓位於季。太王卒，王季繼位，修太王之業，傳位文王，武王時追尊爲王季。

[13] "尊祖配天"二句：語出《孝經》："孝莫大於嚴父，嚴父莫大於配天，則周公其人也。昔者周公郊祀后稷，以配天。宗祀文王於明堂，以配上帝。是以四海之内，各以其職來祭。"按照這個記載，周公郊祀后稷以配天，即"尊祖配天"，明堂祀文王以配上帝，與趙時春之"尊父配地"似有不合。

[14] 洽：諧和，融洽。《詩經·周頌·豐年》："爲酒爲醴，烝畀祖妣。以洽百禮，降福孔皆。"

[15] 祫禘：古代帝王祭祖之禮。《禮記·王制》："天子犆礿，祫禘，祫嘗，祫烝。"章太炎《國故論衡·明解故下》："禘祫之言，詾詾爭論既二千年。若以禘祫同爲殷祭，祫名大事，禘名有事，是爲禘小於祫，何大祭之云？故知周之廟祭有大嘗、大烝，有秋嘗、冬烝。禘祫者大嘗、大烝之異語。"

[16] 數句出《禮記·樂記》。作：創製。述：傳述，引申爲因襲、繼承。孔子有"述而不作，信而好古"之語（《論語·述而》）。

[17] "唐虞之際"三句：語本《論語·泰伯》："舜有臣五人而天下治。武王曰：'予有亂臣十人。'孔子曰：'才難，不其然乎？唐虞之際，于斯爲盛。有婦人焉，九人而已。三分天下有其二，以服事殷。周之德，可謂至德也已矣。'"其中"唐虞之際，于斯爲盛"，朱熹云："言周室人才之多，惟唐虞之際，乃盛於此。降自夏、商，皆不能及。"（《四書章句集注》，第107—108頁）趙時春的理解同於朱熹，所以他緊接着有"孔子傷之"之語。

[18] 周公成文，武之德：言周公集成文王、武王之德業。出處參本文題解。

[19] 天保四章：應是廳趙時春講學的學生，具體不詳。

[20] "聖人常伸公義於天下"二句：《孟子·萬章上》中，萬章疑惑，問道："舜弟不仁，奚得封於有庳；共工等有罪，最終被流放。"對此，朱熹注引吳氏語云："言聖人不以公義廢私恩，亦不以私恩害公義。舜之於象，仁之至，義

之盡也。”由於舜對不仁之人象、共工迥然不同的處理方式，因而引發了古人的許多議論，包括孟子、萬章、朱熹等。趙時春的理解同於朱熹。

[21] 追王而斷之以法：指前文所云周公“辨其功德，別其親疏遠近，而上下之，特追王太王、王季，尊祖配天，尊父配地”之事。

[22] 祭祀而溥之以恩：指前文所云“周之先君無間於遠近親疏，舉以孝子曾孫之義而配享焉”之事。溥：廣大。

[23] 紬：此處當通“詘”，屈服、制服之意。

先王至德要道

【題解】

　　至德要道，最美好的品德和最精要的道理。本篇論題出自《孝經·開宗明義》：“仲尼居，曾子侍。子曰：‘先王有至德要道，以順天下，民用和睦，上下無怨。汝知之乎？’曾子避席曰：‘參不敏，何足以知之？’子曰：‘夫孝，德之本也，教之所由生也。復坐，吾語汝。身體髮膚，受之父母，不敢毀傷，孝之始也。立身行道，揚名於後世，以顯父母，孝之終也。夫孝，始於事親，中於事君，終於立身。《大雅》云：“無念爾祖，聿修厥德。”’”孔子提出了“先王至德要道”，曾子不解，進一步問更爲具體的答案，孔子的回答是“孝”，因爲孝乃“德之本也，教之所由生也”。

　　趙時春的論述是對孔子這一思想的具體闡釋。只不過他沒有直接解釋何爲孝，也沒有分析具體、瑣細的孝行，而是以堯、舜、禹、湯、文、武、周公等“聖人”爲範型，從聖人博濟天下的角度，分析大舜、武王、周公、孔子等人的至德大孝，從而醒目地凸顯了“孝”博濟天下、爲人倫定基的重大價值。應該說，趙時春的論述具有高度和深度，有鮮明的本體意味。

　　在論述孝的總目標下，趙時春還深入論述了聖人的特質。聖人是古人心中的理想人格，也是古代士人討論不休的論題，可以說，每一個士人，其心目中聖人的涵義可能都不盡相同。趙時春對聖人的分析，較爲通達、入情入理，他說：“聖人者，人之至極而萬物之要領所在也。”即聖人是人的各種優秀品質的匯集，是對人情物理的權威解釋。還說：“聖人果有異於人乎？則君子未之言也。聖人果無異於人乎？則君子未之至也。”言下之意，聖人只不過是一個高標的理想人格。這樣的解釋，比那些一味地神話聖人的言辭，要通達得多。

　　另外，《大戴禮記·哀公問》中魯哀公問聖人的一段話，耐人尋味，也極具參考價值，故錄以備參：“哀公曰：‘善！敢問：何如可謂聖人矣？’孔子對曰：‘所

謂聖人者,知通乎大道,應變而不窮,能測萬物之情性者也。大道者,所以變化
而凝成萬物者也。情性也者,所以理然、不然、取舍者也。故其事大,配乎天
地,參乎日月,雜於雲蜺,總要萬物,穆穆純純,其莫之能循;若天之司,莫之能
職;百姓淡然,不知其善。若此,則可謂聖人矣。'"

聖人能順天下之性,故能一天下之情。聖人無以異於人也,
則凡聖人之所爲,皆眾人所可及矣。夫聖人爲之所可及,則天下
皆可至於聖人[1]。人皆有至聖之幾,而常視聖人太高,望聖人太
深,畏之而不敢爲,慢之而不必爲。此聖人之所甚憫而深憂者
也。以其憫之甚,故思援之謀至;以其憂之深,故求濟之術周。
雖然,聖人固不得不爲斯人憫且憂,亦不徒爲博濟之荒唐、手援
之艱難[2]。憫之甚而力不及,憂之深而勢難徧,徒有濟天下之
志,而卒以虛名取敗者也。故必反其原而無以異於我者,而導之
使遂,俾人人各順其性而不自知。人人各順其性,隨感而應,觸
類而發,有施而各得其當,天下雖大而運之猶掌[3]。
　　孔子論孝曰:"先王有至德要道。"[4]此聖人以身軌物[5],而
以人治人之義也[6]。常觀天下之理,其弛也,或張之;其散也,或
翕之;其敗也,或成之;其伏也,或振之。權之於決裂破碎之時,
而卒獲安全順適之效,其所以經畫施設而轉移推行之者,其自治
之,必大有才矣。是故蹈淵而溺者[7],善泅之人能拯之;暴瘝而
危者[8],善醫之技能治之;敵三軍而陷者,善戰之士能援之。夫
豈有他術哉? 誠造巧之極而中其要領焉耳! 聖人者,人之至極
而萬物之要領所在也。於天下之弛而能張,散而能聚,敗而能
成,收其壞,振其伏,使萬物各得其所,而無一缺焉[9]。此固天下
之所以望聖人,而亦聖人憂世覺民之志也。

　　且天之生斯人也，付之性[10]；父母之生子也，與之身。天下未有不由乎天而有此性，亦未有不由乎父母而有此身[11]。均由乎天下之性，則聖人固與若人同性也；均由乎父母之身，則聖人固與若人同形也。然性雖同受，而獨能盡之以爲仁；形雖同有，而獨能踐之以爲孝。此在聖人所獨能，而衆人謂之異者也。是故德均也，而或曰克明，或曰廣運[12]；才均也，而或曰神化，或曰天錫[13]；行均也，而或曰允文，或曰執兢[14]。皆有以造天下之極而無餘，會天下之善而無遺，合天下之正而無二。使人之言者必曰：堯、舜、禹、湯、文、武之德，天下莫尚之德也；堯、舜、禹、湯、文、武之道，天下莫尚之道也；堯、舜、禹、湯、文、武之才，天下莫尚之才也；堯、舜、禹、湯、文、武之仁，天下莫尚之行也。堯、舜、禹、湯、文、武之仁，天下莫尚之仁也，真有以奉天而順正也；堯、舜、禹、湯、文、武之孝，天下莫尚之孝也，真有以事父母而無忝也。此皆智士之所爭傳而樂聞，庸人之所以駭其有而不敢言者也。

　　是聖人之生雖猶夫人，而其卒則有大不然者也。嗚呼，聖人果有異於人乎？則君子未之言也。聖人果無異於人乎？則君子未之至也。惟人於所當爲而不爲，於所可至而不至；不肯爲者謂之慢，不敢至者謂之畏。慢與畏交遍天下，而後聖人始大異於人矣。是故有滅德也[15]，而後異聖人之德至；有不才也[16]，而後異聖人之才至；有失行也，而後異聖人之行至；有賊仁也[17]，而後異聖人之仁至；有不孝也，而後異聖人之孝至。彼其污下昏愚，亂天下之常，而喪親之身，方瑣瑣然以異窺聖人，而不知其本同於人也。

　　聖人之同於人者，何也？性也，形也。盡性[18]，固爲事天之仁，而亦事親之孝；踐形[19]，固爲事親之孝，而亦事天之仁。仁固所以事天，而亦即所以事親；孝固所以事親，而亦即所以事天。仁以事親，則是視父母猶天也；孝以事天，則是視天猶父母也。以天爲父母，而以父母爲天，則四海皆兄弟也[20]。設有人焉，其兄弟陷於罟穽而不救[21]，則人將以爲賊仁賊孝之甚者。今天下皆陷，而聖人恝然親之[22]，謂之何哉？此則聖人之所甚憫而深憂者也。

或者曰：“天下至大也，而聖人以一身往救，且博施濟衆，堯、舜病焉[23]，如之何其可及也？”吁，天下之弛而能張，散而能翕，敗而能成，伏而能振，則貴乎聖人也。如獨善而棄物[24]，烏用聖人爲哉！況人各有性，不待外鑠[25]，聖人之救也，如探其懷之珠而出之，去其鑑之垢而新之耳，非能爲物作則也[26]。聖人知物我固有是性，而有盡與不盡之異，同有是形，而有踐與不踐之殊，由是，以我之獨得者推以及人[27]。始於家焉，中於國焉，終於天下焉，使之各盡其性以事天，各踐其形以事親，改其滅德而歸於德，哀其不才而歸於才，更其失行而善於行。不仁者興於爲仁，不孝者興於爲孝。厚以率其民，而庶人得以保身；志以率其士，而君子得以保族；義以率其大夫，而庶官得以保家；忠以率其公卿，而大臣得以保位；和以率其諸侯，而群后得以保國。

《易》之所謂“首出庶物，萬國咸寧”[28]；《書》之所謂“皇建其有極，會極歸極”[29]；《詩》之所謂“永言配命，成王之孚”[30]；《春秋》之義所謂“君正始，王道出焉”[31]：此聖人所以能順天下之性，而一天下之情。雖若爲人，而其實無非所以事天而事親者，然古聖人之仁孝，至此極者，亦不數焉。事親底豫而天下化，惟舜可以當之[32]；制禮推恩而天下定，惟武王、周公可以當之[33]；刪經書史、顯親揚名，惟孔子可以當之[34]。聖人孝統天地，貫萬物,此所以爲大也。可以見子之事親,無往而不當用其力也。夫孝至於成,天下可謂無外矣。而聖人之意猶曰:"至是始足耳。"則凡未至於是者,尚爲非孝也。是故尊親,以天子之父化其家,以爲國者,亦不得與於此。以其未聞先王之至德要道,區區小節不足多矣。然則人之爲孝,必如大舜、武王、周公、孔子而後可。

【注釋】

[1] 天下皆可至於聖人:《孟子·告子下》有"人皆可以爲堯舜"的話,其基本理據是:"堯舜之道,孝弟而已矣。子服堯之服,誦堯之言,行堯之行,是堯而已矣。子服桀之服,誦桀之言,行桀之行,是桀而已矣。"趙時春這幾句的義理之源,當出於此。

[2] 博濟:廣泛救助,語出《論語·雍也》:"子貢曰:'如有博施於民而能濟衆,何如? 可謂仁乎?'子曰:'何事於仁,必也聖乎! 堯舜其猶病諸! 夫仁者,己欲立而立人,己欲達而達人。能近取譬,可謂仁之方也已。'"

[3] 天下雖大而運之猶掌:語出《孟子·公孫丑上》:"由湯至於武丁,賢聖之君六七作,天下歸殷久矣,久則難變也。武丁朝諸侯,有天下,猶運之掌也。紂之去武丁未久也,其故家遺俗,流風善政,猶有存者。"

[4] 孔子論孝的原話,見本文題解。

[5] 軌物:指規範、準則。《左傳·隱公五年》:"君將納民軌物者也。"《魏書·羊深傳》:"將以納民軌物,莫始於經禮。"

[6] 以人治人:以人固有之道來治人。語出《中庸》:"道不遠人。人爲之道而遠人,不可以爲道。……故君子以人治人,改而止。"朱熹注云:"故君子之治人也,即以其人之道,還治其人之身。其人能改,即止不治。"

[7] 蹈淵:如臨深淵。《詩經·小雅·小旻》:"戰戰兢兢,如臨深淵,如履薄冰。"

[8] 暴瘥(cuó):古代中醫術語,猶言"潰癰"。《諸病源候論》:"因發癰瘡,而

膿汁未盡,其瘡暴瘥,則惡汁内食病,疫病。”

[9] 自“聖人者”至“而無一缺焉”數句:大要是聖人能效法自然法則。《周易·繫辭上》:“天地變化,聖人效之。”《荀子·王制》:“聖王之用也,上察於天,下效於地。”言下之意,瞭解了天地變化的規律,就把握了治理天下的根本。

[10] 性:指生命本來的面目。《荀子·正名》:“生之所以然者謂之性。”《告子》:“生之謂性。”

[11] 身:原作“生”。“生”字不通,結合上下文來看,應作“身”,逕改。

[12] 德均:道德均衡;意謂相比之下,兩人在道德方面差不多。“德均”本是《左傳》叙述國君在無嫡子的情況下,擇立繼任者的權衡標準,《左傳·昭公二十六年》:“昔先王之命曰:王后無適,則擇立長,年鈞以德,德均以卜。”《襄公三十一年》:“大子死,有母弟,則立之;無,則立長。年均擇賢,義均則卜。”克明:能明,意謂任用賢能之士。《尚書·堯典》:“克明俊德,以親九族。”孔傳:“能明俊德之士任用之,以睦高祖玄孫之親。”廣運:猶廣遠。《尚書·大虞謨》:“益曰:都!帝德廣運,乃聖乃神,乃武乃文。”

[13] 神化:窮究事物之神妙。《周易·繫辭下》:“窮神知化,德之盛也。”天錫:天賜。《詩經·魯頌·閟宮》:“天錫公純嘏,眉壽保魯。”

[14] 允文:能文能武。《詩經·魯頌·泮水》:“允文允武,昭假烈祖。”執兢:勇猛强悍。《詩經·周頌·執競》:“執競武王,無競維烈。”

[15] 滅德:破壞道德。《左傳·桓公二年》:“今滅德立違,而置其賄器於大廟,以明示百官。”

[16] 不才:不成才,此指不是正才。《左傳·文公七年》:“此子也才,吾受子之賜;不才,吾唯子之怨。”《莊子·人間世》也有“不材之木”的描述。

[17] 賊仁:毀棄仁義。《孟子·梁惠王下》:“賊仁者謂之賊,賊義者謂之殘,殘賊之人,謂之一夫,聞誅一夫紂矣,未聞弑君也。”

[18] 盡性:窮盡人的本性。《中庸》:“唯天下至誠爲能盡其性,能盡其性,則能盡人之性,能盡人之性,則能盡物之性。”《周易·説卦》也有“窮理盡性,以至於命”的表述。

[19] 踐形：意謂人性體現於形色。孟子首次提出該詞，《孟子·盡心上》："形色，天性也；惟聖人然後可以踐形。"認爲人體的天賦只有完成道德修養之人才能實現，故而與其盡心、盡性理論密切相關。

[20] 四海皆兄弟：語出《論語·顏淵》："子夏曰：商聞之矣，死生有命，富貴在天。君子敬而無失，與人恭而有禮。四海之内皆兄弟也。"

[21] 其兄弟陷於苦穽而不救：史載舜父瞽瞍、弟象曾挖陷阱以害舜，不遂，舜不以爲意，事父至孝，封其弟於有庳（一説是流放於有庳）。詳參《史記·五帝本紀》等。《韓非子·忠孝》有"瞽瞍爲舜父而舜放之，象爲舜弟而殺之。放父殺弟，不可謂仁"之語，與《史記》記載不同。

[22] 恝（jiá）然：漠不關心。

[23] 博施濟衆：施恩、接濟百姓。兩句語出《論語·雍也》，具體内容見本文注釋[2]。孔子的意思是，能做到博施濟衆，不僅是仁人，簡直就是聖人了；堯、舜都未曾做到呢。趙時春承此意。

[24] 獨善：獨善其身。語出《孟子·盡心上》："故士窮不失義，達不離道。窮不失義，故士得己焉；達不離道，故民不失望焉。古之人，得志，澤加於民；不得志，修身見於世。窮則獨善其身，達則兼善天下。"棄物：與物相離、相違，這裏可引申爲不關心外物。語出《老子》："是以聖人常善救人，故无弃人；常善救物，故无弃物。"

[25] 外鑠：猶言外力。鑠：本義爲熔化，這裏可引申爲外力的影響。語出《孟子·告子上》："惻隱之心，仁也；羞惡之心，義也；恭敬之心，禮也；是非之心，智也。仁、義、禮、智，非由外鑠我也，我固有之也，弗思耳矣。""外鑠"就成了孟子心性論中的一個重要語詞，也成了宋明理學的重要概念。如陸九淵《與舒元賓》語："得書開讀，殊覺未甚明快。此事何必他求，此心之良，本非外鑠。"

[26] 爲物作則：見程頤《伊川易傳》卷四："聖人所以能使天下順治，非能爲物作則也，唯止之各於其所已。"可見，"爲物作則"也算是理學家的一個術語。

[27] 推以及人：將其推廣到別人身上。《左傳·昭公二十五年》："君子貴其身

而後能及人,是以有禮。"《論語·衛靈公》:"己所不欲,勿施于人。"

[28] 兩句出自《易傳·乾卦》彖辭,意思是,乾卦爲六十四卦之首,是陽氣所鍾,而陽氣爲萬物之始,故曰"首出庶物";乾卦居首,也象徵着國君之立,國君立而天下安寧,故曰"萬國咸寧"。

[29] 兩句分別出自《尚書·洪範》:"皇建其有極。……無偏無黨,王道蕩蕩;無黨無偏,王道平平;無反無側,王道正直。會其有極,歸其有極。""皇建其有極",意謂君主建立其統治準則;"會極歸極"是"會其有極,歸其有極"的省寫,意思是,君主聚集賢良之臣,賢良之臣也會自覺歸集於君主周圍。

[30] 兩句出自《詩經·大雅·下武》,意思是,周王長久上承天命,取得臣民的信任。

[31] 正始:合乎禮儀、法則的開始。程頤云:"春秋之義,莫重乎端本正始。"(《春秋集義》卷一"隱公元年")胡安國云:"正始之道,王化之基,《春秋》之所謹也。"(《春秋集義》卷九"桓公九年")"《春秋》詳書正始之道矣。"(同前,卷一五"莊公二十四年")《春秋》謹於記錄"元年正月",在趙時春看來,其"微言大義"中,隱寓着"王道之始"的深衷。

[32] 兩句語出《孟子·離婁上》:"天下大悦而將歸己,視天下悦而歸己猶草芥也,惟舜爲然。不得乎親不可以爲人,不順乎親不可以爲子。舜盡事親之道而瞽瞍厎豫,瞽瞍厎豫而天下化,瞽瞍厎豫而天下之爲父子者定,此之謂大孝。"其大意是,舜將天下欣悦地歸順於自己看同草芥(他更在乎天下百姓的欣悦),他事親至孝、克盡孝道,使父親(瞽瞍)享受快樂,進而天下父子都快樂,這纔是大孝。厎豫:達到快樂。厎:達;豫:樂。

[33] "制禮推恩"兩句:其本意,見本書《周公成文、武之德》一文:"故周公之制禮也,辨其功德,別其親疏遠近而上下之。"

[34] 删經書史:指孔子删定《詩經》、編訂《尚書》、撰寫《春秋》之事。顯親揚名:使父母顯耀,使自己揚名。語出《孝經·開宗明義》:"立身行道,揚名於後世,以顯父母,孝之終也。"

荷 蓧

【題解】

荷蓧，扛着農具，此指"荷蓧丈人"，見《論語·微子》：

> 子路從而後，遇丈人，以杖荷蓧。子路問曰："子見夫子乎?"丈人曰："四體不勤，五穀不分，孰爲夫子?"植其杖而芸。子路拱而立。止子路宿，殺雞爲黍而食之。見其二子焉。明日，子路行，以告。子曰："隱者也。"使子路反見之。至則行矣。子路曰："不仕無義。長幼之節，不可廢也；君臣之義，如之何其可廢也? 欲潔其身而亂大倫。君子之仕也，行其義也，道之不行也，已知之矣。"

子路遇"荷蓧丈人"，問其是否見孔子經過，丈人的回答耐人尋味，且留子路宿，款待子路。等子路回過神來再去尋訪時，丈人已然離去。爲此，子路感慨地説了一番意味深長的話。這些話恰好反映出丈人(隱者)與子路(積極入世者)之間的思想分野。

本篇話題顯然承此而來。趙時春對"荷蓧丈人"的行爲給予了高度讚譽。他從人之"量力而行"的角度切入，分析那些力有所能而積極進取者如堯、舜、孔子，力有不能而退隱修身者如許由、老、莊、顏回，以及那些不度其力而自致其敗者如萇弘、竇犨；進而指出，荷蓧丈人、接輿、沮、溺等人，尊重其内向修養，是"存其身以存其道""道存而身亦重"；由此，他對那些"力有未至而强爲之者"表示了批判，對毫無原則、不明内外之分的"鄉愿"給予了斥責，因爲這樣的人往往會對社會造成巨大傷害。

天下之患，莫大於不度其力之所可至而强爲之。能之而弗爲，與不能而强爲之者，皆罪也。昔堯授位於許由[1]，由知其力弗至也，故拒之以全其身，避之以廉其節，拒之、避之，誠是也。及鯀不度其力，而欲專禪乂之功[2]，故潢潰大敗，以僇其身[3]。是故由之遜也以啓舜[4]，而鯀之誅也以啓禹[5]。老聃、莊周可以學堯、舜，而弗學，故遁[6]；萇弘、竇犢可以爲許由，而弗爲，故誅[7]；孔子知其力之可以爲堯、舜，故不敢苟安其身、曲完其節，而皇皇以行其道[8]；顔子觀其時當爲許由，故不敢貪功以邀其名，而瞿瞿然隱其身[9]。孔子之勞，至於席不暇煖，受喪家之誚[10]。而顔子之逸，至於不出陋巷，甘屢貧之樂[11]。此一聖一賢者之迹迥異，而其應答講義之際反至於皆説而無違。

　　吾嘗心私怪之，以爲聖人之重其身若丘山，而其視天下若浮雲。今之視其身若浮雲，而重天下若丘山者，果何歟？及觀孔子於荷蓧丈人之流，丁寧反覆之意，然後喟然歎曰："嗚乎！聖人之重其身，若是也。"[12]彼其愛其身以完其節者，其身尊而道不顯，是重其內而輕其外者也；狥夫世而忘其身者，其術顯而身爲役，是重其外而喪其內者也。是其力至者，內外皆重；其力之未至，則內外不能以皆重。與其求行其道以危其身，身危則道無以行，孰若存其身以存其道？其道存而身亦重，內重而外亦重，故聖人之道大而能博；內重而外斯輕，故賢者之學安而有成，此皆度其力之所可至者也。

　　孔子知其力之已至，而知天下之學者不可以鈞也，是故許顔子之有是贊[13]；荷蓧以隱者，其與接輿、沮、溺[14]，皆一唱而三歎之，殊不覺其異乎己也？而他日於鄉愿，則直斥之曰"德之賊"[15]，蓋以鄉愿因己力之未至而尼天下之有力者[16]，皆不至於堯、舜之域，其視鯀之力未至而强爲之者，罪雖同而情又熾矣，故孔子尤惡之。譬之里門之懸石頹，或教尪羸者而徙之[17]，其罪不過弑一尪羸者而已；苟尪羸者或以力之不勝，而謂衆人"姑置之"，是其情不惟媚能者[18]，而又有以危其里人也。今世之學者，乃至訾許由而詆荷蓧，其視鄉愿之徒，反以爲量力而亟許之。吁，大惑矣！

【注釋】

[1] 堯授位於許由：皇甫謐《高士傳·許由》："堯讓天下於許由……（許由）不受而逃去。……堯又召爲九州長，由不欲聞之，洗耳於潁水濱。時其友巢父牽犢欲飲之，見由洗耳，問其故。對曰：'堯欲召我爲九州長，惡聞其聲，是故洗耳。'巢父曰：'子若處高岸深谷，人道不通，誰能見子？子故浮游，欲求其名譽，汙吾犢口。'牽犢上流飲之。許由没，葬箕山之巔，亦名許由山，在陽城之南十餘里。"

[2] 裨乂："神"，當作"裨"，使。乂：治理。典出《尚書·堯典》："帝曰：'咨！四岳，湯湯洪水方割，蕩蕩懷山襄陵，浩浩滔天。下民其咨，有能俾乂？'僉曰：'於！鯀哉。'帝曰：'吁！咈哉，方命圮族。'岳曰：'異哉，試可乃已。'帝曰：'往欽哉！'九載，績用弗成。"

[3] "潢潰大敗"兩句：指鯀用築堤防水的方法，不輸反堵，九年未治平，被舜"殛於羽山"之事。潢，積水池。潰，水沖破堤防。僇（lù），通"戮"，殺戮。

[4] 本句意謂：許由的推讓，也使堯明白，不願爲者，不必勉强，所以後來堯纔選用舜來繼承大業。

[5] 本句意謂：鯀治水不力，舜殺之，纔開啓了禹的治水事業。

[6] 老聃、莊周：指老子、莊子。趙時春的意思是，老、莊的行爲與許由差近，是"遁"和"遜"，是"不欲爲"。

[7] 萇弘：周靈王、敬王時劉文公之大夫，劉氏與晉范氏世爲姻親，在晉卿内訌中，萇弘支持范氏，被趙簡子聲討，敬王爲安撫晉國，殺死了萇弘。事見《左傳·哀公三年》。相傳萇弘死後三年，其血化碧。竇犨，竇叔子，晉國人，被趙簡子所殺，生平事迹很少，主要見於《子華子·虎會問》："有竇

叔子者,推其後而進之⋯⋯竇叔子之爲人也,强毅而有立,方嚴而不到;其事主也,齊戒被襤,而無有回心。"趙時春的意思是,萇弘、竇犢的遭際與鯀類似,最終被誅;如果兩人仿許由行迹,則可免禍。

[8] 自"孔子知其力"至"皇皇以行其道"三句:意謂孔子有堯、舜之才德,故奮不顧流俗,知其不可爲而爲之,爲推廣其思想主張而積極奔走。趙時春的理解,有以古代比孔子爲"素王"的意味。《淮南子·主術》稱:"孔子之通,智過於萇弘,勇服於孟賁,足攝郊菟,力招城關,能亦多矣。然而勇力不聞,伎巧不知,專行孝道,以成素王。事亦鮮矣!"可以互參。

[9] 顏子:顏回,孔子弟子,以德行著稱,不慕功名、榮華,恬然自守,得到孔子的高度評價。

[10] 席不暇煖(nuǎn):連席子還没坐暖就起身忙别的事,比喻奔波忙碌。喪家之誚:指鄭人諷刺孔子爲"喪家之狗"之事。誚:嘲笑,譏刺。《史記·孔子世家》載:"孔子適鄭,與弟子相失,孔子獨立郭東門。鄭人或謂子貢曰:'東門有人,其顙似堯,其項類皋陶,其肩類子産,然自要以下不及禹三寸。累累若喪家之狗。'子貢以實告孔子。孔子欣然笑曰:'形狀,末也。而似喪家之狗,然哉!然哉!'"

[11] 屢貧之樂:指顏回居陋巷,安貧樂道。《論語·雍也》:"子曰:'賢哉,回也!一簞食,一瓢飲,在陋巷,人不堪其憂,回也不改其樂。賢哉,回也!'"

[12] 自"吾嘗"至"若是也"數句:大意是:我此前以爲,聖人重視自身修養,超然物外,視天下如浮雲;可如今的士大夫,汲汲於追求天下之名,全然忘卻修養自身,這到底是爲什麼? 從孔子感慨荷蓧的話——"君子之仕也,行其義也"來看,在聖人孔子的身上,天下之重與自身之重是統一的,是"内重而外亦重"。

[13] 許顏子之有是贊:指孔子感慨"賢哉! 回也"諸語(見本文注釋[11])。

[14] 接輿、沮、溺:孔子周遊列國時遇到的三個隱士,均見於《論語·微子》,其真實姓名不詳,孔門弟子後來追記時,按照其人的特徵或動態,臨時起了名字。接輿曾"鳳歌笑孔丘";長沮、桀溺二人耕田,孔子使子路問路,沮、溺不僅没有正面回答,反而陳述了自己對社會的獨特見解,遂引起了孔

子的浩歎："鳥獸不可與同群也,吾非斯人之徒與而誰與？天下有道,丘不與易也。"

[15] 鄉愿：指那些貌似謹厚、實則毫無原則的僞善者。孔子對這類人極爲反感。《論語·陽貨》："子曰：'鄉原,德之賊也。'"《論語·子路》："子貢問曰：'鄉人皆好之,何如？'子曰：'未可也。''鄉人皆惡之,何如？'子曰：'未可也。不如鄉人之善者好之,其不善者惡之。'"

[16] 尼：通"昵",親近,這裏有諂媚、依附之意。

[17] 里門之懸石頹：里弄門上的石條倒塌了。尩羸(wāng léi)：身體瘦弱或虛弱。

[18] 媢(mào)：嫉妒。

聖人天地氣象

【題解】

"聖人天地氣象"是理學家提出的一個命題,"'氣象'在理學本指達到某種精神境界後在容貌詞氣等方面的外在表現"(陳來《朱子思想研究》,華東師範大學出版社 2001 年,53 頁)。《二程遺書·第二十二上》:"用休問'老者安之,朋友信之,少者懷之',曰:'此數句最好。先觀子路、顏淵之言,後觀聖人之言,分明聖人是天地氣象。'"又云:"觀此數句,便見聖賢氣象大段不同。若讀此不見得聖賢氣象,他處也難見。學者要理會得聖賢氣象。"除引文中的"天地氣象""聖賢氣象"之外,尚有"儒者氣象""曾點氣象""堯舜氣象"等説法。

基於此,宋明理學要求必須學習聖人氣象。二程云:"學聖人者,必觀其氣象。"(《粹言》卷二)"學者不學聖人則已,欲學之,熟玩味聖人之氣象,不可衹於名上理會。"(《伊川語一》)又説:"顏、孟之於聖人,其知之深淺同,只是顏子尤溫淳淵懿,於道得之更淵粹,近聖人氣象。"在二程的心目中,"聖人"的最高體現是孔子,其次是顏淵和孟子。

本文論述聖人的天地氣象,首先分析聖人法則天地的基本邏輯:天地生萬物而能自生,循環往復以至於無窮,還能統萬物於一理;聖人能以物取物而物我兩忘,做到天人合一,還能超然物外,以一物而應天下之物;天地無私,聖人亦無私;正是在這兩層意義上,聖人法則天地,與天地爲一。其次,分析聖人以一物而應天下之物的體現,就是因地制宜,順應萬物相生相剋之理,其措施如五行五服、冕衣章甫、五爵五官、播穀時殖等。再次,分析、描述聖人的天地氣象,以堯、舜、孔子爲例,其貶低者有之,讚美者有之,最高的聖人氣象,則是"祖述堯舜,憲章文武,上律天時,下襲水土,如天地之覆載,四時之錯行,日月之代明"。

這是一篇義理圓融、邏輯嚴密的論文,雖然論題老舊,但理論水平很高,趙時春論述的一個基本思路是,無論談人倫,還是分析抽象道理,都會從天地萬

物的角度切入，由萬物之理引出人世之理，這也使其論述具有較强的本體探討
意味。

聖人不以物交物，而能以物取物[1]。凡物於物者，物物相交
而與物終焉，夫是之謂以物交物。以物交物者，囿於有我，有我
則有物[2]；與物相入而欲物無累，吾見其物我對仇而紛紛焉如旗
旌之搖旌、江漢之浮萍[3]。夫唯聖人無我[4]，故能無物；無我則
大，成性則神[5]；大故能無累，神故能變化；無累則至聖之德，變
化則神明之業[6]。孰爲有物？孰爲有我？孰爲有内？孰爲有
外[7]？其來也有郷，其去也無方。以有郷之物，取無方之物，物
我兩忘，天人合一[8]，其聖人之能事乎？

蓋嘗觀之，盈天地之間生生不息者，陰陽相推，法象列矣[9]；
剛柔相乘，氣化出矣[10]。五氣布[11]，四時行，則性命不同矣。天
之高，地之厚，日月之照臨，山川之流峙，震爲雷，烈爲風，嗇爲庶
物，通爲人，蟊螮蔚瞀、委蛇雜揉者[12]，吾不知其幾千萬等。然
則果孰自而生乎？孰自而死乎？孰自而窮通乎？孰自而始終
乎？是必有非智力之所爲，物之所可自爲者[13]。然則安爲之？
天地爲之。天地安爲之？天地之天地爲之。天地生萬物而能自
生者也，故混而復闢，終而復始，循環而無窮者，天地其神乎！

夫天地統萬物爲一理，聖人通天下爲一身。然則謂物有天
乎則可，謂物皆天乎則不可；謂天下有聖人乎則可，謂天下皆聖
人乎則不可。物固有孑然而立、超然而存、倏焉而能達者，人固
有畫然而智、潔然而仁、拘拘焉而爲義者。惟天地不與萬物爭，
故物莫能爭；聖人不與天下辨，故物莫能辨。無物能爭者，萬物
之一物也；天下莫能辨者，萬人之一人也。天地取物以爲物，聖

人取天下以爲天下。無適而非道，無適而不可取。天下之物，豈一物之可盡哉？以一物而應天下之物，因時而應機，隨處而設智，物物而雕之，事事而識之，則一物之物耳，豈超然於物者哉？惟取物爲物者能超然於物。

天地之間，有生者生於無生[14]，有形者形於無形，有聲者聲於無聲。無生故足以應天下之生，無形故足以應天下之形，無聲故足以應天下之聲[15]。故天無私覆，地無私載，日月無私照，聖人以其無私被天下[16]。是故取其寒以爲之衣，取其饑以爲食，取其相生相養以爲交接親厚之節，取其惡死避害以爲宮室、城郭、甲兵之備，取其好善惡惡以爲禮義、政教之則。

五行五服[17]，取其惡也；冕衣章甫[18]，取其度也；服牛乘馬[19]，取其馴也；五爵五官[20]，取其節也；播穀時殖[21]，取其時也。天下有是理，故聖人有是事；物有是心，故聖人有是制。《易》曰：“乾道變化，各正性命，首出庶物，萬國咸寧。”[22]《中庸》曰：“至誠可以贊天地之化育。”[23]蓋物莫大於天地，聖莫過於堯、舜、孔子。或仁如天，或德動天，或道貫天地[24]，或位爲天子，或窮爲匹夫，其迹不同，其致一也。

負蟻垤者[25]，不可以語岱華之巘；樂蛙坎者[26]，不可以語溟渤之淵；夏蟲不可以語凝冰，越禽不可以伏鵠卵[27]，何則？所累者然也。彼嗛吾聖人者曰：“顙類堯也，項類皋陶也，肩類子產也。”[28]此以形狀模聖人之氣象者也。嚇吾聖人者曰：“帶牛脅之革，冠枝木之冠。”[29]此以衣服模聖人之氣象者也。狹吾聖人者曰：“多能博學，繁文飾節，累世不能殫其學，當年不能究其禮。”[30]此以儀文模聖人之氣象者也。若老子曰：“守汝真，歸汝一，惡用仁義爲哉？”[31]此又背乎聖人之氣象者也。有“溫而厲，威而不猛，恭而安"者[32]，有"望之儼，即之溫，聽其言厲"者[33]，此能語聖人氣象之一端者也。若曰"江漢以濯之，秋陽以曝之，皜皜乎不可尚"者[34]，此聖人之氣象含弘光大者也。若曰"吾戰則克，祭則受福"[35]，誅正卯，墮費、郈，會夾谷[36]，脫阨於蒲晉，絃歌於陳、蔡[37]，此聖人之氣象發强剛毅者也。乃若曰"祖述堯、舜，憲章文、武，上律天時，下襲水土，如天地之覆載，四時之錯行，日月之代明"者[38]，其至矣。

【注釋】

[1] 以物交物：以此物聯繫彼物。以物取物：通過此物獲得彼物。

[2] 三句意思是，因爲看重自身，所以也就看重那些用來滿足自身的外在物質。

[3] 三句意思是，看重外物，所以就會爲外物所累；這樣的話，想要達到"聖人無我"的境界，那正好南轅北轍。

[4] 無我：本是佛教術語，這裏應當等同於"無己"，《莊子·逍遙遊》："至人無己，神人無功，聖人無名。"

[5] 成性：即繼善成性，語出《周易·繫辭上》："一陰一陽之謂道，繼之者善也，成之者性也。"後來理學家解釋成爲德性來源和成就德性的問題。相比而言，王夫之的解釋較爲通達："繼之則善矣，不繼則不善矣。天無所不繼，故善不窮。人有所不繼，則惡興焉。"(《周易外傳》卷五)

[6] 神明之業：《周易·繫辭下》："陰陽合德，而剛柔有體，以體天地之變，以通神明之德。"孔穎達疏曰："萬物變化，或生或成，是神明之德。"趙時春所謂的"神明之業"，亦即《周易》所說的"陰陽合德"下的"天地之變"。

[7] 四句中之"物""我""內""外"，均爲古代哲學思想中的概念，兩兩相對。"我"指自身，"物"指外物；"內""外"指事物的邊際。《呂氏春秋·下賢》："精充天地而不竭……其大無外，其小無內。"

[8] 物我兩忘：字面意思是，忘記自身與外物。從思想史的角度來看，“物我兩忘”應該是道家思想中描述與道爲一的精神狀態，《莊子·齊物論》：“昔者莊周夢爲蝴蝶，栩栩然蝴蝶也。自喻適志歟！不知周也。俄然覺，則遽遽然周也。不知周之夢爲蝴蝶與、蝴蝶之夢爲周與？”“莊周夢蝶”即爲物我兩忘的境界。天人合一：天道與人道、自然與人爲的和諧統一。是古代儒家、道家共有的一個概念，如《周易·乾卦·文言》之“與天地合其德，與日月合其明”，《莊子·齊物論》之“天地與我並生，萬物與我爲一”，《孟子·盡心上》之“上下與天地同流”等。

[9] 本段所論，理出二程，《程氏遺書·二先生語五》：“仲尼，元氣也；顔子，春生也；孟子，並秋殺盡也。仲尼，無所不包；顔子示‘不違如愚’之學於後世，有自然之和氣，不言而化之者也；孟子則露其才，蓋亦時然而已。仲尼，天地也；顔子，和風慶雲也；孟子，泰山巖巖之氣象也。觀其言，皆可以見之矣。仲尼無迹，顔子微有迹，孟子其迹著。”法象：古代哲學中對自然界一切事物現象的總稱。《周易·繫辭上》：“是故法象莫大乎天地，變通莫大乎四時。”

[10] 氣化：指氣變化生萬物。《大戴禮記·曾子天圓》：“陽之專氣爲電，陰之專氣爲霰，霰電者，一氣之化也。”是氣化生霰電。張載《正蒙·太和》：“由氣化，有道之名。”是“氣化”即道。

[11] 五氣：古代的“五氣”所指紛紜，這裏當指五行之氣，即金、木、水、火、土。解釋爲五色之氣(青、白、赤、黑、黃)，亦通。

[12] 壓蟑(chén dūn)：怵惕不安的樣子。《莊子·外物》：“有甚憂兩陷而無所逃，壓蟑不得成，心若縣於天地之間。”成玄英疏：“壓蟑，猶怵惕也。”蔚霐(hūn)：極度鬱悶。委蛇：隨順、順應貌。

[13] 自爲：自然而成。《莊子·天地》：“大聖之治天下也，搖盪民心，使之成教易俗，舉滅其賊心，而皆進其獨志，若性之自爲，而民不知其所由然。”

[14] “天地之間”兩句：語出《老子·四十章》：“天下萬物生於有，有生於無。”“無”是道家本體思想中的一個重要概念，趙時春承襲之，其後文之“有形者形於無形，有聲者聲於無聲”，思理與此相同。

[15] "無生故足以"三句：義理出於《老子》。《老子》中有"夫唯弗居，是以不去"，"夫唯不爭，故天下莫能與之爭"等語，與三句相近。

[16] "故天無私覆"四句：義理出於《禮記·孔子閒居》："孔子曰：天無私覆，地無私載，日月無私照。奉斯三者以勞天下，此之謂三'無私'。"

[17] 五行：指"五常"，仁、義、禮、智、信。五服：喪服的五個等級，即斬衰、齊衰、大功、小功、緦麻，按照生者和死者之間親屬關係的遠近而制定。

[18] 冕衣：即冕服，先秦貴族的重要禮服，由冕冠、玄衣、纁裳、赤舄等組成。章甫：是先秦時貴族常用的禮帽。《儀禮·士冠禮》："委貌，周道也；章甫，殷道也；毋追，夏后之道也。"委貌、章甫、毋追總稱玄冠。

[19] 服牛乘馬：役使牛馬駕車。語出《周易·繫辭下》："服牛乘馬，引重致遠，以利天下。"

[20] 五爵：五等爵位，公、侯、伯、子、男。五官：指殷周時分掌政事的五個高級官職，司徒、司馬、司空、司士、司寇。

[21] 播穀時殖：播種百穀。《國語·鄭語》："周棄能播殖百穀蔬，以衣食民人者也。"

[22] "乾道變化"四句：出自《周易·乾卦·彖辭》。意思是，剛健的天道變化無窮，萬物各正其本性；陽氣爲萬物之始，萬物賴以生長，天下也賴以安寧。

[23] 《中庸》的完整表述是："唯天下至誠，爲能盡其性；能盡其性，則能盡人之性；能盡人之性，則能盡物之性；能盡物之性，則可以贊天地之化育；可以贊天地之化育，則可以與天地參矣。"

[24] 道貫天地：今孔廟"欞星門"有"德侔天地""道貫古今"的兩塊牌坊，是後世對孔子的普遍評價，趙時春此語當承此而來。

[25] 蟻垤：蟻穴周圍所封積的土堆。

[26] 蛙坎：蛙井。

[27] 夏蟲不可以語凝冰：語出《莊子·秋水》："北海若曰：'井蛙不可以語於海者，拘於虛也；夏蟲不可以語於冰者，篤於時也；曲士不可以語於道者，束於教也……'"越禽不可以伏鵠卵：《莊子·庚桑楚》："奔蜂不能化藿蠋，

越雞不能伏鵠卵。”

[28] 數句語出《史記·孔子世家》:“孔子適鄭,與弟子相失,孔子獨立郭東門。鄭人或謂子貢曰:‘東門有人,其顙似堯,其項類皋陶,其肩類子產,然自要以下不及禹三寸,累累若喪家之狗。’子貢以實告孔子,孔子欣然笑曰:‘形狀,末也。而謂似喪家之狗,然哉!然哉!’”大意是,鄭人形容孔子額頭似堯,脖頸似皋陶,肩似子產,腰部以下與禹相去甚遠,有似一條喪家狗。

[29] “帶牛脅之革”兩句:語出《莊子·盜跖》:孔子欲拜見盜跖,“盜跖聞之大怒……曰:‘此夫魯國之巧偽人孔丘非邪?為我告之:爾作言造語,妄稱文武,冠枝木之冠,帶死牛之脅,多辭繆説,不耕而食,不織而衣,搖唇鼓舌,擅生是非,以迷天下之主,使天下學士不反其本,妄作孝悌而徼倖於封侯富貴者也。子之罪大極重,疾走歸!不然,我將以子肝益晝餔之膳!’”其中“冠枝木之冠,帶死牛之脅”,指孔子冠飾繁多如枝木,身佩牛皮革帶。

[30] “多能博學”四句:語出《史記·孔子世家》,孔子至齊,齊景公問政於孔子之後,覺得孔子所言有理,欲封孔子,這招致晏嬰的反對,致使孔子無功而返魯。晏嬰的批評是:“夫儒者,滑稽而不可軌法;倨傲自順,不可以為下;崇喪遂哀,破產厚葬,不可以為俗;遊説乞貸,不可以為國。自大賢之息,周室既衰,禮樂缺有間。今孔子盛容飾,繁登降之禮,趨詳之節,累世不能殫其學,當年不能究其禮。君欲用之以移齊俗,非所以先細民也。”趙時春的轉述文字略有出入。

[31] “守汝真”三句:《老子》第二十二章有“聖人抱一以為天下式”,三十一章有“見素抱樸,少私寡欲,絕學無憂”之語,《莊子·漁父》有“慎守其真”之語,這些當是趙時春數語的出處。

[32] “溫而厲”三句:語出《論語·述而》:“子溫而厲,威而不猛,恭而安。”意思是,孔子溫和而嚴厲,威儀而不兇猛,謙恭而安詳。

[33] “望之儼”三句:語出《論語·子張》:子夏曰:“君子有三變:望之儼然,即之也溫,聽其言也厲。”

[34] 語出《孟子·滕文公上》："子貢反，築室於場，獨居三年，然後歸。他日，子夏、子張、子游以有若似聖人，欲以所事孔子事之，强曾子。曾子曰：'不可。江漢以濯之，秋陽以暴之，皞皞乎不可尚已！'"曾子的意思是，孔子的人格純潔無瑕，就好像被江漢之水洗濯過，秋日驕陽曝曬過一樣。

[35] "吾戰則克"二句：語出《禮記·郊特牲》："求服其志，不貪其得，故以戰則克，以祭則受福。"大意是，訓習軍旅的目的，是讓軍人要服從命令，不苟且貪婪，那樣的話，軍人就會打勝仗；祭祀時，軍容嚴整，也會使神靈愉悦"受福"。

[36] 正卯：少正卯，春秋時魯國大夫，孔子任司寇時，以之爲"小人之桀雄"而誅之。事見《荀子·宥坐》。隳費、郈：指孔子毁三都之事。魯定公時，孔子爲司寇，先後拆毁了季孫費邑、叔孫郈邑、孟孫成邑。事見《左傳·定公十二年》。會夾谷：指夾谷之會。魯定公十年，孔子相魯定公，與齊景公會盟於夾谷山，齊人歸還汶陽之田。

[37] 脱阨於蒲晉：指孔子在畏匡過蒲之事，見《史記·孔子世家》。蒲，《史記集解》徐廣注云："長垣縣有匡城，蒲鄉。"趙時春稱爲"蒲晉"，或是混記爲晉國之蒲城，誤。《孔子世家》載，孔子去陳過蒲，恰好遇到公叔氏以蒲叛，蒲人欲阻止孔子經過。孔子弟子公良孺與蒲人鬬，蒲人懼，孔子乃得脱困。絃歌於陳、蔡：孔子周遊時，曾在陳、蔡等國長期停留，被陳、蔡之人圍困於野，"不得行，糧絶，從者病，莫能興。孔子講頌弦歌不衰"（《孔子世家》）。

[38] "祖述堯舜"七句：語出《中庸》："仲尼祖述堯、舜，憲章文、武，上律天時，下襲水土。辟如天地之無不持載，無不覆幬。辟如四時之錯行，如日月之代明。萬物並育而不相害，道並行而不相悖。小德川流，大德敦化。此天地之所以爲大也！"言下之意，孔子的德性可以匹儔天地、日月，涵化萬物。

學至聖人之道

【題解】

本文思理，應是源於《莊子·天下篇》，或者是受《天下篇》的啓發。《天下篇》提出"道術將爲天下裂"，分道術、方術而論，認爲百家之學皆爲方術，只有聖人、至人等纔能掌握道術。另外，《老子》第三十九章："昔之得一者，天得一以清；地得一以寧；神得一以靈；谷得一以盈；萬物得一以生；侯王得一以爲天一正。"老子所説的"一"，接近於本體的"道"，即紛亂世界都統一於道。趙時春本文的結論，也明顯受此影響。

本文認爲，聖人之道是一切學習的最終歸宿。其思路是，天下之術紛亂雜糅，祇有約之於一，纔能接近道。如何纔能約之於一呢？在於心有至一之理。學習必須先立志，内容需"明於庶物，察於人倫"，即體察人倫物理，另外還需"博文約禮"，一以貫之。由於聖人是道的最高載體，所以纔會有"學至聖人之道"的結論。文章還對曲學阿世的"昧於學"者給予了批評。

天下之術至不一也，君子有以一之，其必有所以約於至一者矣。甚矣哉，天下之多術也！而孰能與一之？病其難而弗之一，則將各持其所有，而天下之爲術者愈多矣[1]。以滋多之術而應夫不一之變，愈難愈遠，而愈不可勝窮矣。道果遠乎哉？術果多乎[2]？君子於是乎有憂焉，而思有以易之，故不求道於遠而求諸近，不求術於不一之中，而約之於至一之域，則道其幾乎[3]。

試嘗論夫天下之術。精粗之異致，隱顯之異迹，高下之異用，其分不可以勝同，其事不可以勝究，其情不可以勝一。夫以不可勝同之分，而益之以不可勝一之情；以不可勝一之情，而恣之於不可勝窮之事，吾見其二之也。二則雜，雜則亂。彼其一心且雜，一身且亂，而求以盡天下之術，齊天下之事[4]，不亦難哉？

且天下之不一，亦勢之自然耳。能於自然不一之勢而奪之使一，是非人力之所能爲也，故君子歸之於天。天惡乎在？在於道。道惡乎在？在於聖人。聖人之道遠，而用亦多矣。苦其術之多而弗一者，是自棄而不可與有爲矣；求其術之多而一之者，是自擾而不知所以爲一矣。棄則不知所謂學，擾則不知所謂一。噫！孰知夫天下雖有不一之術，而吾心自有至一之理乎？抑孰知吾心至一之理，而聖人先得之乎？抑孰知聖人之所先得，而亦可以學而至之乎？

學莫先於立志[5]。苟有志焉，則雖未遽至之，而所謂一者，吾知其終可至也。志之所在者何也？聖也。聖者何也？道也。道蓋難名也，盈法象之間[6]，精者，粗者，顯者，隱者，高者，下者，有非斯道之括囊者乎？故曰：其分不可以勝同，其事不可以勝究，其情不可以勝一。在聖人則不然。凡語道之大者至聖人而止，語聖人之大者至一而止。

昔者明於庶物，察於人倫[7]。舜，大聖人也，學之者求其所以大者，無有也，亦曰：「精一而已矣。緝熙敬止，光於四方。」[8]文王，大聖人也，學之者求其所以大者，無有也，亦曰：「純一而已矣，祖述堯、舜，憲章文、武，上律天時，下襲水土。」[9]孔子，大聖人也，學之者求其所以大者，無有也，亦曰：「一以貫之而已矣。」[10]

彼顏子者，固將學聖人之所學，而不違乎聖人之一者也，果何以請事斯語哉？非禮之訓至於四[11]，謂之一不可也；坐忘之請至於三[12]，謂之一不可也；高堅前後之不可爲象[13]，謂之一不可也;陋巷之樂,畏匡之威[14],其情果可得而一乎?吁!唯有是不一之故也,而後顏氏之子約之於一者著。蓋七十子之仁,不一於日月之間,而顏子之仁三月如一[15];子夏之義瘳於見利之時,而顏子之義三請如一[16]。聖人之教,析於博文約禮之際,而顏子之卓爾者如一[17];困窮利害之變交於前,而顏子之不改其樂者如一[18]。異端他岐之術[19],所以病吾道者非一,而顏子之所得於聖人以詔天下後世者,其道未始不一也。孰謂顏子所學者有外孔子一貫之道者乎?又孰謂孔子之一非數聖人授受之心法乎[20]?老氏之言曰:"天得一以清,地得一以寧,王公得一以爲天下貞。"[21]信乎一之爲道!

聖人之所以爲聖,賢人之所以爲賢,彼曲學者亦假之以藉口,而後其術售。天下之道,果孰有約於一者哉?獨慨夫昧者之不知也。故當其時,由之學求不一者於果也,蔽於果而不能一求之學;求不一者於藝也,拘於藝而不能一師之學[22];求不一者於高,高卒荒於好高務外[23],愈蔽愈遠,而其所謂一者,愈支離泮渙而不可得矣。是三子者,非不志於道也,所志者非其道,而狃於不一之術也[24]。狃於不一之術,而曰:"我將以之學道焉。"則惑也。噫!此夫子所以憂也,此顏子所以喟然也,此夫子所以深惜顏子也,此未聞好學之言,所以深爲求道者警也。

【注釋】

[1] "各持其所有"二句:與《莊子·天下》"天下之治方術者多矣,皆以其有爲不可加矣"如出一轍。

[2] 道、術:《莊子·天下》提出道術、方術,其所謂道術,指普遍性的學問或原理,方術是一家一派之學。從趙時春本文看,其所說的"道"也是本原

性、普遍性的原理，"術"指通向或達成"道"的各種途徑或學説。

［３］幾：危險。《墨子·修身》："本不固者末必幾，行不信者名必耗。"

［４］齊：齊同，等同。

［５］學莫先於立志：《荀子·勸學》的主旨是學必立志，"無冥冥之志者，無昭昭之明；無惛惛之事者，無赫赫之功"。趙時春這段的論述，或承《勸學》而來。

［６］法象：自然界的一切事物和現象。《周易·繫辭上》："是故法象莫大乎天地，變通莫大乎四時。"

［７］"明於庶物"二句：《孟子·離婁下》："人之所以異於禽獸者幾希。庶民去之，君子存之。舜明於庶物，察於人倫，由仁義行，非行仁義也。"意思是，舜明白萬物之理，明察人倫關係，因此能遵照仁義行事，而不是勉强地施行仁義。

［８］精一：精純而齊心。語出《尚書·大禹謨》："人心惟危，道心惟微，惟精惟一，允執厥中。"緝熙敬止：光明而虔誠。語出《詩經·大雅·文王》："穆穆文王，於緝熙敬止。"光於四方：光照四方。語出《尚書·泰誓》："惟我文考若日月之照臨，光於四方，顯於西土。"

［９］數句語出《中庸》："仲尼祖述堯、舜，憲章文、武，上律天時，下襲水土。辟如天地之無不持載，無不覆幬。辟如四時之錯行，如日月之代明。萬物並育而不相害，道並行而不相悖。小德川流，大德敦化。此天地之所以爲大也！"意思是，孔子繼承堯、舜、周文王、周武王的德業，順天應人，可以匹儔天地、日月，涵化萬物。

［10］一以貫之：《論語·里仁》："子曰：'參乎！吾道一以貫之。'曾子曰：'唯。'子出，門人問曰：'何謂也?'曾子曰：'夫子之道，忠恕而已矣。'"

［11］非禮之訓至於四：即非禮勿視，非禮勿聽，非禮勿言，非禮勿動。語出《論語·顏淵》："顏淵問仁。子曰：'克己復禮爲仁。一日克己復禮，天下歸仁焉。爲仁由己，而由人乎哉?'顏淵曰：'請問其目。'子曰：'非禮勿視，非禮勿聽，非禮勿言，非禮勿動。'顏淵曰：'回雖不敏，請事斯語矣。'"

［12］坐忘之請至於三：事出《莊子·大宗師》："顏回曰：'回益矣。'仲尼曰：'何

謂也?'曰:'回忘仁義矣。'曰:'可矣,猶未也。'他日復見,曰:'回益矣。'
曰:'何謂也?'曰:'回忘禮樂矣!'曰:'可矣,猶未也。'他日復見,曰:'回
益矣!'曰:'何謂也?'曰:'回坐忘矣。'仲尼蹴然曰:'何謂坐忘?'顏回曰:
'墮肢體,黜聰明,離形去知,同於大通,此謂"坐忘"。'仲尼曰:'同則無好
也,化則無常也,而果其賢乎!丘也請從而後也。'"'"坐忘"是莊子的術
語,指端坐而忘卻物我的精神境界。趙時春以莊子描述的故事來解釋孔
子、顏回的思想與行爲,似未妥。

[13] 高堅前後之不可爲象:《論語·子罕》:"顏淵喟然歎曰:'仰之彌高,鑽之
彌堅,瞻之在前,忽焉在後。夫子循循然善誘人,博我以文,約我以禮,欲
罷不能,既竭吾才,如有所立卓爾。雖欲從之,末由也已。'"其中的"雖欲
從之,末由也已"可作趙時春"不可爲象"之注腳。

[14] 陋巷之樂:是孔子讚譽顏回安貧樂道的話語。《論語·雍也》:"一簞食,
一瓢飲,在陋巷,人不堪其憂,回也不改其樂。賢哉,回也!"畏匡之戚:孔
子周遊列國,曾在衛國匡地被圍,顏回最後一個逃出來,孔子曰:"吾以汝
爲死矣。"顏回曰:"子在,回何敢死?"(《論語·先進》)

[15] 七十子:指孔門弟子中的七十二賢。顏子之仁三月如一:事見《論語·
雍也》:"子曰:'回也其心三月不違仁,其餘則日月至焉而已矣。'"

[16] 子夏之義癯於見利之時:語出《論語·子路》:"子夏爲莒父宰,問政。子
曰:'無欲速,無見小利。欲速則不達,見小利則大事不成。'"子夏爲人有
點貪小利,"病常在小"(朱熹語),所以,孔子在子夏赴任之前,告誡子夏
別急功近利,勿貪小利,否則會大事不成。趙時春的意思是,顏回問仁、
請益,無不堅持不懈,而子夏則貪圖小利、急於成功,故其持義癯薄蒼白。
顏子三請如一:當即本文"坐忘之請至於三"的事,可參注釋[12]。

[17] 博文約禮:即"博我以文,約我以禮"。爾卓:即"如有所立卓爾"。可參
本文注釋[13]。

[18] 兩句意思,可參本文注釋[14]。

[19] 異端:《論語·爲政》:"子曰:'攻乎异端,斯害也已。'"

[20] 心法:指傳心養性的方法。朱熹《中庸章句序》:"此篇乃孔門傳授心法,

子思恐其久而差也,故筆之於書,以授孟子。"

[21] 數句出自《老子》第三十九章(具體文辭,見本文題解),趙時春引文略有出入。

[22] "由之學求不一者於果也"至"高卒荒於好高務外"數句:典出《論語·雍也》:"季康子問:'仲由可使從政也與?'子曰:'由也果,於從政乎何有?'曰:'賜也可使從政也與?'曰:'賜也達,於從政乎何有?'曰:'求也可使從政也與?'曰:'求也藝,於從政乎何有?'"這是孔子對子路、子貢、冉有三人政治之才的評價,認爲子路果敢,子貢通達,冉有多才多藝,對他們三人而言,爲官行政又有何難?由:指仲由,字子路。果:果敢決斷。子路性情剛直,好勇尚武,故有是説。求:冉有,字子有。藝:多才藝。冉有多才,尤擅理財,故趙時春言其"拘於藝"。

[23] 趙時春所言之"求不一者於高,愈蔽愈遠",似不易索解,從後文"是三子者"來看,前文既然已經明言子路、冉有,那麽剩下一子,應當是子貢。可子貢之通達,與趙時春所言之"高"之間,如何聯繫,頗費思量。

[24] 狃:囿,局限。

姑待明日便不可

【題解】

略早於趙時春的明代錢福有《明日歌》："明日復明日，明日何其多。我生待明日，萬事成蹉跎。世人若被明日累，春去秋來老將至。朝看水東流，暮看日西墜。百年明日能幾何？請君聽我明日歌。"此詩流傳甚廣，不知趙時春本文是否受錢福之影響。

本文論述士子學習不能一味地等待明日，這是古老的話題，不過本文應是論證最深入者之一。其思路是，士子的學習目的是達"道"，但達道很難，故士子易產生倦怠，遂生"姑待明日"之念。在趙時春看來，這樣的倦怠是極爲危險的，因爲正是在這倦怠之中，義利交戰，情僞相感，極易侵蝕士子的本心；而且，事變難料，一念之間的疏忽，便會釀成禍患，所以，必須兢兢業業，持之以恒。趙時春還以堯、舜、禹、湯、文、武、周公等人的事例來舉證，他們是聖人，專精於道，順養於道，因而有大成。最後，他得出結論：要達聖人之道，必學聖人之學；要學聖人之學，必須抓住可爲之機；要抓住可爲之機，必須持之以恒，而不能"姑待明日"。

　　學者不失其可爲之幾，則天下無難致之道矣。甚矣，道大之難窮也！而況於事變之不齊，理勢之所不能一者乎？而學者欲忽焉卒焉而至之，一才一藝而企之，望之而不見其高，即之而不得其美，茫茫然如探海登天，而莫得其所適之途，而其人亦悔且倦。夫以是，故其道愈遠而學益難矣[1]。以其愈遠之道，而從事於益難之學，非惟其力有所難用，而且至於不可用。

　　夫學者將以致其道也，而致道嘗苦於不力。今也道苦於不可致，而力至於無所用。道不可致則倦心滋生，力無所用則悔將日熾。求之則不可以進，舍之則不可以退，極而至於無可奈何。於是諉之曰[2]："吾姑待明日而已。"

嗚乎！學果可以姑待明日哉？喻義之心或忘，則喻利之心即至矣；憂勤之志少息，則怠荒之乘隨起矣。天理之流行者有間[3]，則戕賊攻鑠之計投間抵隙，千緒萬端，噂沓背來[4]，萬弩不可卻，而三軍莫能勝，而前功盡棄矣。

嗚乎！學果可以姑待明日哉？吾嘗觀於南山之木矣。鬱然而滋者爲春，倏然而榮者爲夏[5]，碩然而實者爲秋，蕭然而堅以枯者爲冬。四者一失其時，則木之生理滅矣。故春榮之而夏實之則病，冬滋之而秋堅之則孽。唯其四序之不可侵，而一息生生不已之機周流而無窮[6]，故其根本盛大而枝葉繁密，終其天年而養其天材[7]。眾人皆知而傳之曰："是木之天也。"

夫人皆知木之天不可一時息，而不知人之天尤不可一時息。人能於其本然之天，察之而不使之雜，存之而不使之失，侵尋優遊以順養之，而使之舉無所害。故其投之於用也無不中，而施之於人也無不可。眾人見其所運之大，故謂之曰"道"；而君子本其所操之微，直指之曰"幾"[8]。幾之際微矣，義與利之交戰也，敬與怠之相勝也，情與僞之相感也，疑似之分於毫釐，而吉凶之動於朕兆[9]。其來也甚易，而其應也甚速，而曰"吾姑待明日"，則悖甚矣！

又況於天下之事變至難料，而理勢之糅錯者不可期。渡於涇渭者褰衣而不涉，食頃之間巨浸驟至，則百夫方舟不能濟[10]。火之燎於原也，其始一夫撲之耳，而或玩其焱烈，猛風飛焰，俄忽之際百里爲燼。夫豈力之不濟而時之不足哉？夫其可爲之幾，夫幾之可爲，倏忽須斯之不可待，而欲"姑待明日"，吾見其作之而無成,有始而無終。舉其所爲而無一或可,而其心方徬徨棲遲於至道之遠,而見其道之難也。

　　嗚乎!道果難致矣哉?古之人有得之者矣,其曰堯、舜、禹、湯、文、武、周公者,皆致道之大聖人也。而求其所以聖者,堯曰"兢兢",舜曰"業業"[11],湯以爲常若不及[12],而文、武尤患望道未見[13],至於周公益夜以繼日,坐以待旦[14]。甚者,禹之孜孜以焦體而惜其時日之分寸[15]。夫是數聖人者,豈故唯憂勞之是求,而不知安逸之爲樂,與衆人異情哉?數聖人曰:"一念之不懼,或以啓終身之憂;一息之或忽,或以招無窮之悔;一簣之不崇,或以隳丘陵之勢。"是故勞於一時者,逸之以終身,而憂於毫末者,樂之於悠久。方其側身勵志於未得之時,則天下之人無如聖人之勞且憂;及其安土樂天於既得之後,則舉天下之所好亦無如聖人之暇且逸。

　　夫學者,非學爲聖人乎[16]?其學聖人也,非欲其如聖人致道之樂乎?夫聖人致道之樂,其憂且勞者何如也?其所以專精乎其本然之天而順養之者,何如也?其不搖於天下之事變,而必中理勢自然之機會者,何如也?是寧曾敢少萌於心,曰"吾姑待明日"矣乎?

　　故欲致聖人之道者,必先學聖人之學;欲爲聖人之學者,必不失可爲之幾;欲不失可爲之幾者,必先去夫"吾姑待明日"之心而後可。

【注釋】

[1] 本段論述的認識根源,應當在《莊子·天下篇》:"天下多得一察焉以自

好。譬如耳目鼻口，皆有所明，不能相通。猶百家衆技也，皆有所長，時有所用。雖然，不該不遍，一曲之士也。判天地之美，析萬物之理，察古人之全，寡能備於天地之美。……道術將爲天下裂。"莊子認爲，諸子百家各是其是，僅僅得"道"之一體。趙時春的表述，認爲學者如果祇靠"一才一藝"以致道，顯然也僅得"道"之一體。

［2］諉：推託，推委。

［3］天理之流行：是宋明理學思想中一個較爲常見的表述，典型如朱熹《論語集注》："功夫至此而無終食之違，則存養之熟，無適而非天理之流行矣。"

［4］噂（zǔn）：聚在一起說話。《説文解字》："噂，聚語也。"

［5］欝（yù）：茂盛。倏：同"倏"，快速貌。

［6］周流而無窮：語見南宋秦九韶《數書九章序》："周教六藝，數實成之。學士大夫，所從來尚矣。其用本太虛生一，而周流無窮，大則可以通神明，順性命；小則可以經世務，類萬物，詎容以淺近窺哉？"不知是否爲趙時春數語出處。

［7］天年、天材：語出《莊子·山木》："莊子行於山中，見大木枝葉盛茂，伐木者止其旁而不取。問其故，曰：'無所可用。'莊子曰：'此木以不材得終其天年。'夫子出於山，舍于故人之家，故人喜，命豎子殺雁而烹之。豎子請曰：'其一能鳴，其一不能鳴，請奚殺？'主人曰：'殺不能鳴者。'明日，弟子問於莊子曰：'昨日山中之木，以不材得終其天年，今主人之雁，以不材死；先生將何處？'莊子笑曰：'周將處乎材與不材之間。材與不材之間，似之而非也，故未免乎累。'"

［8］幾：隱微的苗頭。語出《周易·繫辭下》："幾者，動之微，吉之先見者也。""君子見幾而作，不俟終日。"後來，見幾而作、顯微闡幽乃至窮神知化等，成了理學家描述高深而神秘的認識現象的詞語。

［9］朕兆：徵兆，預兆。

［10］巨浸：大水，洪水。方舟：合併兩船稱"方舟"。

［11］"堯曰兢兢"兩句：語出《尚書·皋陶謨》："兢兢業業，一日二日萬幾，無曠庶官。"兢兢業業，遂指勤奮踏實。又，《詩經·小雅·小旻》："戰戰兢兢，

如臨深淵，如履薄冰。"《詩經·大雅·雲漢》："兢兢業業，如霆如雷。"趙時春所云之"兢兢"出於堯，"業業"出於舜，不知典出何處。

[12] 湯以爲常若不及：商湯擔心"常若不及"。語典出處不詳，文獻中看不到商湯有"常若不及"之類的話。趙時春如此引述，應當是受宋人解《尚書》的影響。夏僎《尚書詳解》卷一一解釋《湯誥》云："蓋聖人責己重以周，待人輕以約。湯於與人，則不過求其備，是以恕己之心恕人，而盡待人輕以約之道也。于檢察其身，則常若不及，是以責人之心責己，而盡責己重以周之道也。"夏僎言商湯"察其身則常若不及"，趙時春或是受到此類注解的影響。

[13] 望道未見：語出《孟子·離婁下》："文王視民如傷，望道而未之見。民已安矣，而視之猶若有傷；道已至矣，而望之猶未見。聖人之愛民深而求道切如此，不自滿足，終日乾乾之心也。"

[14] "周公"二句：語出《孟子·離婁下》："周公思兼三王，以施四事。其有不合者，仰而思之，夜以繼日；幸而得之，坐以待旦。"

[15] 焦體：語出《史記·夏本紀》："禹傷先人父鯀功之不成受誅，乃勞身焦思，居外十三年，過家門不敢入。"惜其時日之分寸：語出《晉書·陶侃傳》："（陶侃）常語人曰：'大禹聖人，乃惜寸陰；至眾人，當惜分陰。'"

[16] 學爲聖人："學爲聖人"是宋、明時期理學思想的基本起點，其基本論題，是工夫與本體，即以修養工夫證成其所謂精澄的聖人本體境界。程顥曰："君子之學必至聖人而後已。不至於聖人而後已者，皆自棄也。"（《程氏遺書·伊川語十一》，第 318 頁）

學者潛心聖人

【題解】

本篇論述的主旨還是在學聖人，只不過重點是强調要學聖人之心，而不能求聖人之迹；不僅要求聖人之心，還必須要潛心去求，持之以恒地去求。因爲是求聖人之心，心又無迹可求，所以只能是潛心揣摩了。因此，如何求聖人之心，趙時春語焉不詳，他也不可能説得清楚。從這個角度來説，在義理修持上，趙時春還是秉持着明代理學的基本理路。

文中趙時春對聖人的理解和描述，其實是比較接近現實的，而不是一味空化、神化聖人，比如他説“聖人之所以爲聖人，其術固不若是其迂且難也。其行也有漸，其進也有等”，“聖人之道雖多端，而其行之也有常體；聖人之行雖異致，而其操之也有常心”，“聖之至者莫如孔子”，似此分析，使得聖人可得而學，與普通士子距離並不遙遠，顯得通達、務實，較有説服力。

聖人非常之事業，常得之於君子有常之心。聖人者，天下之人所共尊以爲甚異，而非所敢企至焉者也。望之而不得，即之而愈遠；求其道則益高以大，問其行則益精以密。以是而學聖人，天下之人豈復有至於聖人者哉？

夫聖人之所以爲聖人，其術固不若是其迂且難也。其行也有漸，其進也有等。累歲終身求之而不得，而不厭其緩；俄頃一言之際而得之，而不覺其驟。其高明者止於是，而不得過焉；其庸下者又必至於是，而後爲得。苟非有常之君子，亦孰能舍其所以甚異望聖人者，而就此庸常之規矩乎？

古之善學聖人者，蓋莫過於顏子、曾子、孟子。吾聞諸顏子矣，其始學聖人也，步亦步，趨亦趨，及夫子絶轡奔塵，而自以爲不及[1]。顏子知聖人之道不在於步趨之間也，故於是乎潛心焉，持之三月不違仁之久[2]，然後敢請正於孔子，孔子教之止於四勿焉而已矣[3]。又嘗聞諸曾子矣。其始也，孔子以爲魯[4]，夫魯者樸鈍不敏之謂；後之稍知志學者所深諱，而曾子居之不疑[5]，獨潛心於聖人。蓋聖門唯曾子之學最晚成，而其用功爲最久。及後孔子教之止於一貫之言，而曾子亦止得之以唯之一詞[6]。其視顏子爲尤簡，然卒得聖人之傳者，曾子也[7]。

至於孟子，去孔子爲尤遠，而學者傳其術爲尤多。方戰國時，天下皆知聖人之爲尊，而其徒争爲非常可喜之事以誇當時。孟子知聖人之道不在於是，故獨於其所當潛心者而潛心焉。及其既得，故以一言決之，曰："孔子，聖之時者也，甚矣哉！"[8]孔子之大聖顧止於時而已乎？

學者唯不知孔子之爲時，故其學聖人也，多方以求之，汪洋以望之，得乎此則失乎彼，之乎東則迷乎西，朝從而暮變，今是而昨非，而聖人之道日益遠矣。由是，以聖人遂爲非常情可及之人，蓋有厭其迁，苦其難，舍之而旁求巧謬，越之而更適捷徑者矣。此無他，未嘗求聖人於心，而求聖人於迹；雖或求之於心，而未能潛；雖一潛心焉，而未能有常[9]。夫聖人之道雖多端，而其行之也有常體；聖人之行雖異致，而其操之也有常心。

聖之至者莫如孔子，而聖人之行爲，後世所紀録，而宛然如在於書圖想像之中，使學者不待於思慮安排，而效其衣服飲食動止語默，即可以飾聖人之形狀者，又莫如孔子之《論語》也。今觀其書，自步履聲咳之微，以及於邦國朝廷之大，容有異貌，言有異詞，動有異節，事爲周備而曲加恭謹。雖有明智篤誠之君子，蓋學之終身而不能仿佛焉者也。嗚乎！是果其所以學聖人者哉？《詩》《書》者，聖人之糟粕也[10]，而又況於形狀之似也。

　　聖人知天下無異理，而天下之人無異心。故其教學者，務使得其理於心，而泛應之於外，期之於永久，持之以匪懈。優而遊之，使自得之；厭而飫之，使自趨，渙然冰釋[11]，怡然順理。四海九州之大，纖芥微塵之細，其理有未殊，而其心亦無異。蓋聖人之道，其得之可以俄頃一言之間，而求之則在於累歲終身之久；其用雖至於百爲萬變，不可紀極，而其所以運之，唯存乎聖人之一心。風雨晦明變乎前，而天地之心未嘗變也[12]；榮辱生死變乎前，而聖人之心未嘗變也。夫豈獨聖人之心哉？蓋聖人之心，猶衆人之心也[13]。聖人獨能以其有常之心，應天下無常之變；而衆人以天下無常之變，役吾有常之心。心既役於物，馳騖而忘返。其變無定形，其趨無定向，其視聖人之道，愈難而愈遠矣。悲夫！

　　故善學聖人者本諸心。吾心之所操存者，有常而不可易，則天下萬物之理，有定形而莫能逃。是故其道易行，而其術易知也。聖人之所以爲聖，動容周旋，中禮而從心所欲不逾距者[14]，職此之故也。善學聖人者，亦潛心於是焉而已矣。

【注釋】

[1] 亦步、亦趨：語出《莊子·田方子》：“顏淵問於仲尼曰：‘夫子步亦步，夫子趨亦趨，夫子馳亦馳；夫子奔逸絶塵，而回瞠若乎後矣！’”絶彎：猶脱韁，形容馬奔馳神速。亦用以喻士之俊逸不群。

[2] 三月不違仁：語出《論語·雍也》：子曰：“回也其心三月不違仁，其餘則

日月至焉而已矣。"

[3] 請正於孔子：指顏淵正面請示孔子。四勿：語出《論語・子罕》："子絕
四：毋意，毋必，毋固，毋我。"即不臆測，不絕對，不固執，不自是。趙時春
的意思是，顏淵請示孔子，孔子才回答"四勿"。其實，就《論語》而論，我
們看不出"四勿"是孔子專門針對顏淵之問而提出的。這裏應該是趙時
春的臆測。

[4] 魯：遲鈍的人。《論語・先進》："柴也愚，參也魯，師也辟，由也喭。"意思
是，高柴愚直，曾參遲鈍，顓孫師偏激，仲由剛猛。

[5] 居之不疑：語出《論語・顏淵》："夫聞也者：色取仁而行違，居之不疑。
在邦必聞，在家必聞。"

[6] 兩句典出《論語・里仁》："子曰：'參乎！吾道一以貫之。'曾子曰：'唯。'
子出，門人問曰：'何謂也？'曾子曰：'夫子之道，忠恕而已矣。'"一貫：謂
用一種道理貫穿於萬事萬物。

[7] 得聖人之傳：曾參對孔子思想有精到的概括，也有重要的繼承與發揚，有
重要著作《大學》等，成爲後來思孟學派的源頭。所以趙時春稱其爲"得
聖人之傳"。

[8] 聖之時者：《孟子・萬章下》"孟子曰：'伯夷，聖之清者也；伊尹，聖之任者
也；柳下惠，聖之和者也；孔子，聖之時者也。'"孟子羅列了聖人的四種典
型，其中孔子爲識時務之聖人。

[9] 自"此無他"至"而未能有常"數句：是說學者當學聖人之心。關於這點，
王陽明《答顧東橋書》有"拔本塞源"之論，與趙時春之說可相發明，值得
參看。

[10]《詩》《書》者，聖人之糟粕也：典出《莊子・天道》，齊桓公正在讀聖人之書
（應當包括《詩》《書》），輪扁認爲："然則君之所讀者，古人之糟粕已夫。"

[11] 渙然冰釋：語出《老子》："渙兮若冰之將釋。"形容疑慮、隔閡等完全消除。

[12]"風雨晦明"句：語出蘇軾《放鶴亭記》："風雨晦明之間，俯仰百變。"

[13] 聖人之心猶衆人之心：古人關於"聖人之心"與"衆人之心"的討論極
多，典型如邵雍，將二者截然區分；趙時春此處稱"聖人之心猶衆人之

心",可看作是對此的另一種認識,當然,他的認識也是置於明代心學的背景上的。

[14] 周旋、中禮:《孟子·盡心下》:"動容周旋中禮者,盛德之至也。"意即舉止、儀容和進退揖讓都合禮,纔是道德的最高境界。

五殊二實，二本則一

【題解】

"五殊二實"是宋明理學用語。"五殊"即"五行"，金、木、水、火、土，"二實"即陰陽。周敦頤《易通·理性命》云："五殊二實，二本則一，是萬爲一，一實萬分，萬一各正，小大有定。"認爲宇宙是由"太極"演化出對立的陰陽，"陽變陰合，而生金、木、水、火、土"(《太極圖説》)，進而生成萬物。

本篇以"五殊二實，二本則一"爲題，討論"理氣"問題。"理""氣"均爲中國哲學的範疇，"理"指法則、規律，"氣"指構成萬物的始基。將"理""氣"並舉而提出，則始於北宋張載。因此，理、氣也是宋明理學的命題。就理、氣的内涵、關係而言，各家理解略有不同，比如張載認爲氣是宇宙的根本，氣的變化法則即是理；程頤、程顥認爲，理氣相依不離而以理爲本；朱熹認爲理氣相依而理在氣先；薛瑄認爲理在氣中，以氣爲本；王廷相、王夫之等則反對朱熹的理在氣先之説。

趙時春在宋明理學思想的基礎上，結合先秦哲學的固有範疇，對理、氣進行了精緻地闡釋。整體看，其論述的核心是理氣、本末、有無、虛實四者之間的對立與統一，並通過這些討論，來解釋宇宙的本體、萬物的産生及其間相生相剋的關係。其大致思路是，理爲本，氣爲末，兩者的内涵其實是二而一、一而二的；這樣的理氣散佈、分施於宇宙，遂成五行金、木、水、火、土。五行之殊形，或陰或陽，或剛或柔，言下之意，五行的殊形即爲陰陽；五行之體用、變化，遂生萬物。從這個角度看，是理氣、陰陽、五行衍生了萬物。但如果僅僅至於此的話，那麼，其思理就不夠嚴整了。所以，趙時春接着論述道，天下物、理，"散而復聚，闔而復闢，出而復還，博而復約，分而復合"，即由理氣、陰陽衍生出的紛繁萬物，最終必然會由博而約、由分而合，歸結到最後，必然是"一"，所以，纔會有"五殊二實，二本則一"，形成一個精緻的循環。應該説，在古代學者對"五殊二實，二本則一"的闡釋中，本文是精緻的，有深度的，是高水平的。

理氣之間，本末之所由分，析之則一而萬，合之則萬而一，以類相生而各有理氣存焉，是何也[1]？道大散入於無窮，而人未嘗窺其原，卒使道專於一而未嘗萬，專於萬而未嘗一。殊不知道未嘗一，亦未嘗萬，亦未嘗無理，亦未嘗無氣[2]。隨其所生而施各異，能理能氣，能末能本，能萬能一，能析能合，無能也，而無不能也，無有也，而無不有也[3]。

唯其理與氣合而能妙衆物者，所以爲氣之本；氣附於理而能成衆物者，所以爲理之末[4]。妙衆物而本之之謂施，成衆物而形之之謂受。本之施，形而上之道也；末之受，形而下之器也。理氣相須而謂之道[5]，故曰"五殊二實，二本則一"，周子所以明無極、太極之旨也[6]。

且夫天下之物無理則無氣，無氣則無物。物之於氣，氣之於理，其實一物也，而未嘗有物。未嘗有物，而亦未嘗無物，物也；物之形者，氣也；物之存者，理也[7]。理存於中，而氣形於外，中外相須，不可離而二也。聖賢屢屢言之，有曰"乾，元亨利貞"者[8]，有曰"性道"者[9]，有曰"一貫"者[10]，皆不敢以相離言理氣也。蓋天下無無理之氣，無無氣之理。氣非理則無所附，理非氣則無所乘。故言以有無爲本者，以無無爲本者，皆就其一偏而不足以爲道。

是故聖人因陰陽以驗天地，而有形者生於無形[11]。嗚呼！天地闔闢，萬類紛糅，五氣之精互藏，其宅火也，水也，木也，金也，土也。或質陽而施陰，或體陽而用陰，或太陽，或少陽，或太剛，或少剛，或太陰，或少陰，或太柔，或少柔[12]。火生於無，水生於有，木曰曲直，金曰從革，土爰稼穡，五行之情也[13]。火之炎，水之溺，木之質，金之堅，土之用，五行之性也。火曰作苦，水曰作鹹，曲直作酸，從革作辛，稼穡作甘，五行之用也。火之虛，水之實，木之質，金之堅，土之塊，五行之體也。火之類飛，水之類走，木之類生，金之類潛，土之類成，五行之化也。火陽而陰，水陰而陽，木爲少陽，金爲少陰，土爲少柔，五行之理也。火氣之炎，水運之下，木質之材，金體之堅，土地之安，五行之氣也。夫以五行火者，水者，木者，金者，土者，因其質而變，亦安得而守其一也？然五行之發各異其時，而體也，化也，理也，氣也，又何嘗不異哉？然其性、其情、其用、其體，亦理勢之自然，功用之施發耳。

嗟夫！理氣之分施，而五行之形殊，或陰，或陽，或柔，或剛。五行無不生焉，而其所以爲五行、陰陽、剛柔者，索之無窮，探之無際，無爲也而無不爲，無生也而無不生。故曰有大易，有大初，有大始，有大素。大易者，數之始也；大初者，氣之始也；大始者，氣之數也；大素者，數之氣也[14]。然而易也，初也，始也，素也，其本可得而探乎？可得而窮乎？不可得而探，不可得而窮，而尤有可探可窮者。蓋天下之理，散而復聚，闢而復闔，出而復還，博而復約，分而復合[15]。夫其散也終以聚，其闢也終以混，其出也終以還，其博也終以約，其分也終以合，又安得而不可探、不可窮哉？

夫以五殊之實者，二實之虛也；二實之虛者，五殊之實也。而虛，本也，實，末也，而無不虛，無不實也，曷嘗專於實、專於虛也[16]？此其所以本之一也。雖然，虛實之辨，非專爲吾儒告也，所以爲異端它技專於虛而無實，執夫實而不能虛者發也。詩曰：“陟彼砠矣，我馬瘏矣，我僕痛矣，云何吁矣。”[17]異端之害道，有甚於陟砠者，而專一之病理，又甚於僕馬之病矣。此所以爲吾道吁也。

【注釋】

[1] 自"析之則一而萬"至"是何也"四句：周敦頤《易通·理性命第二十二》："厥彰厥微，匪靈弗瑩。剛善剛惡，柔亦如之，中焉止矣。二氣五行，化生萬物；五殊二實，二本則一。是萬爲一，一實萬分。萬一各正，小大有定。"其中的"一實萬分"可作趙時春這數句的注腳。"一"指太極，"萬"指由太極化生的萬物。周敦頤的解釋邏輯是：太極（一）是宇宙本原，由它演化爲陰陽（二實），陰陽再生成五行（五殊），再由此組成各具特性的萬物。趙時春大致亦沿襲此意。

[2] 自"道大散入於無窮"至"亦未嘗無氣"八句：朱熹《朱子語類》卷一云："未有天地之先，畢竟也只是理。有此理，便有此天地。若無此理，便亦無天地。無人無物，都無該載了。有理便有氣，流行發育萬物。"朱熹討論理氣關係，其中"有理便有氣，流行發育萬物"與趙時春"亦未嘗無理，亦未嘗無氣"近似，但趙時春又提出了"道"，這個"道"，既非"理"，亦非"氣"，似乎"道"是"理""氣"之先的一個本體，這又與《老子》所謂"道生一，一生二，二生三，三生萬物"接近。

[3] 自"隨其所生而施各異"至"而無不有也"九句：近似於朱熹"理一分殊"之論。朱熹云："周子謂'五殊二實，二本則一；一實萬分，萬一各正，小大有定。'自下推而上去，五行只是二氣，二氣又只是一理。自上推而下來，只是此一個理，萬物分之以爲體。"（《朱子語類》卷九四）趙時春在論析理氣之先的"道"，其"道"的存在形式，與朱熹所論"理"的存在形式接近；是否是趙時春承襲了朱熹的思路，不能遽定。

[4] 自"唯其理與氣合而能妙衆物者"至"所以爲理之末"四句：分析理氣之關係。本篇"題解"中，我們列舉了二程、朱熹等人的相關觀點，二程主張理氣相依而以理爲本，朱熹主張理氣相依而理在氣先。趙時春之理爲本、氣爲末的看法，顯然與二程同。

[5] 理氣相須：理氣相依不離。

[6] 周子所以明無極、太極之旨：周敦頤《太極圖説》："太極本無極也。五行

之生也,各一其性。無極之真,二五之精,妙合而凝。乾道成男,坤道成女。二氣交感,化生萬物。萬物生生而變化無窮焉。"從中可見,二五(陰陽、五行)之前,有太極(近於"理"),太極本於無極。這個"無極",有似趙時春所説的"道"。

[7] "物之形者"四句:朱熹《答黄道夫(一)》:"理也者,形而上之道也,生物之本也。氣也者,形而下之器也,生物之具也。"朱熹認爲,"理"是形而上之道,"氣"爲形而下之具,趙時春與朱熹的觀點明顯相近。

[8] 元亨利貞:爲《周易·乾卦》卦辭:"《乾》:元亨利貞。"孔穎達疏:"元亨利貞者,是《乾》之四德也。《子夏傳》云:'元,始也;亨,通也;利,和也;貞,正也。'"程頤《程氏易傳》卷一:"元者,萬物之始;亨者,萬物之長;利者,萬物之遂;貞者,萬物之成。"

[9] 性道:人性與天道。性與天道的提法,最早見於《論語·公冶長》:"夫子之文章可得而聞也,夫子之言性與天道,不可得而聞也。"但在孔子時代,性與天道還是一個懸而未決的問題。理學思想中的性與天道,始自韓愈、李翱,在宋儒時代,性與天道就成了一個重大的理論命題,討論極爲深入,如張載將"性"區分爲天地之性與氣質之性,二程認爲:"天之賦予之謂命,秉之在我之謂性。"(《二程遺書》第91頁)等等。

[10] 一貫:語出《論語·里仁》:"吾道一以貫之。"在理學家的眼裏,"一貫"卻又是一個範疇,一種思想方法。如朱熹《朱子語録》卷二七:"一貫只是一理,其體在心,事父即爲孝,事君即爲敬,交朋友即爲信,此只是一貫。"陳淳《北溪字義》卷上則有集中討論的一篇《一貫》。

[11] 兩句語出《列子·天瑞》:"子列子曰:'昔者聖人因陰陽以統天地。夫有形者生於無形,則天地安從生?'"

[12] 太陽、太柔、少剛、少陰、少柔、少陽、太剛、太陰:是邵雍組合出來的物性,也是邵雍解釋世界的虛擬圖式。邵雍《皇極經世書·觀物篇(六一)》對此有集中分析,其《經世天地四象圖》中,進一步將太陽、太柔等物性分別對應八卦之乾、坤、巽、震、坎、離、艮、兑,進而與五行、五色、人體乃至萬物對應,以勾連天地萬物。在這點上,邵雍以比附羅列爲主,思理有欠周

嚴,趙時春亦類此。

[13] 自"火生於無"至"土爰稼穡"六句:語出《尚書‧洪範》:"五行:一曰水,二曰火,三曰木,四曰金,五曰土。水曰潤下,火曰炎上,木曰曲直,金曰從革,土爰稼穡。潤下作鹹,炎上作苦,曲直作酸,從革作辛,稼穡作甘。"是古籍中關於五行的最早論述。趙時春後文的許多論述,如"火曰作苦,水曰作鹹,曲直作酸,從革作辛,稼穡作甘"等,亦從此而來。

[14] 自"有大易"至"數之氣也"十二句:語出《周易正義‧八論第一》引《周易乾鑿度》之《易説》:"有太易,有太初,有太始,有太素。太易者,未見氣也;太初者,氣之始也;太始者,形之始也;大素者,質之始也。氣形質具而未相離,謂之混沌。"趙時春用語略有調整。

[15] "蓋天下之理"六句:其義理邏輯,淵源悠久,如董仲舒:"天地之氣,合二爲一,分爲陰陽,判爲四時,列爲五行。"(《春秋繁露‧五行相生》)張載:"天地之氣,雖聚散攻取百涂,然其爲理也,順而不妄。"(《正蒙‧太和》)祇不過這些表述落腳點在"氣",趙時春的落腳點在"理"而已。

[16] 自"夫以五殊之實者"至"曷嘗專於實、專於虛也"數句:論析五殊二實與虛實之關係。實即實體,虛與實相對的空無狀態。至於五行、陰陽等何者爲實,何者爲虛,虛實掩映之間,趙時春也未給出固定結論,但他以虛爲本、以實爲末,則體現出老莊思想影響的理路。

[17] "詩曰"數句:《詩經‧卷耳》:"陟彼砠矣,我馬瘏矣,我僕痡矣,云何吁矣。"意思是,登上山頭,我的馬兒難行,我的僕人病倒,多麼令人憂愁。趙時春斷章取義,借《詩》語來表示行路多阻而艱難,就似"異端害道"一般,讓理想中的"道"不易修行、到達。

吟風弄月

【題解】

《宋史·周敦頤傳》:"程顥曰:'自再見周茂叔後,吟風弄月以歸,有吾與點也之意。'"周敦頤,字茂叔,道州(今湖南道縣)人,北宋著名理學家。"吟風弄月"一詞出自程顥之口,但根源在周敦頤身上。朱熹題《濂溪先生畫像》時稱"風月無邊,庭草交翠"。

周敦頤晚年罷官後,於廬山蓮花峰下築居,號"濂溪書堂",並撰《濂溪書堂詩》以明志。爲便於理解,兹節錄於下:

> 廬山我所愛,買田山之陰。田間有清水,清泚出山心。山心無塵土,白石照沉沉。潺湲來數里,到此始澄深。有龍不可測,岸木寒森森。書堂構其上,隱几看雲岑。倚梧或欹枕,風月盈中襟。或吟或冥默,或酒或鳴琴。數十黄卷軸,聖賢談無音。

其中"風月盈中襟"應是程顥"吟風弄月"之來歷,也反映出周敦頤、二程等理學家在修道時的生動情形。後來,吟風弄月遂成爲理學家與天地萬物爲一的修道境界的代稱,與之相近的詞語尚有光風霽月、風月無邊等。

本文論題顯然是承周敦頤而來。在趙時春看來,周敦頤的"吟風弄月""風月無邊",其實就是其心中的"一念自然之天",是其心與天地、自然契合無間的體現。這樣的"一念自然之天",其根本特點是"天然之機流動充滿,足乎己而無待於人"。正因爲天然之機流動充滿,無往而不在,所以,凡是達到這個境界的人,處處都天機流動,處處都是自然之天,無往而非適。如舜、顏回的各種行爲,以及堯舜禪讓、湯武征伐,"蠢動食息、造次顛沛",甚至山川變化、死生壽夭等,均順天應人、合乎天道,也可以看作是自存天機、無待於人的境界,擴展開來,也可以說是吟風弄月的境界。趙時春還批判了那些求一術之偏的人,他們是求道之路上的"昧者"。從這些論述可以看出,趙時春是明顯擴展了周敦頤等理學家"吟風弄月"的境界和範圍,也算是對"吟風弄月"的一點新解。

存一念自然之天[1],則天下之物皆天矣。凡吾與物同出於天,而雜於人者自小之,於是各物其物,而所謂天者始離矣。誠能反求乎? 吾一念之天而以契乎衆物之天,則知吾之與物一天而非人也。天然之機流動充滿[2],足乎己而無待於人[3],則天下之物皆歸於吾一念之天矣。

試嘗論:夫天人之際,君子以爲形而上爲道,形而下爲器[4]。吾以爲形而上爲天,形而下爲人。至其所以形而上下者,非有天之所爲者乎? 昔者舜,大聖人也,求其所以爲聖者,無有也,則曰:"幾希焉而已矣。"[5]夫幾希者,舜之天也。舜存幾希之天,故以之耕深山,而深山以天;以之居木石,而木石以天;以之被袗衣、鼓琴、二女果[6],而袗衣、鼓琴、二女以天;以之命九官、咨十二牧[7],風動四海,而九官、十二牧、四海以天。則凡天下之物,有不歸於舜幾希之天者乎?

後之有顏淵者,則曰:"舜何人也? 予何人也?"[8]此又希舜之天者也,求其所以希舜者無有也,則曰"不改其樂"焉而已矣[9]。夫不改其樂者,顏淵之天也。顏存不改其樂之天,故以之簞瓢,而簞瓢以天;以之居陋巷,而陋巷以天;以之遊於孔門,而以之之齊,之魯[10],削迹於宋[11],圍於匡[12],厄於陳、蔡之間[13],而弦歌之音不絕[14],則顏子之天,雖不能如舜使天下之皆天,而其所以視天下皆吾之天者,其志未嘗少貶於舜也。

夫周子者[15],固將學顏子之所學,而希舜之天者也。彼其所以天者,固不能如舜之行於九官十二牧,而風動於四方矣,抑孰知其天之所在哉？雖然，因天下不歸於吾之天，而遂自小其天者，此寔夫陋人之所爲，而非君子之深得乎天者也。君子之天，存於一念之微，而原於混闢無極之真，視之而弗可見，聽之而弗可聞，君子存之，而君子自知之。則所謂天者，自君子而得，亦自君子而止矣，則亦何以及於天下之物哉？吁！是大不然矣。

夫天下之物，固各物其物而不能以皆天也。各物其物而不能以皆天，則天下之物亦何自而物乎？是非有所以物者主之於其中乎？夫所以物者，亦視之而不可見也，聽之而不可聞也。彼君子者，非有異於人也，亦全其所以物者之天而已矣。故凡視天下之物，舉皆吾之天，而非夫人之所能爲。仰而觀之，則凡日月星辰、風雨霜露之運，皆天也；俯而察之，則凡山川草水、萬品糟粕之化，皆天也。命於其兩間，則凡飛潛動植、含生受氣之屬，皆天也；變而觀之，則凡富貴壽夭、死生逆順之數，皆天也。大而至於堯舜之禪受、湯武之放伐[16]，皆天也；小而至於蠢動食息、造次顛沛之間，皆天也。

嗚乎！孰謂周子吟風弄月之天有異於顏、舜之天者乎？有不出於一念自然之天者乎？昧者不知，故求吾之天於兼愛[17]，蔽於愛而天不存；求吾之天於爲我[18]，蔽於我而天不存；求吾之天於虛無寂滅、刑名術數之場[19]，愈蔽愈遠，而其所以天者愈支離泮渙，而不可復存矣。

夫天者泯而人者勝，馴至於大壞極敝，於是乎有洪水猛獸之災[20]，有夷狄篡弑之禍[21]。推原其故，則始於一念之天不存故也。嗚乎！不有君子，抑孰推吾一念自然之天，而及於天下之物哉？

【注釋】

[１] 存一念自然之天：心中保留一份原初的、天然的、未受外界污染的境界。其所謂“天”，指天然的、物我爲一的境界。

[２] 天然之機：即天機，指人與生俱來的純正本能。語出《莊子·大宗師》：“其耆欲深者，其天機淺。”

[３] 無待：無所憑藉。《莊子·逍遥遊》描寫“道”的最高境界是“無待”。

[４] 形而上爲道，形而下爲器：語出《周易·繫辭上》：“形而上者謂之道，形而下者謂之器。”認爲法則是無形的，稱爲形而上；器用之物是有形的，稱爲形而下。這其實就包含了道器之辨。趙時春則又將之引向了天人之辨。

[５] 幾希：無幾，甚少。語出《孟子·盡心上》：“舜之居深山之中，與木石居，與鹿豕遊，其所以異於深山之野人者幾希。及其聞一善言，見一善行，若决江河，沛然莫之能禦也。”

[６] 袗衣、鼓琴、二女果：《孟子·盡心下》：“舜之飯糗茹草也，若將終身焉；及其爲天子也，被袗衣，鼓琴，二女果，若固有之。”袗衣，葛麻單衣。二女，當指舜之二妃娥皇、女英。果，趙岐注云：“果，侍也。”

[７] 九官：指《尚書·舜典》所記舜設立的九種官職，即伯禹作司空，棄爲后稷，契作司徒，皋陶作士，垂爲共工，益作朕虞，夔爲典樂，龍爲納言，俞作秩宗。十二牧：即十二州及其長官。

[８] 兩句語出《孟子·滕文公上》：“孟子曰：‘世子疑吾言乎？夫道一而已矣。成覵謂齊景公曰：“彼，丈夫也；我，丈夫也；吾何畏彼哉？”顏淵曰：“舜何人也？予何人也？有爲者亦若是。”’”其中顏淵的意思是，舜是什麼樣的人，我也就是什麼樣的人，有作爲的人也應該像他那樣。

[９] 不改其樂：語出《論語》：“子曰：‘賢哉，回也！一簞食，一瓢飲，在陋巷，人不堪其憂，回也不改其樂。賢哉，回也！’”

[10] 之齊、之魯：指顏淵跟隨孔子周遊列國時所經過的地方。

[11] 削迹於宋：語出《莊子·讓王》：“夫子再逐於魯，削迹於衛，伐樹於宋。”趙時春的引述與此略有出入。

[12] 圍於匡：孔子周游列國，在離開衛國、將去宋國時，途經匡地，被匡人誤作陽虎而圍困。在匡地，顏淵有“子在，回何敢死”（《論語·先進》）對問。

[13] 厄於陳、蔡之間：孔子師徒在陳、蔡、葉、楚等地逗留，陳、蔡之君怕孔子入楚對己不利，於是派兵攔截。孔子等爲躲避，遂在曠野間行走，導致斷糧。《孟子·盡心下》：“君子之厄於陳、蔡之間，無上下之交也。”在陳、蔡，顏淵有“夫子之道至大，故天下莫能容。雖然，夫子推而行之，不容何病，不容然後見君子！夫道之不修也，是吾醜也。夫道既已大修而不用，是有國者之醜也。不容何病，不容然後見君子”的問對。

[14] 弦歌之音不絕：語出《史記·孔子世家》：孔子一行“糧絕，從者病，莫能興。孔子講頌弦歌不衰。”弦歌：彈琴和唱歌吟詩。

[15] 周子：周敦頤，字茂叔，北宋著名理學家。

[16] 堯舜之禪受：指堯禪讓天下於舜。湯武之放伐：商湯滅夏，放夏桀於南巢；周武王率西路諸侯討伐商紂，商紂自焚而死。

[17] 兼愛：本是戰國時期墨子的用語，墨子要求人與人做到兼相愛、交相利，而且“愛無差等”。趙時春此處的兼愛，應當與泛愛、博愛接近。

[18] 爲我：本是戰國時期楊朱學派的主張，要求“重生”“貴己”（“爲我”），這裏應當與“兼愛”相對。

[19] 虛無寂滅、刑名術數之場：虛無寂滅是道家思想的重要主張；刑名原指形名之學，討論名實相副的問題；數術即氣數與方術，是陰陽五行學說附會各種迷信，來推測人和國家命運的學說。趙時春列舉虛無寂滅、刑名數術，是指那些儒道等重要思想之外的各種思想。

[20] 洪水猛獸：比喻極大的禍害。語出《孟子·滕文公下》：“昔者禹抑洪水而天下平，周公兼夷狄、驅猛獸而百姓寧。”

[21] 夷狄篡弑之禍：指古代與少數民族之間的爭鬥。夷狄，古稱東方部族爲夷，北方部族爲狄，後常用以泛稱除華夏族以外的各族。篡弑：猶篡殺。

保身以保民

【題解】

"保身以保民"之論，首見於南宋理學家魏了翁《被召除授禮部尚書內引奏事第三劄》。本篇很多論述都出於魏文，故茲節引於此以備考：

> 古之人君以天位爲至艱至危，如履虎尾，如蹈春冰，如恫瘝乃身。是故師氏司朝，僕臣正位，太史奉諱，工師誦詩，御瞽幾聲，巫史後先，卜筮左右，人主無一時可縱馳也。虞賓在位，三恪助祭，夏士在庭，殷士在廟，釁民在甸，夷隸在門，人主無一事不戒懼也。蟲飛而會盈，日出而視朝，朝退而路寢聽政，日中而考政，夕而糾虔天刑，日入而潔奉粢盛，然後即安，人主無一刻可暇逸也。后妃御見有度，應門擊析，鼓人上堂，女使授環，彤管記過，人主無一息可肆欲也。夫以貴爲天子，富有四海之內，而自朝至莫，兢兢業業，居內之日常少，居外之日常多，蓋所以養壽命之源，保身以保民也。豈惟可以保民，雖子孫千億，亦自此始。（《全宋文》卷七○五八）

趙時春之後，張居正於隆慶五年（1571）撰《人主保身以保民論》一文，指出："貴以其身爲天下者，乃可以托天下；愛以其身爲天下者，乃可以保天下。"還說人主應當"不以天下奉其身，而以身奉天下。使其身常有餘而無不足，民常安樂而無患難"（《張太嶽集》卷三四），那纔是正確的做法。

今天來看，魏了翁、趙時春、張居正等人就君主"保身以保民"立論，儘管其出發點是爲了維護君主體制，但因其牽涉及"保民"，所以還是具有積極的人本價值，是自孟子、朱熹等人以來的民本思想的繼承和發揚；如果再聯繫後來的黃宗羲、王夫之等人，那可以肯定，民本思想始終是中國思想史中最具人性光芒的部分。趙時春的論述，也使他能在民本思想史中留下鮮明的印迹。相比而言，《韓非子·主道篇》所倡導的法家所謂"爲君之道"，就顯得冷漠、陰謀得多。當然，如果從君臣之道的角度來評論，則本文的內容就顯得老生常談了。

要之,本文的價值,乃在其民本思想的成分上。

趙時春的思路是,天下之治亂,繫乎人君之一身;人君也有貪吃、好貨、好色的不足,便佞之徒更是趁機擾亂人君之身心,因此,人君必須慎重修身,保養自身,纔能有效地治理萬民,即所謂"保身以保民";爲了使人君更好地修身,便有各種敬戒之語、諍諫之臣以及祖宗家法等,用以時刻提醒人君,使其遠離干擾,增進修身。最後歸結到一點:最好的修身是"寡欲",人君也不外乎此。

人君以其身爲天下之本,則必無以其甘者悦焉[1],斯有以治天下矣。夫天下之政猶一身,天下之理而清,猶身之理而清也。身之理而清,其不爲衆甘之所蠹乎[2]?以是知天下之道治,必本於人君之一身;人君之一身,治之所由生也。

夫天下雲擾而不定者,以君之身也。君之身昏瞀而不理且清者[3],衆甘之蠹攻之也。然則天下之蠹可除乎?則必治其蠹之源;蠹之源可除乎?則必無使身爲衆甘之所攻。誠如是也,則理亂之源非可即身而喻之[4],又可即此而推之矣!真子曰"保身以保民"[5],幾是乎。蓋天下之治且安,莫不由人主之身清且安;天下之擾且亂,莫不由人主之身昏且亂。是故人主之身治,則天下皆漠漠焉;人主之身亂,則天下皆貿貿焉[6]。

吾有以識之矣。楚人之射,一發而洞七札[7],是非其絶腋而貫腷也,然其絶腋而貫腷者,即七札之手也。夫射不素習,不可以應敵;人君之身不素治,不可以責天下。何者?人主一身,天下之所趨也。夫天下趨乎人主之一身,則人主應天下之術不幾於遠且大乎?人固不能以一身盡天下之事,亦不能以一身治天下之事。人主之所趨,天下之所趨也。的不與矢期而矢趨[8],海不與水期而水趨,林之茂,鳥趨之,河之廣,魚趨之。天下之善,其人主之身善乎？人主之身善，其衆甘之所不攻乎？衆甘之所攻者，何也？聲音之於耳也，采色之於目也，珍味之於口也，閨房燕昵之好，便嬖弄幸之徒，足以適其心也，是皆人主之所甚甘，天下之所受害者也[9]。是必使聲色不入於耳，采色不入於目，珍味不入於口，聲色供奉皆不得以近其身，則人主之身安乎哉！天下之治興乎哉！

夫人非死灰枯稿，安能無所甘也？古之人不曰無欲而曰“寡欲”[10]，不曰無所好而曰“好善”[11]。明君之好善，即昏主之甘欲也；昏主之寡德，猶明主之寡欲也。欲之於人久矣，有欲必有甘。聖人不能絶之，而有以易之。公劉也，而好貨[12]；大王也，而好色[13]；舜也，而好琴[14]；子貢也，而好貨[15]。武王之幸者十人[16]，自古聖人才士性情所好，豈能絶之哉？

《傳》曰：“夫有尤物，足以移人。”[17]苟有德義必將有禍，故人君順四時，廣延才智有道之士，以奪耳目支體之欲，使其甘於此而不甘於彼。是故聲色之甘也，而風雅歌詠之聲以奪之[18]；采色之甘也，而旌節章服之美以奪之[19]；珍味之甘也，而五味庖膳之正以奪之；甘於色也，則有窈窕之淑女以正之；甘於左右也，則有端正才智之士以損益之。猶懼其未也，故于盤銘[20]，于几戒[21]，于虞箴[22]，于妃御[23]，度以節適之；卿大夫有諫，士傳言，矇誦，瞽賦，工商百執事舉正其過以約束之[24]。猶懼其怠也，則置之左右之史，調之以祖宗之艱難，而告諸天命之不易。凡所以約束優游，甘之使善者至詳；馴循消除，甘之使寡欲者至備。

夫人主正於上以率其下，則卿大夫不敢不矯挈焉，勉而趨於善矣。卿大夫正於上以率其下，則士庶人不敢不矯挈焉，勉而趨於善矣。是以四體平，六氣適[25]，災害不生，瘥恙不作。《詩》云

"干禄百福,子孫千億",又曰"既受帝祉,施於孫子"[26],《周書》
"三宗"之壽考[27],《洪範》"五福"之吉慶[28],《易》"首出庶物,萬
國咸寧"[29],《春秋》"聖人在上,雹不爲災"[30],華祝"多壽""多男
子"[31],甚至知母冽風淫雨,爲有聖人,故不待禪受而舜、禹[32],
不待呼吸屈伸而喬、松[33]。人主有此也,則雖有奇怪珍異之觀,
娥之歌[34],曼之舞[35],易牙之味[36],和、隨之寶[37],偃師、趙造之
巧[38],毛嬙、南威之容[39],傾世而絶倫者,必不假彼以易此。故
必有所爲而後有所不爲,有所欲而後有所不欲。

昔齊桓易其好色之心以賢賢,雄於五霸[40];楚莊絶鐘鼓之
樂以修政,競於中夏[41];漢武多欲,及悔輪臺之過,開恢祖業[42],
況羞爲數君者乎?以是知天下之治在人主,人主之治天下在心。
《孟子》云:"養心莫善於寡欲。其爲人也寡欲,雖有不存焉者,寡
矣;其爲人也多欲,雖有存焉者,寡矣。"[43]

【注釋】

[1] 必無以其甘者悦焉:必定不會爲他所喜歡的東西而高興。言下之意,人
主不應該以擁有自己喜歡的東西而高興,而應該以天下爲重,以天下人
都能擁有自己喜歡的東西而高興。

[2] 蠹:蛀蝕,腐蝕。

[3] 昏瞀(mào):愚昧無知。《尚書·益稷》孔傳:"言天下民昏瞀墊溺,皆困
水災。"孔穎達疏曰:"瞀者眩惑之意,故言昏瞀。"

[4] 理亂之源:白居易《策林》:"故君之作爲,爲教興廢之本;君之舉措,爲人
理亂之源。"

[5] 真子:當指南宋理學家真德秀。此處疑趙時春有誤記。提出"保身以保
民"者,是魏了翁,而非真德秀。魏、真二人同年生且同榜進士,同爲理學

家，趙時春或因此致誤。真德秀有《大學衍義》43 卷，該書主要講帝王爲學之本，應該對本文也有所啓發。

［６］貿貿：紛亂貌。《禮記·檀弓下》："有餓者蒙袂輯屨貿貿然來。"

［７］七札：七層鎧甲。札，甲的葉片。《左傳·成公十六年》："潘尫之黨，與養由基蹲甲而射之，徹七札焉。"

［８］的：射擊的目標，引申爲箭靶。

［９］本段中所謂聲音、采色、珍味、閨房、便嬖等，與魏了翁、張居正等人的論述大體近似。

［10］寡欲：《孟子·盡心下》："養心莫善於寡欲。其爲人也寡欲，雖有不存焉者寡矣；其爲人也多欲，雖有存焉者寡矣。"大意是，修養内心的方法，没有比減少欲望更好的了。

［11］好善：《孟子·盡心上》："古之賢王好善而忘勢。古之賢士何獨不然？樂其道而忘人之勢，故王公不致敬盡禮，則不得亟見之。見且由不得亟，而況得而臣之乎？"大意是，古代的賢明君王樂於善言善行，不把權勢放在心上。

［12］公劉好貨：語出《孟子·梁惠王下》："王曰：'寡人有疾，寡人好貨。'對曰：'昔者公劉好貨；《詩》云："乃積乃倉，乃裹餱糧，于橐於囊，思戢用光。弓矢斯張，干戈戚揚，爰方啓行。"故居者有積倉，行者有裹糧也，然後可以爰方啓行。王如好貨，與百姓同之，于王何有？'"言下之意，公劉愛財，但也能把自己的愛財之心推廣及民衆，進而爲民衆設想。

［13］大王好色：《孟子·梁惠王下》："王曰：'寡人有疾，寡人好色。'對曰：'昔者大王好色，愛厥妃。《詩》云："古公亶父，來朝走馬，率西水滸，至於岐下。爰及姜女，聿來胥宇。"當是時也，内無怨女，外無曠夫。王如好色，與百姓同之，于王何有？'"

［14］舜好琴：即舜琴、舜弦。《禮記·樂記》："昔者舜作五弦之琴，以歌《南風》。"《孔子家語·辨樂》："昔者舜彈五弦之琴，造《南風》之詩，其詩曰：'南風之熏兮，可以解吾民之愠兮；南風之時兮，可以阜吾民之財兮。'唯修此化，故其興也勃焉，德如泉流至於今。"後因以"舜弦"歌頌太平盛世，

頌揚君主愛民的聖德。

[15] 子貢好貨：《論語・先進》："賜不受命而貨殖焉，億則屢中。"《史記・貨殖列傳》："子贛既學於仲尼，退而仕於衛，廢著鬻財於曹、魯之間，七十子之徒，賜最爲饒益。"端木賜，字子貢（又作"子贛"），爲孔門弟子中最會經商者。

[16] 武王之幸者十人：指周武王所信任的十個人。《論語・泰伯》："舜有臣五人而天下治。武王曰：'予有亂臣十人。'孔子曰：'才難，不其然乎？唐虞之際，于斯爲盛。有婦人焉，九人而已。三分天下有其二，以服事殷。周之德其可謂至德也已矣。'"孔子的意思是，周武王的助治之臣（"亂臣"）中，有一人爲女性，即文母（文王之妃，武王之母），其他九人指周公、召公、太公、畢公、榮公等。

[17] 夫有尤物，足以移人：即尤物移人，見《左傳・昭公二十八年》。尤物，優異突出的人，常指美貌女子。移人，改變人的品性、情志。

[18] 風雅歌詠：指《詩經》及其所配合之樂，文質彬彬，温柔敦厚，古人謂能移人情。

[19] 旌節：使者所用之竹橦。章服：以紋飾爲等級標誌的禮服。

[20] 盤銘：指刻在盥洗盤器上的勸戒文辭。《禮記・大學》："湯之《盤銘》曰：'苟日新，日日新，又日新。'《康誥》曰：'作新民。'《詩》曰：'周雖舊邦，其命維新。'是故君子無所不用其極。"

[21] 几戒：書於几案上的訓誡。《國語・楚語》：左史倚相曰："倚几有訓誦之誡。"徐元誥注曰："誦訓，工師所誦之諫，書之於几也。"

[22] 虞箴：虞人爲戒田獵而作的箴諫之辭。《左傳・襄公四年》："昔周辛甲之爲大史也，命百官，官箴王闕。於《虞人之箴》曰：'芒芒禹迹，畫爲九州，經啓九道。民有寢廟，獸有茂草；各有攸處，德用不擾。在帝夷羿，冒於原獸，忘其國恤，而思其麀牡，武不可重，用不恢於夏家，獸臣司原，敢告僕夫。'《虞箴》如是，可不懲乎？"

[23] 妃御：即本文"題解"所引魏了翁文中之"后妃御見"之意。

[24] 自"卿大夫"至"約束之"數句：語出《國語・周語上》："故天子聽政，使公

卿至於列士獻詩,瞽獻曲,史獻書,師箴,瞍賦,矇誦,百工諫,庶人傳語,近臣盡規,親戚補察,瞽、史教誨,耆、艾修之,而後王斟酌焉,是以事行而不悖。"張居正《人主保身以保民論》一文也引用了這幾句。

[25] 四體:四肢。六氣:指人體氣、血、津、液、精、脈。

[26] 干禄百福,子孫千億:語出《詩經·大雅·假樂》,意思是,老天賜福無數,子孫綿延無窮。既受帝祉,施於孫子:語出《詩經·大雅·文王》,意思是,上帝賜予的福祉可延及子孫。

[27] 三宗:指《尚書·周書·無逸》述及之殷中宗太戊、高宗武丁、祖甲(即太甲),他們是賢君,分別"享國"七十五年、五十九年、三十三年,故云"壽考"(長壽)。蘇轍有《三宗》一文,專論帝王享國時間之久長與國家治亂之關係,可參。

[28] 五福:語出《尚書·洪范》:"五福:一曰壽,二曰富,三曰康寧,四曰攸好德,五曰考終命。"

[29] 首出庶物,萬國咸寧:語出《周易·乾卦》彖辭,大意是,乾爲天道,推天道以明人事,在物質生產上可以"首出庶物",在社會政治上可以"萬國咸寧"。

[30] 聖人在上,雹不爲災:語出《左傳·昭公四年》:"大雨雹。季武子問于申豐曰:'雹可禦乎?'對曰:'聖人在上,無雹,雖有,不爲災。古者,日在北陸而藏冰;西陸朝覿而出之。其藏冰也,深山窮谷,固陰沍寒,於是乎取之。其出之也,朝之禄位,賓食喪祭,於是乎用之。其藏之也,黑牡、秬黍以享司寒。其出之也,桃弧、棘矢以除其災。其出入也時。食肉之禄,冰皆與焉。大夫命婦喪浴用冰。祭寒而藏之,獻羔而啓之,公始用之,火出而畢賦,自命夫命婦至於老疾,無不受冰。山人取之,縣人傳之,輿人納之,隸人藏之。夫冰以風壯,而以風出。其藏之也周,其用之也遍,則冬無愆陽,夏無伏陰,春無凄風,秋無苦雨,雷不出震,無災霜雹,癘疾不降,民不夭札。今藏川池之冰棄而不用,風不越而殺,雷不發而震。雹之爲災,誰能禦之?《七月》之卒章,藏冰之道也。'"

[31] 華祝:即華封三祝,《莊子·天地》:"堯觀乎華,華封人曰:'嘻,聖人! 請祝聖人,使聖人壽。'堯曰 :'辭。''使聖人富。'堯曰:'辭。''使聖人多男

子.'堯曰：'辭.'封人曰：'壽、富、多男子，人之所欲也。女獨不欲，何邪？'堯曰：'多男子則多懼，富則多事，壽則多辱。是三者，非所以養德也，故辭.'"

[32] 禪受：禪讓，據載，堯、舜、禹時代實行禪讓制。

[33] 呼吸、屈伸：指道家、神仙家的修煉方式。喬、松：王喬、赤松子，古代傳說中的仙人。《史記·范雎蔡澤列傳》有"喬松之壽"之語，即王喬、赤松子享壽長久。

[34] 娥之歌：指春秋時韓國善歌的女子韓娥。《列子·湯問》："昔韓娥東之齊，匱糧，過雍門，鬻歌假食。既去而餘音繞梁欐，三日不絕。"

[35] 曼之舞：曼妙的舞蹈。

[36] 易牙：又作"狄牙"，春秋時齊國的廚師，也因此而成爲齊桓公寵幸的近臣。

[37] 和隨之寶：和氏璧、隨侯珠，是春秋戰國時期著名的寶玉。

[38] 偃師：《列子·湯問》中記載的周穆王時期的能工巧匠，後遂有"偃師造倡"之典。趙造：《戰國·策趙策二》記載有反對趙武靈王胡服騎射的趙造，不知是否即趙時春所指。

[39] 毛嬙、南威：分別是春秋時越國、楚國的美女。《莊子》："毛嬙、麗姬，人之所美也，魚見之深入，鳥見之高飛。"《戰國策·魏策二》："晉文公得南之威，三日不聽朝，遂推南之威而遠之，曰：'後世必有以色亡其國者.'"

[40] 齊桓好色：《東周列國志》記載齊桓公好色，雖爲小說家言，但大體屬實。"桓公又問於管夷吾曰：'寡人不幸而好田，又好色，得毋害於霸乎？'夷吾對曰：'無害也.'桓公曰：'然則何爲而害霸？'夷吾對曰：'不知賢，害霸；知賢而不用，害霸；用而不任，害霸；任而復以小人參之，害霸.'"

[41] 楚莊絕鐘鼓之樂：《吳越春秋》："(楚莊)王即位三年，不聽國政，沉湎於酒，淫於聲色。左手擁秦姬，右手抱越女，身坐鐘鼓之間，而令曰：'有敢諫者死！'於是伍舉進諫曰：'有一大鳥集楚國之庭，三年不飛亦不鳴。此何鳥也？'於是莊王曰：'此鳥不飛，飛則沖天；不鳴，鳴則驚人.'伍舉曰：'不飛不鳴，將爲射者所圖。弦矢卒發，豈得沖天而驚人乎？'於是莊王棄

其秦姬、越女,罷鐘鼓之樂,用孫叔敖,任以國政,遂霸天下,威伏諸侯。"

[42] 漢武多欲:見《史記·汲鄭列傳》:"天子方招文學儒者,上曰吾欲云云,黯對曰:'陛下內多欲而外施仁義,奈何欲效唐虞之治乎?'"悔輪臺之過:即漢武帝徵合四年頒佈的《輪臺詔令》,其中有對派遣李廣利出征匈奴之事的悔恨。

[43] 數句語出《孟子·盡心下》。意思是,修養內心的方法,最好是減少欲。一個人如果欲望很少,那善性即使有所喪失("不存焉者"),也是很少的;一個人如果欲望很多,那善性即使有所保存("存焉者"),也是很少的。

聖人文章自然，與學爲文者不同

【題解】

　　"聖人文章自然，與學爲文者不同"，是宋明理學的老話題。如程頤云："聖人文章自然，與學爲文者不同，如《繫辭》之文，後人決學不得。譬之化工生物，且如生出一枝花，或有剪裁爲之者，或有繪畫爲之者，看時雖相類，然終不若化工所生，自有一般生意。"(《二程遺書》卷一八)朱熹也有類似的看法，如他説："南豐文卻近質。他初亦只是學爲文，卻因學文，漸見些子道理。故文字依傍道理做，不爲空言。只是關鍵緊要處，也説得寬緩不分明，緣他見處不徹，本無根本功夫，所以如此。但比之東坡，則較質而近理。東坡則華艷處多。"(《朱子語類》卷一三九)朱熹將理學色彩較濃的曾鞏之文，與文學色彩濃郁的東坡之文相對，一定意義上，也與程頤觀點相近。只不過程頤、趙時春所論的重點在聖人之文上，朱熹則側重在文人之文上，但其將文人之文與理學之文對舉而言，也與程頤、趙時春的論述有接近之處。

　　聖人文章不僅自然，而且還是正道所在、道統所在。與聖人文章相對的是"異端之辭"，所以，趙時春對異端的攻擊也不遺餘力。異端，首見於《論語·爲政》，漢儒以異己者爲異端，魏晉之後，異端纔與"道"關聯起來，如何晏"善道有統，殊途而同歸。異端，不同歸者也"(《論語集解義疏》)即是。唐代韓愈構建道統，極力辟佛，以異端與佛老並言，之後遂以異端指佛老。宋代程子比佛老於楊墨，朱熹明言："異端非聖人之道，而別爲一端，如楊墨是也。"(《論語集注》)要之，趙時春的思想及本文的論述，不出數家之範圍。

　　文章首先論述"道"，認爲"言"衹不過是"明道之具"；有微言，那是"聖神獨見者"指示、警示世人的話；有昌言，那是"聰明特達者"解釋、宣揚聖人思想的話。聖人微言自上古傳至孔、孟，之後便受異端思想的侵蝕而不得其傳，但至少還有賢者的昌言可見；至六朝、隋唐時，文辭大盛，華而不實，循末忘本，以致

“道愈降而文愈繁”，這就是趙時春所說的“學爲文者”之文，職乎此，中古以後，微言斷絶，昌言亦不復多見。所以，要發揚微言大義，講明昌言，就必須力辟異端；佛老是異端之大者，於是趙時春對佛老持堅定的批判立場。

　　嘗謂言存諸道，道存諸人。蓋道也者，天之所以授人者也，是故道不可獨行，人不能以皆聖。惟人有智愚，則道有顯晦，則言有淺深。言也者，明道之具也，道非獨爲智者言之，將爲愚者啓焉；與愚者言而不以明以示之，與不言者同，是以君子汲汲言之[1]。然而聰明特達之士常有[2]，而道亟晦者，無聖神獨見之人以先之也[3]；聖神獨見之言或屬而復絶者，無聰明特達之士以後之也。故聰明特達之士必有聖神獨見者以微言爲之先焉，聖神獨見之言必有聰明特達者以昌言爲之後焉。莫爲之先，則人無所取信；弗爲之後，則無以傳諸遠。

　　故微言者[4]，聖人所以神其用以示人；而昌言者，賢人所以明其説以曉愚昧。是以聖人之道常明，而賢人之言常傳。特達者有所持守，而愚昧者得以因循，此因時制宜之方，而昌言明道之功也。孔子曰：“愚而好自用。”[5]《詩》稱：“言之諄諄，聽之藐藐。”[6]然則愚者固難與言，而況於示之以道乎？然則明道者固將示其説於天下，非徒獨言而獨守之也。

　　昔者大皞氏據地而作畫[7]，文王數莢而演《易》[8]，唐虞章甫而民不犯[9]，孔、曾授受惟唯一言[10]，道固難言，而亦奚俟於言哉！是獨守而獨言之則可也，非以傳之來世而曉愚蒙者也。五典、三謨、九丘、三墳、咨命、訓誥之類[11]，聖王之大經至溥；八卦、十干[12]、五德[13]、百官、六府[14]、九歌、九德[15]、九疇[16]之屬，帝王之大法至全，固無俟後人咕咕而喋喋也。乃獨取乎間

巷歌謠之《詩》[17]，及敗壞決裂之《春秋》[18]，訕謗、譏刺、不諱
之語[19]，並列而爲六經？聖人之意，將以深沈渾厚之文神其用，
而以誘掖將勸之詞、蹈厲奮發之語以鼓動夫蒙昧無知之徒，非欲
獨言而獨守之也，是以道愈降而文愈繁[20]。

　　孔子曰："吾志在《春秋》，行在《孝經》。"[21]然則聖人猶托空
文以自見[22]，況其下者乎？故七十子之徒[23]，得以各伸其説於
天下。下逮孟、荀、屈平之屬[24]，皆推明聖人之道，闡揚道德仁
義之説。其理文而不亂，復而不厭[25]，洋洋乎飫耳而感人，使聞
之者味其言以求道，飫於耳以求諸心。信乎聖人之道可尊，而賢
人之言易行也。

　　韓子曰："孟軻死，不得其傳。"[26]凡言道，言不楊則墨[27]，不
佛則老[28]。火於秦，黃老於漢[29]，雜於晉、宋、齊、梁、魏、隋之間，
夷道交侵[30]，聖道之統不絕如綫，能言距楊墨者[31]，聖人之徒也。

　　當是時，聖人不得而見之矣，得見昌言者[32]，斯可矣。然歷
數千載之間，文愈繁而道愈晦，異端之徒並起，而聖人之道益尊。
執筆者爭售聖人之文，述不絕之言，宗祖二帝三王之道[33]，以陁
二家之阬而撫其背[34]，雖強支吾，猶不決裂大敗，比之於侏離左
袵則遠矣[35]。然而或華而不實，或腐而無用，或因事以就功，或
循末以忘本。如南山之草木，葱蒨薈蔚而可悦；如百川之奔波，
騰湧浩蕩而並下，皆景仰朝宗，知尊聖人；然華靡綺麗，千變萬
狀，爭先奇怪，淫聲美色，熒目入耳。偶於五代，聲律於唐，萎弱
於宋[36]，聖人之道德文章，非惟佛、老，其徒亦敝之極矣。愚昧
者溺其説，輕薄之徒又從而尊之，父以是詔其子，兄以是詔其弟，
師以相傳，鄉舉里選成均之法[37]，以是爲高下。苟有英才間氣
出[38]，其疾之宜於佛老尤嚴。

　　孟子曰：“君子反經而已矣。經正則庶民興；庶民興，斯無邪慝矣。”[39]誠欲及經常之道，挽之於既晦之餘；詔愚蒙之徒，拯之於陷阱之中。使前聖之用神，而後賢之説明，則其力也百倍；用力之多，則其言安得不諄諄然而詳，豈惛惛然而已乎？《春秋》所作，讒變夷聖人之法[40]，言僞而辨者誅無赦[41]，其於愚者故恕焉，直教之而已。然則辟異端者必倡道，倡道者必倡言，倡言者必先諸聖[42]。揚子曰：“萬物紛錯則懸諸天，衆言淆亂則折諸聖。”[43]

【注釋】

[1] 汲汲：急切的樣子。《禮記·問喪》：“其往送也，望望然，汲汲然，如有追而弗及也。”孔穎達疏：“汲汲然者，促急之情也。”

[2] 聰明特達：極爲聰明。特達：突出。《三國志·吳書二·吳主傳》注：趙咨使魏，文帝善之，曰：“吳如大夫者幾人？”咨曰：“聰明特達者八九十人，如臣之比，車載斗量，不可勝數。”

[3] 聖神獨見之人：指聖人。董仲舒《春秋繁露·同類相動》：“聰明聖神，内視反聽，言爲明聖。”《白虎通義·聖人》：“聖人所以能獨見前睹，與神通精者，蓋皆天所生也。”這是漢儒所謂生而知之者。又王充《論衡·實知》：“所謂神者，不學而知。所謂聖者，學以聖。以聖人學，知其非聖。”這是將神與聖區别開來。趙時春將聖人與一般的聰明之士區别開來，與王充的思路近似。

[4] 微言：精深微妙的言辭。劉歆《移書讓太常博士》：“及夫子没而微言絶，七十子卒而大義乖。”

[5] 愚而好自用：愚蠢的人喜歡自行其是。《禮記·中庸》：“子曰：‘愚而好自用，賤而好自專。生乎今之世，反古之道。如此者，災及其身者也。’”

[6] 言之諄諄，聽之藐藐：説的人耐心懇切，聽的人卻不以爲意。語本《詩經·大雅·抑》：“誨爾諄諄，聽我藐藐。”

［7］ 大皞氏：即伏羲。伏羲畫八卦是被普遍認可的事，但其是否如趙時春所
云"據地而作畫"（諸如各地之卦臺、卦亭等），還是因河圖畫卦，現在很難
確定。

［8］ 文王數荚而演《易》：周文王姬昌被商囚禁於羑里，期間他用蓍草爲工具，
將伏羲之卦改造爲《周易》之六十四卦。

［9］ 章甫：古代的禮冠，以黑布製成。"唐虞章甫而民不犯"一句，事典不詳。

［10］ 惟唯一言：語出《尚書·大禹謨》："人心惟危，道心惟微，惟精惟一，允執
厥中。"意思是，人心居高思危，道心微妙居中；只有精誠專一，纔能不偏
不倚，合於中正之道。這十六字被認爲是儒家"心傳"。孔子爲儒學之集
大成者，對其弟子曾參頗爲青睞，並讓曾參教育孔鯉，孔鯉之子孔伋（字
子思）開思孟學派，以探討"性與天道"爲特色；曾參恰好就成了孔子與思
孟學派之間的重要一環。

［11］ 五典、三謨、九丘、三墳、咨命、訓誥：均指中國最古老的書籍。五典：少
昊、顓頊、高辛、唐、虞之書。三謨：《尚書》之《大禹謨》《皋陶謨》《益稷》。
九丘：指九州之志。三墳：三皇（神農、伏羲、黃帝）之書。《左傳·昭公
十二年》："是能讀三墳、五典、八索、九丘。"杜預注："皆古書名。"孔穎達
疏引《尚書序》云："九州之志，謂之九丘。"

［12］ 十干：十天干，甲、乙、丙、丁、戊、己、庚、辛、壬、癸。

［13］ 五德：温、良、恭、儉、讓；與陰陽家之"金、木、水、火、土"不同。

［14］ 六府：指水、火、金、木、土、穀六者，語出《尚書·大禹謨》："地平天成，六
府三事允治，萬世永賴。"

［15］ 九德：其內涵有不同，《尚書·皋陶謨》："皋陶曰：寬而栗，柔而立，願而
恭，亂而敬，擾而毅，直而温，簡而廉，剛而實，強而義，彰厥有常，吉哉！"
又《左傳·昭公二十八年》："心能制義曰度，德正應和曰莫，照臨四方曰
明，勤施無私曰類，教誨不倦曰長，賞慶刑威曰君，慈和徧服曰順，擇善而
從之曰比，經緯天地曰文。九德不愆，作事無悔，故襲天祿，子孫賴之！"

［16］ 九疇：相傳大禹治天下的九類大法，《尚書·洪範》："天乃錫禹洪範九疇，
彝倫攸叙。初一曰五行，次二曰敬用五事，次三曰農用八政，次四曰協用

五紀,次五曰建用皇極,次六曰乂用三德,次七曰明用稽疑,次八曰念用庶徵,次九曰嚮用五福,威用六極。"

[17] 閭巷歌謠之《詩》:《詩經》中的"風"詩160首,絕大部分是民歌,故云。朱熹《詩集傳》:"凡詩之所謂風者,多出於里巷歌謠之作,所謂男女相與詠歌,各言其情者也。"

[18] 敗壞決裂之《春秋》:此處評價《春秋》是"敗壞決裂",古來並不多見,大概與王安石稱《春秋》爲"斷爛朝報",意思相近。

[19] 訕謗、譏刺、不諱之語:此處的"語",具體所指不詳;《國語》並非六經之一。

[20] 道愈降而文愈繁:即"道喪文弊"之意。蘇軾《潮州韓文公廟碑》:"自東漢以來,道喪文弊,異端並起。……獨韓文公起布衣,談笑而麾之,天下靡然從公,復歸於正,蓋三百年於此矣。"

[21] "孔子曰"數句:見於《孝經鉤命訣》:"孔子在庶,德無所施,功無所就,志在《春秋》,行在《孝經》。孔子曰:'吾志在《春秋》,行在《孝經》。'以《春秋》屬商,以《孝經》屬參。"大意是,孔子的思想體現在《春秋》中,行爲體現在《孝經》中;孔子把《春秋》傳給了子夏,把《孝經》傳給了曾參。

[22] 托空文以自見:語出司馬遷《報任安書》"垂空文以自見",這裏指孔子著書明志。

[23] 七十子之徒:指孔門七十二賢。《史記·孔子世家》記載:"孔子以詩、書、禮、樂教,弟子蓋三千焉,身通六藝者七十有二人。"

[24] 孟、荀、屈平:孟子、荀子、屈原。

[25] 文而不亂,復而不厭:《左傳·襄公二十九年》季札觀樂時有"復而不厭"之語;董仲舒《舉賢良對策三》有"樂而不亂,復而不厭者謂之道"之語,意思是歡樂而有秩序,反復施行人們也不覺得厭倦。趙時春將其改爲"文而不亂",即文雅而有思理之意。

[26] "韓子曰"數句:韓愈《原道》:"先王之教,在仁義道德。堯以傳之舜,舜以傳之禹,禹以傳之湯,湯以傳之文、武、周公,文、武、周公傳之孔子,孔子傳之孟軻。自孟軻死,不得其傳。"這是韓愈對儒家道統的建構,趙時春

顯然也認可這一體系。

[27] 不楊則墨句：楊朱、墨翟均爲先秦時期著名思想家，《孟子·滕文公》：“楊朱、墨翟之言盈天下，天下之言，不歸於楊，即歸墨。”

[28] 不佛則老：非佛即道。道家思想植根於本土，淵源悠久，但外來的佛教對主流思想的影響主要是在魏晉以後。

[29] 火於秦：指秦始皇的焚書，“焚詩書，坑術士，六藝從此缺焉”（《史記·儒林列傳》）。黃老於漢：指漢初黃老之學的用行，黃指黃帝，老指老子，以《黃帝四經》爲主要經典，主張道法結合，無爲而治。

[30] 夷道交侵：主要指五胡亂華。古代有夷夏之辨（或華夷之辨），將中原之外的人民稱“夷”，與“華”相對，主要區別點是“禮”。

[31] 距楊墨：《孟子·滕文公上》：“距楊墨，放淫辟，邪説者不得作。”

[32] 昌言：美言。《尚書·益稷》：“師汝昌言。”

[33] 二帝三王之道：二帝指堯、舜，三王指夏禹、商湯、周文王和武王。《漢書·揚雄傳》：“以爲昔在二帝三王……財足以奉郊廟，御賓客，充庖廚而已。”

[34] 阨二家之吭而撫其背：二家，指佛、道，與上句“異端之徒”義同。《史記·劉敬叔孫通列傳》：“夫與人鬥，不扼其吭拊其背，未能全其勝也。”扼吭拊背，即控制要害。

[35] 侏離：異地語音難辨，古代主要指邊地少數民族語言。左衽：衣襟左掩，古代一般被看作是少數民族的服飾習慣，與華夏族服飾衣襟右掩相對。《論語·憲問》：“微管仲，吾其披髮左衽矣。”

[36] “偶於五代”三句：五代，指晉、宋、齊、梁、陳。趙時春的意思是，晉宋駢偶之辭盛行，唐代聲律之學大行其道，宋代文氣靡弱不振。文學盛，似乎正印證了他“文愈繁而道愈晦”的説法。

[37] 鄉舉里選：秦漢時期的選舉制度，《後漢書·章帝紀》：“夫鄉舉里選，必累功勞。”成均：堯時的學校。《周禮·春官宗伯》：“掌成均之法，以治建國之學政，而合國之子弟焉。”

[38] 英才間氣：即英才。間氣，非常之才。張載《正蒙·乾稱》：“使英才間氣，

生則溺耳目恬習之事，長則師世儒宗尚之言，遂冥然被其驅，因謂聖人不可修而至，大道不可學而知。故未識聖人心，已謂不必求其迹；未見君子志，已謂不必事其文。"趙時春的論述顯然是受張載影響。

[39] "孟子曰"數句：語出《孟子·盡心下》："孔子曰：惡似而非者：惡莠，恐其亂苗也；惡佞，恐其亂義也；惡利口，恐其亂信也；惡鄭聲，恐其亂樂也；惡紫，恐其亂朱也；惡鄉原，恐其亂德也。君子反經而已矣。經正則庶民興，庶民興，斯無邪慝矣。"末尾數句是說，君子使一切事物返回正道便可，正道不歪曲，百姓就積極；百姓積極，就沒有邪惡。

[40] 變夷：變更。

[41] 言偽而辨者誅無赦：語出《荀子·宥坐》："孔子曰：'人有惡者五，而盜竊不與焉。一曰心達而險，二曰行辟而堅，三曰言偽而辯，四曰記醜而博，五曰順非而澤。此五者有一於人，則不得免於君子之誅。'"

[42] "辟異端者"三句：即以道統來辟佛老；道統存於聖人之言，故要提倡道統，必先提倡聖人之言；倡聖人之言，則必先尊奉聖人。這個思路與韓愈、揚雄、孟子諸人一致，顯然是受其影響而來。

[43] "萬物紛錯"兩句：語出揚雄《法言·吾子》："或曰：人各是其所是而非其所非，將誰使正之？曰：萬物紛錯則懸諸天，衆言淆亂則折諸聖。"即以聖人的言論是非爲標準。

爲相用人之體

【題解】

　　爲相用人之體，即作丞相、用人才的基本原則。本文以劉邦、蕭何、韓信相輔相成以取天下爲立論依據，分析國家大管家丞相的用人之道。文章認爲，天下事變幻無窮，一人之力、一人之智根本無法應對，必須團結豪傑，聚才智之士以完成。其中能發現人才、充分地利用人才，以蕭何薦舉韓信爲最典型；如果没有韓信的無堅不摧、百戰百勝，即不可能有劉邦的統治權。

　　如何用人呢？趙時春認爲，堯、舜以天下爲公，所以有大禹、皋陶等社稷之臣；劉邦、蕭何以天下爲私，所以只能馭之以術；馭之以術，所以很難始相終，所以纔有"高鳥盡，良弓藏；狡兔死，走狗烹"的現實，纔有淮陰侯韓信之戮。顯然，在趙時春看來，以天下爲公，坦蕩無私的爲相用人之體，纔是最理想的選擇。

　　趙時春對劉邦任用韓信、殺戮韓信的分析，頗有意味，"當其罪，則天下以我爲不知人；無其罪，則天下以我爲負有功。故寧以成敗之名嫁之蕭相國而不辭，此帝之所以聖於術也"，言下之意，劉邦在韓信協功邀王時封其爲王，不僅是利用，也是培養其罪；等利用完畢、其罪彌彰之時再殺之，不僅師出有名、罪有應得，而且還能委過於蕭何，這體現了劉邦高超的用人之術。

　　夫當天下之任者，貴有以識天下之才。天下未定之時，成敗安危、離合聚散之機，固關乎爲相之任，然必得乎豪傑之才助之而後濟。使不識之於先而用之於後，則天下之勢莫可一定。而吾所以爲相於天下者，亦無以自立矣，吾之一身耳，而天下之變常無窮，天下之豪傑亦無窮，以吾一身有限之聰明，而應天下無窮之變，吾見其難也。雖然，非吾一身有限之聰明，足以應天下無窮之變，貴乎以吾一身之聰明而察天下之豪傑；有一代之豪傑，自足以周一代之用。是豪傑乃自吾聰明中得，則吾之聰明周乎天下矣。如此，則蕭相國之識淮陰[1]，可謂得爲相用人之體矣。

夫天下之勢[2]，敗而後成，危而後安，離而後合，散而後聚。夫其既敗也可以成，既危也可以安，既離也可以合，既散也可以聚。蓋必其有聰明有以高乎天下，而深識圖天下之機者爲之乎[3]？漢室之興，狐鳴楚叢[4]，鹿走秦野[5]，天造草昧[6]，群雄角逐。高祖奮布衣，提三尺劍[7]，而蕭相國以刀筆吏爲之佐，是時起畎畝而登侯王，奮屠賈而爲將相[8]；其與帝角逐並爭，而與相國等夷者，吾不知其幾也。

帝也當赤龍之祥[9]，而相國乘風雲之會[10]，是其所以得之者，乃天而非人也。彼其爲帝所屈，槁草野而血木石者[11]，亦皆一時之英雄，不幸而勢窮力屈，故使帝獨得之耳。帝何有以高天下之聰明而得蕭相國？相國何以有高天下之聰明而得淮陰侯？淮陰何以有高天下之聰明而屈天下之英雄？後世之君子又何以舍帝與淮陰而獨許蕭相國？以得爲相用人之體哉！

嗚乎！高帝之術微矣[12]。孔子贊堯“巍巍蕩蕩”而難名[13]，帝也術中之堯，而相國亦術中之禹、皋、稷、契也[14]；帝之術不可測，而相國之功始可言矣。彼重瞳子力拔山而氣蓋世[15]，自以爲莫己若，而孰知目前執戟之吏[16]，足以刎己於烏江哉！魏豹、章邯之徒[17]，亦庸奴之桀驁者耳，豈能磊犖跌蕩以任意外之士[18]？

天下之無禹、皋、稷、契久矣[19]，世鼎沸而民靡擾，而孰與濟之？幸而天生淮陰侯耳。淮陰非濟世之才也，以爲斯世僅有斯人耳；世有斯人僅足以濟，而使斯人皇皇然，今日困於楚，明日陋於漢，又且伏質而就刑矣[20]。雖帝之聰明，亦未見其超乎衆人，聞見之中而用之也。

相國何以獨有高天下之聰明，而用淮陰於稠人廣衆之中哉？嗚乎！龍化而雲翔[21]，虎變而風噓[22]，雨作而礎潤[23]，秋至而蟋蟀吟[24]，氣相感而類相召。夫物固然，而況天下豪傑之士乎？夫惟天下之豪傑識天下之豪傑，其識之也，非以其狀貌之魁梧，而脣舌之便翻也。彼其相與相親之際，必有不言而默契，不待交深而意自孚者矣。方相國之數與淮陰語[25]，史不載其詳，世莫得之聞，其所以識之之術固不得而知也。然以相國之尊，無故而亟亟然與一亡卒語，是其所以識之不在於既語之時，而在於未語之際；不在於既信之後，而在於未信之先。既而帝也深信國士無雙之對，排衆議而授之大將[26]，而淮陰所畫之謀[27]，歷歷合相國之成規，固不待乎定三秦[28]，取山東[29]，梟項籍之首，而天下成敗安危、離合聚散之機，已預定乎二人之胸中矣。

向也帝有高天下之聰明，而用相國於衆人之所不能用；相國亦有高天下之聰明，而用淮陰於衆人之所不能用；繼而淮陰又有高天下之聰明，而釋李左車於囚虜之中，東向坐而問計[30]，以成脅燕滅齊之勢。故以天下成敗安危、離合聚散之大機，而定於二三子之手，如持左券而責逋負矣[31]。嗚乎！帝之所以得天下，與蕭相國之所以相帝，果盡出於天之功，而非人之力哉！彼畎畝屠賈之徒[32]，果能計出於此否耶？然則爲相用人之名，其歸之於蕭相國也固宜。

雖然，帝非蕭相國，無乃失淮陰而昧天下安危成敗、離合聚散之機乎？噫！此帝之所以聖於術也。狡兔死而走狗烹，飛鳥盡而良弓藏，敵國破而謀臣亡[33]。帝固已蓄之用淮陰之前矣。

帝非有公天下之心也，奪軍之舉[34]，王齊之舉[35]，分地之舉[36]，帝有不得已焉耳；不得已而與之，及其可已而奪之；奪之不得，則誅戮之耳。自我信任之，而自我誅戮之。當其罪，則天下以我爲不知人；無其罪，則天下以我爲負有功。故寧以成敗之名嫁之蕭相國而不辭，此帝之所以聖於術也。

至於堯、舜之爲君則不然。堯以不得舜爲己憂[37]，未聞其以庸命遜位爲憂也[38]。舜以不得禹、皋陶爲己憂，未聞其以錫圭告成爲憂也[39]。彼堯、舜知公於天下耳，以爲誠有功於天下，則寧以天下與之而不吝；況區區之土壤，又何愛而靳於天下豪傑之士耶？堯、舜以天下爲公，故能用禹、皋陶、稷、契之臣；帝與蕭相國以天下爲已私，故雖得一淮陰侯能用之而不能終。噫！此高帝之所以止於高帝，而蕭相國之所以止於蕭相國。

【注釋】

[1] 蕭相國之識淮陰：蕭何賞識並極力推薦淮陰侯韓信。在反秦起義中，韓信初爲項羽郎中，因不得重用，遂投奔劉邦，劉邦也僅僅任爲治粟都尉。韓信以爲劉邦又不會重用他，故又擬離開。蕭何聽到韓信離開，立即追趕，説服韓信，並極力向劉邦推薦，稱之爲“國士無雙”，劉邦因之拜韓信爲大將，對取得楚漢戰爭的勝利產生了重大影響。

[2] 天下之勢：是宋代以來士大夫熱衷討論的一個話題，屬於唯心歷史的範疇，用今天的話來説，“勢”是指籠統的、人無法抗拒的自然力量或歷史規律。宋人論“勢”特多，如蘇轍、朱熹、陸九淵、葉適等，後來的王夫之亦極典型；其間觀點以“理勢合一”最多見。《三國演義》卷首“天下大勢，合久必分，分久必合”的表述，亦極普遍。趙時春的認識，應該是這些觀點的綜合。

［3］天下之機：即天下之機樞、關鍵。陳子昂《諫用刑書》："愚臣竊亦欣然,賀陛下聖明,得天下之機也。"

［4］狐鳴楚叢：《史記·陳涉世家》載,陳涉起事之前,爲鼓舞從衆,"乃丹書帛曰'陳勝王',置人所罾魚腹中。卒買魚烹食,得魚腹中書,固以怪之矣。又間令吳廣之次所旁叢祠中,夜篝火,狐鳴呼曰'大楚興,陳勝王'"。

［5］鹿走秦野：指秦國的滅亡。《漢書·伍被傳》："後王(淮南王)坐東宮,召被欲與計事,呼之曰:'將軍上。'被曰:'王安得亡國之言乎? 昔子胥諫吳王,吳王不用,乃曰:"臣今見麋鹿游姑蘇之臺也。"今臣亦將見宮中生荆棘,露霑衣也。'"後以"鹿走蘇臺"比喻國家敗亡,宮殿荒廢。

［6］天造草昧：語出《周易·屯卦》象辭,意爲"天造萬物於草創之時",即天地草創之時,這裏比喻時勢渾茫、尚未安定。

［7］"高祖"二句：語出《史記·高祖本紀》："吾以布衣提三尺劍取天下,此非天命乎?"古劍長凡三尺,故稱。

［8］奮屠賈而爲將相：指跟隨劉邦起義的樊噲、灌嬰等。樊噲爲狗屠,灌嬰爲絲販,兩人都曾出將入相。

［9］赤龍之祥：指劉邦斬白蛇起事的傳説。《史記·高祖本紀》載,劉邦夜行澤中,有大蛇當路,劉邦擊斬之。這事被認爲是赤帝子斬白帝子,象徵着劉邦應天命而起。

［10］風雲之會：即風雲際會,語出《周易·乾卦》文言:"雲從龍,風從虎,聖人作而萬物睹。"後因以比喻有才華、有作爲的人在難得的好時機聚合,尤其指君臣遇合。

［11］槀草野而血木石：指死亡。槀草野：即"膏草野",以身體爲草野作肥。《漢書·蘇武傳》:"空以身膏草野,誰復知之!"血木石：使木石染血。

［12］微：這裏是微妙高深、無迹可求之意。

［13］"孔子"句：語出《論語·泰伯》:"大哉堯之爲君也! 巍巍乎! 唯天爲大,唯堯則之。蕩蕩乎,民無能名焉。"意思是,堯道德崇高,恩澤廣布,老百姓都不知怎樣稱頌他。趙時春之"難名",即孔子"無能名"之意。

［14］術中之堯：指劉邦的君人之術暗合於堯,也即孔子讚譽的"巍巍蕩蕩"之

術。禹：舜臣，受舜禪讓而爲君。皋：皋陶，堯、舜之臣，掌刑法，與堯、舜、禹並稱“上古四聖”。稷：后稷，可能是世襲的官職，據《竹書紀年》，似乎堯、商湯時都有后稷的“拯民降穀”。契：堯臣，別稱“閼伯”，據傳掌管民政、曆法，封於商，爲商人之祖。

[15] “重瞳子”句：指項羽。據《史記·項羽本紀》，項羽重瞳子，勇力絕人，在反秦起義中，巨鹿一戰，破釜沉舟，擊敗秦軍主力，遂自立爲西楚霸王，分封諸侯。楚漢戰爭中，劉邦打敗項羽，項羽自刎，其最後的歌唱有“力拔山兮氣蓋世”語，故趙時春稱呼如此。

[16] 執戟之吏：指灌嬰、楊喜、呂馬童、呂勝、楊武五人，他們都曾任郎中騎將或郎中騎，屬於郎中令軍中的騎兵侍衛官，故稱“執戟之吏”。垓下之戰後，他們率領輕騎兵追擊項羽，項羽自刎後，他們五人“各得其一體”。

[17] 魏豹：戰國時魏國舊貴族，秦末起義中，魏豹向楚懷王借兵數千，攻下魏地，自立爲魏王；楚漢戰爭中，魏豹或投項羽，或投劉邦，首鼠兩端，被漢將周苛所殺。章邯：秦末將領，鉅鹿戰敗後，章邯投降項羽，項羽封之爲雍王，守關中；韓信暗度陳倉，章邯軍敗，自殺。

[18] 磊犖跌蕩：指行爲坦蕩，無所拘忌。

[19] “天下”句：禹、皋、稷、契，見注釋[14]。趙時春的意思是，天下沒有治世能臣已經很久了。

[20] 伏質：即伏斧質，斧質是古代的一種酷刑。

[21] 龍化而雲翔：語出《周易·乾卦》九五爻之文言：“同聲相應，同氣相求。水流濕，火就燥。雲從龍，風從虎。”九五爻爲“飛龍在天”，意思是君子化龍，龍飛在天，雲氣騰翔。

[22] 虎變：語出《周易·革卦》：“大人虎變，其文炳也。”意思是大人身上的花紋如虎一般威風凜凜。

[23] 雨作而礎潤：即礎潤而雨，《淮南子·說林》：“山雲蒸，柱礎潤。”柱子基石潤濕了，就是要下雨的徵候；意思是見到一點迹象，就能知它的發展方向。

[24] 秋至而蟋蟀吟：《詩經·唐風·蟋蟀》：“蟋蟀在堂，歲聿其莫。”意思是，歲

暮時分天寒,蟋蟀躲入百姓堂屋裏了。

[25] 數與淮陰語:《史記·淮陰侯列傳》:"信數與蕭何語,何奇之。"即韓信曾
與蕭何多次談話。

[26] 無雙國士、授之大將:見本文注釋[1]。

[27] 淮陰所畫之謀:《史記·淮陰侯列傳》載,韓信拜將之後,爲劉邦謀劃,認
爲項羽逞匹夫之勇,有婦人之仁,背關懷楚,放逐義帝,殘暴不得民心;劉
邦廢黜苛法,安撫百姓,取信於諸侯;他還建議出兵,還定三秦。這些分
析切中肯綮,有戰略眼光。

[28] 定三秦:指韓信明修棧道、暗度陳倉,迅速掃蕩三秦,奪取關中之事。

[29] 取山東:彭城之戰後,韓信建議對楚實施戰略包圍,"北舉燕、趙,東擊齊,
南絕楚之糧道,西與大王會於滎陽",劉邦採納,最終成功實施,將項羽包
圍於垓下。

[30] 李左車:趙國名將李牧之孫,輔佐趙王歇,與陳餘一起率軍阻擋韓信滅
趙。趙國滅亡後,李左車被捆綁於韓信帳前,韓信爲之松綁,並請教攻打
燕、齊的方略,"信乃解其縛,東向坐,西向對,師事之"(《淮陰侯列傳》)。
李左車爲韓信獻上"愚者千慮"之計,主張撫以鎮靜,懾以兵威,即趙時春
下句之"脅燕滅齊"之勢。

[31] 持左券:語出《史記·田敬仲完世家》:"公常持左券以責於秦、韓。"左券,
契約的左聯,持有者以之爲索債憑據。逋負:拖欠賦稅,欠債。

[32] 屠賈之徒:見本文注釋[8]。

[33] "狡兔"三句:語出《淮陰侯列傳》,漢初,韓信爲楚王,將反,劉邦借獵於雲
夢之機,召見並擒繫韓信,韓信大喊道:"果若人言,'狡兔死,良狗烹;高
鳥盡,良弓藏;敵國破,謀臣亡。'天下已定,我固當烹!"

[34] 奪軍之舉:楚漢戰爭處於僵持階段,張耳、韓信在趙地,劉邦在成皋與項
羽對峙。因受項羽攻打,劉邦逃入張耳帳中,時張耳、韓信尚在睡中,劉
邦"即其卧内,上奪其印符,以麾召諸將,易置之"(《淮陰侯列傳》),可見,
劉邦對於張耳、韓信的舉動頗爲芥蒂和不滿。

[35] 王齊之舉:韓信平齊之後,上書劉邦,言齊爲"反覆之國","不爲假王以鎮

之,其勢不定",並表示自己願意"爲假王"(《淮陰侯列傳》)。當時劉邦正被項羽圍困於榮陽,情勢危急,面對韓信的要脅,他忍住憤怒,説:"大丈夫定諸侯,即爲真王耳,何以假爲!"當即封韓信爲齊王。

[36] 分地之舉:指劉邦擒繫韓信後,削除韓信楚王之封,降封爲淮陰侯之事。

[37] "堯以不得舜爲己憂"以下九句:語出《孟子·滕文公上》:"堯以不得舜爲己憂,舜以不得禹、皋陶爲己憂。……是故以天下與人易,爲天下得人難。"

[38] 庸命:順天承命。語出《尚書·堯典》:"汝能庸命,巽朕位。"遜位:讓位,也即《孟子》之"以天下與人"。《史記·太史公自序》:"唐堯遜位,虞舜不台。"

[39] 錫圭:即賜珪,古代帝王封爵授土時,賜珪以爲信物。

人主出治之本

【題解】

本篇與《保身以保民》主題相近，都討論國君修身的問題。《保身以保民》的結論是國君要"寡欲"，本文則進一步提出，國君治天下之本在修養自身；如何修養自身呢？在於正心、誠意、修身、齊家，以最後達到平治天下的目的。

趙時春的思路是，天下事紛亂繁雜，國君應該着眼於其"同"，而不能側重在其"異"；要以"同"馭"異"，以簡馭繁，以靜驅動，這樣纔能限制各種欲望，抵禦各種誘惑；再輔以師傅之嚴、天人之繫，加以群臣静諫以匡正其失，纔能達致治之目的。文章列舉隋煬帝、陳後主等反面例證，以及堯、舜、禹、湯、文、武等正面事例，以印證其論述。其中對虛僞修身如"放肆於深宮大庭之中，而斂束於稠人廣衆之際；矯揉於親近君子之時，而狎近於暱倖小人之時"等，以及文辭害道如"收拾於大道聖言之粗餘，而肆意於言語文字之習"，"糟粕文辭之腐，雕琢章句之陋"等，都有鮮明批判。這也是趙時春貫穿全書、三致其志的觀點。

人君理天下之事，當必於其同然而不可好異。天下之人，其趨也無定向，而成之者乃於其所異者求之，而不於其所同，則天下之事異者各異其所異；而吾之所以持天下者，亦無以自立矣，何也？噪嘵於蟬鳴，則無以逼鷗鴉之叱聲；狡伏於草莽之際，則無以驚狐兔之出没。吾固持天下好尚之異者，而又欲以一天下之異，則以水投河，孰分於淄澠之辨哉？知此，則知人君之學所以必誠意、正心、修身、齊家以爲出治之本[1]，而不可徒趨於文藝之習也。

天下之事有實有名，人主之學有同有異。有爲學之名而縱橫於天下之異，同肩齊驅於紛擾爭長之習，則煩者日入於煩，動者日入於動，擾者日入於擾，勞者日入於勞，衆者日入於衆，而天下之趨卒無所歸，天下之志卒無所定是非。其應動不能以靜，應擾不能以重，應煩不能以簡，應勞不能以逸，應衆不能以寡者之患乎？夫其應動也可以靜，應擾也可以重，應煩也可以簡，應勞也可以逸，應衆也可以寡，而吾乃營營於獨聞、獨見之異[2]，而不求人所共有之同，則吾所謂意者、心者、身者、家者，固無以誠、以正、以修、以齊，而欲其國之治、天下之平，難哉！

文士高選，楊廣不足以取文士之首冠，而祇足以取智及之弑逆[3]；詩酒不輟，長城不足取虜將之來朝，而祇足以取匿井之阨辱[4]。是其自待者何卑，而其所以示人者又何不廣哉？大抵放肆於深宮大庭之中，而斂束於稠人廣衆之際；矯揉於親近君子之時，而狎近於暱倖小人之時；收拾於大道聖言之粗餘，而肆意於言語文字之習[5]。則所謂學者，固已非堯、舜、禹、湯、文、武之治，而加以内有妃嬪之寵，外有幸臣之嬖，此其所以意有不誠，心有不正，身有不修，家有不齊，而國與天下孰從而治平哉？

自“克明”而親族，所以“昭明”“時雍”者，其序未嘗紊也[6]；自“溫恭允塞”而“至誠感神”，所以“四方風動”者，其序未嘗紊也[7]；自“慎身修思”而“庶明勵翼”，所以成治平之功者，其序未嘗紊也[8]；自“咸有一德”而“受天明命”，所以有南巢之放者，其序未嘗紊也[9]；自“敬止”純一而“御於家邦”，所以“既受帝祉”者，其序未嘗紊也[10]；自“敬勝怠者吉”而“遵養時晦”，所以“皇矣間之”者，其序未嘗紊也[11]。

夫以堯、舜、禹、湯、文、武之學，行堯、舜、禹、湯、文、武之道，以成堯、舜、禹、湯、文、武之治，則天下之異者孰不舉一於吾之同也？何也？降衷秉彝之天[12]，心身良能之理[13]，人我之所同也；糟粕文辭之腐，雕琢章句之陋[14]，人我之所異也。異其異而不同其異，豈長人之道哉？

《經》曰："欲治其國者，先齊其家。欲齊其家者，先修其身。欲修其身者，先正其心。欲正其心者，先誠其意。"《傳》曰："國之本在家，家之本在身。"[15]而仲舒、朱子亦以爲其君告[16]。大抵人君之心，攻之者衆，人君一身繫之者多；以多繫之身而應衆欲之功，於觀則荒，於遊則怠，於利則侈，於聲色則蕩，於功利則誇，於極意則肆，於好勝則忌。苟能於其荒也則收之，於其怠也則强之，於其侈也則克之，於其蕩也則清之，於其誇也則斂之，於其肆也則抑之，於其忌也則降之，使荒可以爲慎，怠可以爲謹，蕩可以爲閑，誇可以爲畏，肆可以爲敬，忌可以爲寬。

夫如是，而又内加以師傅之嚴，外儆以天人之繫[17]，卿獻典，大夫箴，士傳言，而庶人有謗，商旅於市，動則左史，言則右史，以垂後世之是非。侍近有規，師工有誦[18]，以誠未然之惡機[19]。而又有諍臣七人[20]，面折庭爭，以正救之，使皇建有極[21]，足以垂上下之則傚，足以立天下之具瞻[22]。宮闈有雞鳴之賢妃[23]，足以爲内助之治；無苞苴之内達[24]，足以爲後世之法。不必堯之復生也，而以親九族[25]，則亦堯之堯耳；不必舜之復生也，而克諧蒸乂[26]，則亦舜之舜耳；不必禹之復生也，而惇叙九族[27]，則亦禹之禹耳；不必文之復生也，而御於家邦[28]，則亦文之文耳。

若然則誠意以正心，正心以修身，修身以齊家者，自反而至於性，自常人而進於至人[29]，自後世之不古若而至於古若[30]，則吾之所學乃堯、舜、禹、湯、文、武之學也，吾之道乃堯、舜、禹、湯、文、武之道也，吾之治乃堯、舜、禹、湯、文、武之治也；則天下之事，煩者、動者、擾者、勞者、衆者，孰不於範圍之內哉？

故成天下之事，異乎人之所得；果無以自立，而同人之所同得者，始不謬於所望也。嗚乎，世之異也久矣！堯、舜、禹、湯、文、武之去也遠矣，而吾之義理乃吾之固有而同得者，人君何苦安於異而不進於同，而不以堯、舜、禹、湯、文、武爲吾哉？

【注釋】

[1] 誠意、正心、修身、齊家：語出《禮記·大學》：“古之欲明明德於天下者，先治其國；欲治其國者，先齊其家；欲齊其家者，先修其身；欲修其身者，先正其心；欲正其心者，先誠其意；欲誠其意者，先致其知，致知在格物。物格而後知至，知至而後意誠，意誠而後心正，心正而後身修，身修而後家齊，家齊而後國治，國治而後天下平。”這些規範，成了古代政治倫理體系和士大夫人生理想的基點，影響極大。

[2] 獨聞、獨見：見聞超群。語見《六韜·發啓》：“大哉聖人之德，獨聞獨見，樂哉！”又《淮南子·泛論》：“必有獨聞之聰，獨見之明，然後能擅道而行矣。”

[3] “文士”三句：指隋煬帝事。文士高選，是説煬帝喜好文學，大力選拔文人。楊廣，隋煬帝，爲宇文化及弑於江都。智及，即宇文智及，宇文化及之弟，任將作少監。大業十四年（618），宇文化及發動江都兵變，弑殺煬帝，“智及之謀也”（《隋書·宇文智及傳》），即宇文智及是江都兵變的始作俑者。故趙時春稱“智及之弑逆”。

[4] “詩酒”三句：指陳叔寶事。詩酒不輟，是説陳叔寶荒淫無度。“長城不足取虜將之來朝”，指陳朝將領無法抵擋隋軍的進攻，如蕭摩訶、任忠等；長城，語出“自毀長城”，借指重要武將。“匿井之陋辱”，指建康城破，陳叔寶與張麗華等藏匿在一口枯井中，被搜出。

〔5〕"大抵"六句：主要議論陳叔寶、楊廣兩位亡國之君，説他們流連詩酒、沉溺女色，但在其生涯早期卻僞裝得很好，道貌岸然；其所習好均爲文藝，不關經術。

〔6〕"自克明"三句：語出《尚書·堯典》："克明峻德，以親九族。九族既睦，平章百姓。百姓昭明，協和萬邦。黎民于變時雍。"大意是，堯能明揚美德，使親族和善，也能明辨百官優劣，使部落聯盟和睦相處。

〔7〕"自温恭"三句：分別語出《尚書·舜典》："濬哲文明，温恭允塞，玄德升聞，乃命以位。"《尚書·大禹謨》："至誠感神，矧兹有苗。""俾予從欲以治，四方風動，惟乃之休。""温恭允塞"，是説舜温和謙遜之德充塞天地之間。"至誠感神"，是説大禹的至誠之心感動了神靈。"四方風動"，是説舜治天下，四方百姓風起回應。

〔8〕"自慎身"三句：語出《尚書·皋陶謨》："慎厥身，修思永，惇叙九族，庶明勵翼，邇可遠，在兹。"意思是，皋陶説，要謹慎自身，永遠地堅持道德修養；要寬厚有叙地對待民衆，他們纔會擁護、輔助你，由近及遠，從此做起。

〔9〕"自咸有"三句：分別語出《尚書·咸有一德》："惟尹躬暨湯咸有一德，克享天心，受天明命，以有九有之師，爰革夏正。"《尚書·仲虺之誥》："成湯放桀于南巢，惟有慚德。"意思是，伊尹、成湯有純一之德，能上承帝旨，承接福命，因而能取代夏朝，擁有九州之衆。成湯革命，將夏桀流放於南巢之地。

〔10〕敬止：即"敬之"，語出《詩經·大雅·文王》："穆穆文王，於緝熙敬止。"意思是，文王莊重、恭敬，行事光明、謹慎。純一：語出《詩經·豳風·鳲鳩》："淑人君子，其儀一兮。"意思是，君子品性善良，始終端莊如一。御於家邦：語出《詩經·大雅·文王之什》："刑於寡妻，至於兄弟，以御於家邦。"意思是，文王的行爲可作嫡妻、兄弟之典範，進而行用於整個國家。既受帝祉：語出《詩經·大雅·皇矣》："比于文王，其德靡悔。既受帝祉，施于孫子。"意思是，文王的德行純美無暇，他接受上帝的福祉，施之於子孫萬代。

〔11〕敬勝怠者吉：恭敬勝過怠慢，就吉祥。語出《太公丹書》："敬勝怠者吉，怠

勝敬者滅。"遵養時晦：順應時勢，退守待時，後多指蓄勢待發。語見《詩經·周頌·酌》："于鑠王師，遵養時晦。"皇矣間之：周武王因此取代了殷。語見《詩經·周頌·桓》："於昭于天，皇以間之。"

[12] 降衷：降善，降福。《尚書·湯誥》："惟皇上帝，降衷於下民。"秉彝：遵循規律。《詩經·大雅·烝民》："民之秉彝，好是懿德。"

[13] 心身：指格物致知、修身養性的格致之學，見本文注釋[1]。湛若水云："自意心身至家國天下，無非隨處體認天理，體認天理，即格物也。"(《湛甘泉先生文集》卷七)顯然，明人已將格物與體認天理等同起來了。良能：天然爲善去惡之能。《孟子·盡心上》："人之所不學而能者，其良能也；所不慮而知者，其良知也。"宋代以後，良知良能指天理。

[14] 文辭之腐：指辭章之學，即文章之學、文辭之學，主要指文學。理學家看不起辭章之學，如王陽明稱之爲"簸弄精神"，說："吾焉能以有限精神爲無用之虛文也。"(《王陽明集》卷三二附錄之《年譜》"弘治十五年壬戌")章句之陋：指章句之學，即分章摘句的義疏之學，古代主要指經學。

[15] 兩句語出《孟子·離婁上》："人有恒言，皆曰'天下國家'。天下之本在國，國之本在家，家之本在身。"趙時春記爲《傳》曰，應誤。

[16] 仲舒：董仲舒，漢代思想家，其"天人感應"與"獨尊儒術"等主張，影響中國思想兩千多年。在《天人三策》中，董仲舒云："故爲人君者，正心以正朝廷，正朝廷以正百官，正百官以正萬民，正萬民以正四方。"朱子：朱熹，南宋著名思想家，在《大學章句》中，朱熹解釋"修齊治平"時說："正心以上，皆所以修身也。"言下之意，格物致知、正心誠意，都是修身範圍。在趙時春看來，這樣的解釋，其實也都是對人君的規勸。

[17] 天人之繫：主要指董仲舒《天人三策》中的"天人合一"思想，"以觀天人相與之際，甚可畏也"，言下之意，如果人君統治不好，上天就會垂徵兆以警示。

[18] 自"而又內加以師傅之嚴"以至"師工有誦"十二句：語出《國語·周語上》："故天子聽政，使公卿至於列士獻詩，瞽獻曲，史獻書，師箴，瞍賦，矇誦，百工諫，庶人傳語，近臣盡規，親戚補察，瞽、史教誨，耆、艾修之，而後

王斟酌焉，是以事行而不悖。"

[19] 未然之惡機：尚未形成的壞徵兆。《韓非子·難四》："責以未然，而不誅昭昭之罪。"

[20] 諍臣七人：代指諫官。語出《孝經·諫諍》："昔者天子有諍臣七人，雖無道，不失天下。"七人，鄭玄注："七人者，謂太師、太保、太傅、左輔、右弼、前疑、後丞。"

[21] 皇建有極：至高無上的統治準則。語出《尚書·洪範》："皇建其有極。"

[22] 則傚：效法。《詩經·小雅·鹿鳴》："君子是則是效。"具瞻：爲衆人所瞻望。《詩經·小雅·節南山》："赫赫師尹，民具爾瞻。"

[23] 宮闈：帝王後宮。鷄鳴：指《詩經·齊風·鷄鳴》篇，《毛詩序》認爲該篇是"思賢妃"，朱熹認爲是讚美賢妃(《詩集傳》)。

[24] 苞苴(bāo jū)：古代用以包裹食物的蒲草包。《莊子·列御寇》："小夫之知，不離苞苴、竿牘。"内達：指送禮(苞苴)至於人主或官員手中。

[25] 親九族：出處見本文注釋[6]。

[26] 克諧蒸乂："蒸"當作"烝"。語出《尚書·堯典》："克諧以孝，烝烝乂，不格奸。"意思是，舜父母、兄長皆不賢，但舜能與他們和諧相處，這是他孝德厚美、處理家務没邪念之故。

[27] 惇叙九族：使九族親厚而有序。出處見本文注釋[8]。裴駰集解引鄭玄曰："次序九族而親之"。

[28] 文：指周文王。御於家邦：出處見本文注釋[10]。

[29] 至人：儒家思想中的"至人"，指道德修養最高的人。《荀子·天論》："明於天人之分，則可謂至人矣。"

[30] 不古若：即不若古，其實體現的是古人的復古思想。從文獻角度來看，《尚書》之《堯典》《舜典》《大禹謨》《皋陶謨》四篇起首均有"曰若稽古"，就是典型的追記、復古體現，先秦諸子也多有復古傾向，可以説，若古與不若古反映的是復古思想傳統。

卷　下

項莊拔劍起舞

【題解】

本篇以"項莊拔劍起舞"爲題，意在説明人臣事君，應分清難易緩急，因爲"緩急難易之辨，乃天下治亂之所由係，而英雄成敗之所以分也"。這個立足點，是有眼光的。趙時春也感慨於項莊舞劍之英勇，而又惋惜其無助於項羽之敗亡，故撰文以分析。

在他看來，項羽才力橫絶，曾短暫地主宰天下，但其馭人無術以及小廉小讓、婦人之仁等缺點，使得張良、韓信、陳平、英布等一一背棄而去，所以，不是劉邦賢明、能力强，而是項羽驅人才以歸劉邦、掃天下以歸劉邦，劉、項之争的成敗遂因此而定。由此引申，項伯舞劍固然顯得忠勇可嘉，但那只能解決一個臨時的、局部的問題，而不能輔助項羽解決"樹德務滋，除惡務本"的根本性問題，項莊未能分清當時所面臨問題的難易緩急，因而也只是一偏之勇，不值得肯定。所以，趙時春感歎，人臣事君，一定要分清難易緩急。

文中對項羽不殺劉邦、不烹太公(劉邦之父)的議論頗有意味。趙時春言，如果項羽在鴻門宴上殺了劉邦，會背負"不信之名"，後果嚴重，"殺一人而疑天下之侯王，使其並起而仇我也"；否則，"羽何愛於沛公？何畏於沛公？"即項羽有什麽愛護劉邦、害怕劉邦的理由？又有什麽不殺劉邦的理由？趙時春浸淫史學頗深，其史論往往能穿過歷史表象，體現出新意和深意。

人臣之事君，當先其所急而後其所緩，急其所難而緩其所易。彼其難者誠易，則其易者有不難；急者誠先，則其緩者何足急？緩急難易之辨，乃天下治亂之所由係，而英雄成敗之所以分也。且自楚漢爭雄之際言之，王伯分裂，殺人如麻，天下蒼生之所當仰望而欲先得者，非在於寬仁之主乎？

項氏之子，力拔山而氣蓋世，其於虎步中原而橫吞六合有餘力矣，而常汲汲然日夜以一沛公爲憂，何哉？戰必勝，攻必取，沛公之不及羽明矣；合諸侯之兵，連四十萬之衆[1]，沛公之不及羽明矣；貪財好色、輕士慢罵比之恭敬慈愛[2]，其不及又明矣。沛公之不及羽者三[3]，而羽也身執天下之柄，摟天下之侯王而高下封爵之[4]，沛公且在羽掌握之中，宜其生殺予奪，唯其所置，何羽之勇而一夫之生死不能決，范增之智而樊噲之誚讓不能釋[5]，項莊之拔劍起舞而不能刺沛公於杯酒之間哉[6]？

嗚乎！勇可以決一人，而兆庶之志非匹夫之勇所能奪；智足以欺一時，而天下之大、四海之廣，非區區之私智所能勝；殺一人於杯酒之間爲甚易，而疑侯王之心、堅仇讐之黨爲甚難。羽也，一時之英雄也，豈其念不及此哉？斬卿子冠軍於帳中[7]，此可一而已矣，今也陳餘棄軍[8]，彭越隱盜[9]，羽固知天下之棄楚矣；屠襄城[10]，坑秦卒[11]，戮子嬰[12]，此可一而已矣，今也屠之而守愈堅，戮之而敵愈衆，羽固又知天下之棄楚矣；襲擊義帝於江中[13]，此可一而已矣，今也五諸侯之兵起[14]，而圖彭城[15]，連齊、梁之郊[16]，合而絕糧道[17]，羽固又知天下之棄楚必矣。

羽奚止於不殺沛公也？置太公於俎上[18]，質吕后於軍中[19]，而皆不加害，區區腐儒之論，皆不知羽之志也，且曰：“羽有君人之度也。”[20]又曰：“沛公不念其父也。”嗚呼！是豈所以論羽與沛公者哉？

凡英雄之争地圖王，苟可以得利，不羞其爲無信；苟可以成事，不恥其爲不義；苟可以利已，不恤其貽禍於人。凡其所可爲而不果爲者，乃在於負不信之名，而不得其利；受不義之辱，而又償其事；未嫁禍乎人，而反害乎已。此羽之所以趑趄於鴻門之劍，而不敢爲高鼎之烹也[21]。不然，羽何愛於沛公？何畏於沛公？既疑而惡之矣，而又不遂殺之哉？王敦將殺陶侃，披甲持矛者三，而卒不決[22]。或曰："陶侃與周訪如左右手，安有斷其左手而右手不應者？"[23]故吾常謂，項羽之不殺沛公，王敦之不殺陶侃，非愛而畏之也，畏其殺一人而疑天下之侯王，使其並起而仇我也。

雖然，羽既不當殺沛公，而沛公卒能擒羽，則爲羽臣者將束手而坐待沛公之虜乎？嗚乎！不求無尤諸已，而求不見惡於人。匹夫婦女知其不能爲，而謂英雄爲之哉？爲項氏臣者，盍亦反而思其故乎？盍亦求吾君之所當急而難者，而責之於吾君乎？殺人，非羽之所難也；屯膏吝賞[24]，羽之所難也。飾小廉，矜小讓[25]，非羽之所難也；不能容大度之士，不能受非常之才，此羽之所難也。勇與氣決，咤叱生風雲，而吞吐橫海嶽，非羽之所難也；小之不忍而大謀是亂，量之不宏而多才是累，此羽之所難也。殺韓成而張良去楚歸漢[26]，薄執戟而韓信去楚歸漢[27]，破九江而英布去楚歸漢[28]，責賞金而陳平去楚歸漢[29]，忌范增、疑龍且而周殷去楚歸漢[30]，而羽之巢穴傾矣。烏江雖渡，誰與之共大業哉？

樹德務滋，除惡務本，古人之明戒也。使項莊知此義，則必消去羽平日剛戾不平之氣，公爵賞以來天下之英俊，行寬和以悦四海之人心。拔山之力、蓋世之氣泯之於無，而以一世之才濟一世之屯[31]，吾知沛公且將爲羽羽翼之不暇，而何至陰陵之敗

哉[32]！不然，豈其八尺之軀、百萬之衆、命世之才[33]，求爲匹夫
而不可得也？

　　況沛公亦素非有仁義以令其衆、禮節以馭其臣，皆羽之刻薄
剛戾歐人而歸之[34]。彼良、平、信、布之徒[35]，皆至於不得已而
後去耳。使羽能用，如四皓之流[36]，沛公尚不可得而致，況避紂
北海之老乎[37]？使沛公遇桓、文節制之師[38]，尚不可得而勝，況
順天應人之兵乎？

　　故吾嘗謂：羽之敗，失在於羽，而不在於不殺沛公；沛公之
興，皆羽爲之歐，而非沛公之能賢。

【注釋】

[1] 四十萬之衆：鴻門宴前，項羽率軍，問罪於劉邦，“兵四十萬，在新豐鴻門；
　　沛公兵十萬，在霸上”（《史記·項羽本紀》）。

[2] 貪財好色：鴻門宴前，范增曾勸項羽，說劉邦“居山東時，貪於財貨，好美
　　姬”（《史記·項羽本紀》）。輕士慢罵：劉邦曾罵酈食其曰：“豎儒！夫天
　　下同苦秦久矣，故諸侯相率而攻秦，何謂助秦攻諸侯乎？”在接待儒冠來
　　訪者時，劉邦也曾“解其冠，溲溺其中”（《史記·酈生陸賈列傳》）。恭敬
　　慈愛：韓信曾評論項羽，說他“見人恭敬慈愛，言語嘔嘔”（《史記·淮陰侯
　　列傳》）。

[3] 沛公之不及羽者三：趙時春所分析的項羽、劉邦之能力差異，與韓信的分
　　析各有側重，兹列出韓信的分析，以備參考：“項王暗噁叱咤，千人皆廢，
　　然不能任屬賢將，此特匹夫之勇耳。項王見人恭敬慈愛，言語嘔嘔，人有
　　疾病，涕泣分食飲，至使人有功當封爵者，印刓敝，忍不能予，此所謂婦人
　　之仁也。項王雖霸天下而臣諸侯，不居關中而都彭城，有背義帝之約，而
　　以親愛王，諸侯不平。諸侯之見項王遷逐義帝置江南，亦皆歸逐其主而
　　自王善地。項王所過無不殘滅者，天下多怨，百姓不親附，特劫于威强

耳。名雖爲霸,實失天下心。故曰其强易弱。"(《史記·淮陰侯列傳》)

[4]"搜天下"句:指項羽在滅秦之後,"分裂天下,而封王侯,政由羽出"(《史記·項羽本紀》)之事;不過由於項羽的分封任人唯親,導致諸侯不服,埋下了諸侯反項羽的直接禍因。

[5]范增:項羽帳下最重要的謀士,被尊爲亞父。鴻門宴上,他屢勸項羽殺劉邦,項羽不聽,氣憤而罵。後項羽中劉邦反間計,削其權力,范增忿而離去,途中病死。樊噲:劉邦最忠誠的武將。鴻門宴上,當劉邦處於被責問甚至隨時被殺的處境時,樊噲强行排闥而入,質問項羽説:"臣死且不避,卮酒安足辭!夫秦王有虎狼之心,殺人如不能舉,刑人如恐不勝,天下皆叛之。懷王與諸將約曰:'先破秦入咸陽者王之。'今沛公先破秦入咸陽,毫毛不敢有所近,封閉宮室,還軍霸上,以待大王來。故遣將守關者,備他盜之出入與非常也。勞苦而功高如此,未有封侯之賞,而聽細説,欲誅有功之人。此亡秦之續耳,竊爲大王不取也!"項羽竟無言以對。

[6]項莊:項羽季叔,鴻門宴上,范增見項羽不能果斷殺劉邦,遂召項莊入,希望項莊借舞劍來擊殺劉邦,故有"項莊舞劍,意在沛公"之謂;也正是項莊舞劍,纔有張良召樊噲預會之事。

[7]卿子冠軍:指宋義,原爲楚令尹,秦末起義中,宋義投身項梁麾下。項梁敗死後,楚懷王任宋義爲上將軍,項羽爲次將,"諸別將皆屬宋義,號爲卿子冠軍"(《史記·項羽本紀》),去救鉅鹿。項羽因受到排擠,且不滿於宋義之屯兵觀望,遂擊殺宋義,奪取兵權,迅速出擊,取得了鉅鹿之戰的大勝。

[8]陳餘棄軍:陳餘本魏國名士,秦末起義中,他投奔陳勝;陳勝敗亡後,陳餘擁立趙歇爲趙王,自己任將軍。巨鹿之戰中,陳餘因不救張耳,故二人產生激烈矛盾,戰後,張耳責問陳餘不救之責,陳餘憤而棄將軍印,僅帶隨從數百離開鉅鹿。陳餘棄軍,也就沒有機會隨從項羽攻打關中,這導致了項羽分封時僅封陳餘三縣,陳餘不滿,聯合齊國反叛。

[9]彭越隱盜:彭越,"漢初三大將"之一,本爲鉅野澤盜賊,秦末起義中,他結伙爲軍,受劉邦節制。楚漢戰爭中,彭越屢次截斷項羽的糧草補給,其遊擊戰術給項羽造成沉重打擊。

[10] 屠襄城:《史記·項羽本紀》載:"項梁前使項羽別攻襄城,襄城堅守不下,已拔,皆坑之。"襄城,即今河南襄城縣。

[11] 坑秦卒:《史記·項羽本紀》載:"於是楚軍夜擊阬秦卒二十餘萬人新安城南。"

[12] 戮子嬰:《史記·項羽本紀》載:"居數日,項羽引兵西屠咸陽,殺秦降王子嬰,燒秦宫室,火三月不滅。"子嬰,即秦三世,在位僅46天,即被項羽所殺。

[13] 義帝:指楚懷王熊心,楚王室後裔,楚滅後流落民間牧羊,項梁立之爲楚懷王。項羽稱西楚霸王,"徙義帝長沙彬縣","令衡山、臨江王擊殺之江中"(《史記·項羽本紀》)。

[14] 五諸侯之兵:《史記·項羽本紀》載:楚漢戰争第二年春,"漢王部五諸侯兵,凡五十六萬人,東伐楚。"五諸侯,指常山王張耳、河南王申陽、韓王鄭昌、魏王魏豹、殷王司馬卬。他們都是項羽分封的諸侯,楚漢戰争開始後,都叛楚歸漢。

[15] 彭城:今江蘇徐州市,項羽火燒咸陽之後,東歸,定都彭城,號西楚霸王。彭城是項梁、項羽集團的大本營。

[16] 連齊、梁之郊:指齊王田榮和梁王彭越。田榮是第一個站出來反叛項羽的人,彭越以鉅野澤爲根據地,接受劉邦將軍印,偷襲項羽。彭越之封梁王(都定陶),是楚漢戰争第三年的事。

[17] 絕糧道:楚漢戰争第三年,劉、項對峙於滎陽,"當此時,彭越數反梁地,絕楚糧食,項王患之"(《史記·項羽本紀》)。

[18] 置太公於俎上:在楚漢彭城之戰中,劉邦大敗,項羽俘虜了劉邦父親(太公)和妻子(吕后)。次年,項羽在糧道被斷的窘迫情况下,"爲高俎,置太公其上,告漢王曰:'今不急下,吾烹太公。'漢王曰:'……吾翁即若翁,必欲烹而翁,則幸分我一杯羹。'"(《史記·項羽本紀》)

[19] 吕后:吕雉,劉邦嫡妻,先被項羽俘虜,置於軍中,楚漢戰争第四年,劉項和議,被放歸。劉邦去世後,吕雉獨掌大權,爲漢惠帝時的實際統治者。

[20] 羽有君人之度也:語出蘇軾《范增論》:"(范)增之欲殺沛公,人臣之分也。羽之不殺,猶有君人之度也。"

[21] 高鼎之烹：參見本文注釋[18]。

[22] "王敦"三句：王敦時任鎮東大將軍，都督長江中游軍事，權勢極重；陶侃
爲東晉名將，時任荆州刺史。據《晉書·陶侃傳》載：陶侃在平定杜弢之
亂後，準備返回荆州；王敦忌憚陶侃軍功，扣留陶侃，並改任陶侃爲廣州
刺史，陶侃部將爲此憤憤不平，這激起了王敦的雄猜之心，他"被甲執矛，
將殺侃，出而復回者四"。

[23] "或曰"句：周訪，東晉將領，陶侃姻親，時任豫章太守。周訪對王敦多有
提防，王敦也對周訪頗爲顧忌。王敦欲殺陶侃，其參議建言："周訪與陶
侃姻親，如左右手，安有斷人左手而右手不應者乎?"王敦遂不殺陶侃。
陶侃到豫章，見周訪，泣涕曰："非卿外援，我殆不免。"(《晉書·陶侃傳》)

[24] 屯膏吝賞：韓信曾言，項羽"使人有功當封爵者，印刓敝，忍不能予"(《史
記·淮陰侯列傳》)。

[25] 飾小廉，矜小讓：即韓信所言項羽之"項王見人恭敬慈愛，言語嘔嘔，人有
疾病，涕泣分食飲"(《史記·淮陰侯列傳》)。

[26] 韓成：戰國韓國王室後裔，秦末起義中，張良建言項梁立韓成爲韓王，韓
成遂得以潁川爲中心反秦。項羽封韓成爲韓王，都陽翟。張良爲韓國貴
族後裔，故張良極力輔佐韓成。楚漢戰爭開始，項羽因爲張良爲劉邦的
心腹謀臣，遂殺韓成。應該説，張良之去楚歸漢，是早在劉邦入武關之前
的事，與項羽殺韓成關係不大。

[27] 薄執戟而韓信去楚歸漢：可參《爲相用人之體》一文之注釋[1]、[16]。

[28] 英布：漢初三大名將之一，先後跟隨項梁、項羽反秦，功勞最著，深受項羽
器重，項羽封之爲九江王。楚漢戰爭開始，項羽與英布産生嫌隙，劉邦趁
機爭取到英布，故項羽派遣龍且攻打九江，大破英布，英布遂往依劉邦，
爲後來攻滅項羽發揮了重要作用。

[29] 陳平：漢初丞相。秦末起義中，陳平投奔項羽；楚漢戰爭中，項羽派陳平
攻打殷王司馬卬，司馬卬投降，項羽遂拜陳平"爲都尉，賜金二十鎰"；不
久，司馬卬再次投降劉邦，項羽因此遷怒於攻打司馬卬的各將領，"將誅
定殷者將吏"；陳平懼誅，於是封存項羽給的賜金、官印，"封其金與印，使

使歸項王"(《史記·陳丞相世家》),自己出奔劉邦,從此,爲劉邦的統一大業作出了重大貢獻。

[30] 忌范增:范增的謀略爲劉邦所忌,故劉邦用反間計,使項羽疑范增,且削減其職權。事見《史記·項羽本紀》。疑龍且:龍且爲項羽帳下功勞卓著的將領,似乎沒有史料能證明項羽不信任龍且。《史記·陳丞相世家》載陳平建議劉邦用反間計:"顧楚有可亂者,彼項王骨鯁之臣亞父、鍾離眛、龍且、周殷之屬,不過數人耳。大王誠能出捐數萬斤金,行反間,間其君臣,以疑其心,項王爲人意忌信讒,必內相誅。漢因舉兵而攻之,破楚必矣。"其結果是,"項羽果意不信鍾離眛等",可以肯定,范增、鍾離眛受到反間計的嚴重傷害,龍且、周殷是否也如此,尚不能定。周殷,項羽帳下大將,統九江軍,在英布、劉賈的攻擊之下,周殷投降。

[31] 屯(zhūn):艱難。

[32] 陰陵之敗:垓下之戰後,項羽全軍覆沒,僅率八百餘騎潰圍而出,至陰陵(今安徽定遠縣西北)迷失道路,陷入沼澤,被追及、包圍,真正到了窮途末路的地步。

[33] 八尺之軀:《史記·項羽本紀》:"籍長八尺餘,力能扛鼎,才氣過人。"百萬之衆:鴻門宴前,項羽屯軍霸上,兵四十萬,號稱百萬。命世之才:順應天命而來的人才。

[34] 刻薄剛戾:指項羽爲人刻薄寡恩、吝於封賞、剛愎自用。歐:驅趕。

[35] 良、平、信、布:指張良、陳平、韓信、英布。

[36] 四皓:指商山四皓角里公、東園公、綺里季、夏黄公,原爲秦始皇博士,後隱於商山,漢初曾爲太子劉盈(漢惠帝)賓客,對阻止劉邦廢太子之事產生了重要影響。

[37] 避紂北海之老:指伯夷、叔齊。語出《孟子·離婁上》:"伯夷辟紂,居北海之濱,聞文王作興,曰:'盍歸乎來!吾聞西伯善養老者。'"

[38] 桓、文節制之師:能節制齊桓公、晉文公的長者。管仲相齊,對齊桓公多所匡諫,成春秋首霸;狐偃陪晉文公流亡列國,輔佐其成就霸業。他們都能救偏補弊,故稱"節制之師"。

同事異形

【題解】

本篇以"同事異形"爲題，分析漢高祖劉邦在對待六國舊貴族和興漢功臣上的不同態度，並以此來討論劉邦的評價問題。在趙時春看來，劉邦的統治之術破壞了聖人以天下爲公的傳統，開啓了"私天下爲己有"的惡例，因此，總體上他對劉邦評價很一般。

趙時春討論了兩個要點。一是對待六國舊貴族的問題。陳涉封六國之後爲王，劉邦則不封，這是面對同一對象的不同處理辦法，是"同事異形"之一。二是對待興漢功臣的態度問題。在與項羽決戰的過程中，劉邦需要韓信、英布、彭越、魏豹等前驅征戰，所以列土封疆以樹之，而漢朝建立後，奪軍之舉、屠戮之迹、葅醢之烈相繼，異姓諸侯王一一剪除，所謂"高鳥盡，良弓藏；狡兔死，走狗烹"，就是鮮明寫真。這是對待同一對象前後不同的態度，是"同事異形"之二。由此，趙時春得出結論："項羽真爲惡，而帝也假爲善。"有點項羽真小人、劉邦僞君子的意味。

更有甚者，趙時春認爲，劉邦葅醢彭越，並以之傳於諸侯以立威，其苛暴的行爲，與夏桀、商紂無異。他還感歎："運去英雄首死國，時來胡虜亦成功。"言下之意，時運來了，劉邦如此無德無行之人，亦能成功。應該説，趙時春是囿於其固執的聖人理念，將堯、舜、禹、湯、文、武作爲國君的理想範型，相比之下，劉邦的諸多不護細行之處便成了他嚴厲批評的對象，以致於對劉邦總體評價頗低。平心而論，劉邦的歷史功績是巨大的，趙時春的評價有點太着眼於細枝末節和道德倫理了，不够客觀、全面。

聖人以天下爲公[1]，而後世舉天下爲私。聖人知天下爲天下之公有，而非一己之私奉，故舉天下之英賢，以治天下之天民而已，不得與；天與賢，則與賢；天與子，則與子，而況論利害、較得失哉！三王没而五伯興，功利倡而仁義微[2]，苟可以利己，曷恤其害於人？苟可以幸得，孰恤其後之失？是豈復可以聖人之道責之哉！

由是觀之，則陳涉之立六國未足爲盡是[3]，而漢帝之不立六國亦未足盡非也[4]。六國非武王、周公封建之故國也[5]，是曾惡其害己，而削去其典籍者也[6]；是曾披天子之封圻，而絶神明之顯冑者也[7]；是曾問鼎於天子之宫，而剚刃於其君父之頸者也[8]。秦以無道，破滅其國土，而坑戮其人民，誠非矣，使世有湯、武者出，則六國之誅，豈在於韋顧、昆吾、奄淮、東夷、萐廉之後哉[9]？

陳涉，隸徒之賤人[10]，畏死而起事，以苟目前之徼倖。設使涉雖盡立六國後，而夥涉之譏[11]，莊賈之敗[12]，終無救也。涉雖不立六國後，而齊、楚、燕、趙、韓、魏之郊，盜名字而稱帝王者[13]，涉不能止也。

故欲拯天下之大難，以成格天之大勳[14]，要在盡得天下之英賢，使各治其職，各子其民。雖不立六國後，何害其成功乎？若是者，高帝之所優爲，而秦、楚之所由滅，蠻於範圍之内者也。惜乎帝能用之於前，而不恤其後；强乎其始，而不克於終。雖有解衣推食[15]，捐關東、散萬金之度[16]，而猶不勉於偶語沙中[17]、僞遊雲夢之失[18]。此帝之所以得聖人之似，而實啓後世私天下之端也。

良、平、信、布之流，雖非伊尹、周、召三千八百之儔[19]，而亦楚漢間一時之俊傑也。故爲帝計者，封爵此諸人焉，而破楚足矣，何必求六國之後、牧羊庸豎之輩乎[20]？夫帝之知人善任，其足以勝之，屯膏吝賞[21]，立談之間而決耳，何俟三數年之久哉？必也，帝本無公天下之心，而其所以自私之意，屢見於言意之表。潁川見屠[22]，秦宮欲留[23]，函關設守[24]，魏豹死而彭越不封[25]，田齊滅而韓信脅請[26]，君臣之間，以私相欺而以詐相陵。信矣，帝之不知聖人之用心也！

帝亦知天下之大、四海之眾、強楚之兵、六國之殘孽，非帝之所能勝，故迫於利害，怵於權勢，不得不爲築壇之舉，不得不捐關東之地，不得不封齊、梁之君[27]。然帝雖勉強矯假以行之，而終非帝之本意也，故繼之以奪軍[28]，繼之以偽遊[29]，又繼之以菹醢[30]，而重臣梟將蕩然瓦解四叛[31]，帝亦捐身殞命以赴之，幸危而後安耳。

夫帝之初也，見天下之難一，故頗得聖人之似，不吝封爵，不私土地、人民，以來天下之英賢。夫合乎聖人之道而天下不一者，未之有也。此帝之所以終也。及其終也，欲私天下爲己有，故不復以曩者之心爲心，而屠戮、烹滅之迹相繼，而帝亦卒斃於黥徒之流矢[32]。夫背乎聖人之道，而天下不危者，未之有也。此帝之所以失也。

荀悅氏乃擬帝於陳涉而論其同異焉，則過矣[33]，唯張良之說爲近之[34]。蓋深知帝之不能爲武王，而度帝之終無以善後，故已辭三萬户之封於其始[35]，而又乞從赤松子遊於其末[36]。吾聞諸孟氏云：「堯舜，性之也；湯武，身之也；五伯，假之也。久假而不歸。」[37]若帝者，假之又假，而卒以無所歸者也。項羽真爲惡，而帝也假爲善，故聊以此勝。

或曰：帝固嘗滅秦蹙項，以混一天下，史稱其寬仁大度[38]，而君子亦囿之於不嗜殺人之徒矣，不然，帝何以度越群雄而一之哉？是大不然。夫仁人者，正其誼，不講其利，明其道，不計其功。烹人於朝，而醢人之肉以賜諸侯[39]，湯、武之所以數桀、紂者奚異[40]？而尚謂之寬仁大度，尚謂之不嗜殺人乎？世之幸而成、不幸而敗者多矣，"運去英雄首死國，時來胡虜亦成功"[41]，此萬世之至論，謀利計功之説奚足道？

【注釋】

[1] 聖人以天下爲公：是古代儒家思想的普遍認識，尤其是堯舜禪讓的故事，比較典型地體現了這一思想。孟子曾對此有過分析（《孟子·萬章》）。北宋王十朋《禹論》表述得尤其具體："聖人以天下爲公器，其視賢與子一也。"（《梅溪前集》卷一二）。

[2] 三王：指夏禹、商湯、周武王。五伯：指齊桓公、晉文公、楚莊王、吳王闔閭、越王勾踐。功利倡而仁義微：在趙時春看來，三王以天下爲公，行事仁義，而五霸則務力征，求霸業，衹在乎功利，因而，五霸時期，仁義衰微。其實，義利之辨是一個古老的思想史論題，趙時春所言，僅及其邊緣而已。

[3] 陳涉之立六國：陳涉起義，先後立武臣爲趙王、韓廣爲燕王、魏咎爲魏王，田儋自立爲齊王。

[4] 漢帝之不立六國：即劉邦不再分封六國舊貴族爲王，而是依功封賞。

[5] "六國"句：趙時春的意思是，戰國時，周武王封建的那些諸侯國不再尊奉周王，不再遵守禮樂，一味地兵禍相循。

[6] "惡其害己"兩句：許慎《説文解字序》："其後諸侯力政，不統於王。惡禮樂之害己，而皆去其典籍。分爲七國，田疇異畝，車塗異軌，律令異法，衣冠異制，言語異聲，文字異形。"意思是，諸侯力征，嫌西周禮樂傳統約束自己，故廢黜禮樂典籍，不再奉之爲圭臬。

[7] 披天子之封圻：即打破周天子分封時的疆域界限。封圻，疆土。絕神明之顯胄：斷絕諸侯國的王室世襲。兩句意謂，有些諸侯國打破原來疆界，

篡奪世襲(如三家分晉、田氏代齊)等。

[8] 是曾"問鼎"兩句:楚莊王北伐,陳兵洛水,炫耀武力,周王派王孫滿慰勞
楚師。楚莊王問王孫滿周室傳國九鼎之大小、輕重(見《左傳·宣公三
年》)。問鼎,潛有奪取周天下之意,所以趙時春説,這威脅等於將刀架在
周王項上。剸(tuán):割、截斷。

[9] 韋顧:韋,豕韋,春秋時衛地,今河南省滑縣境。顧,夏國名,爲商所滅,今
河南省范縣東南。《詩經·商頌·長髮》:"韋顧既伐,昆吾夏桀。"昆吾:
夏的同盟部落,地在今河南許昌東,夏啓曾命人在昆吾鑄鼎。奄淮:奄,
古國名,在今山東省曲阜縣。淮,淮夷,古代多以徐淹淮夷並稱,都指商
周時期黃淮、江淮一帶的少數民族。東夷:古代對我國中原以東各族的
統稱。葷廉:人名,夏后啓的臣子,據説曾鑄九鼎於昆吾。

[10] 陳涉:陳勝,字涉,秦末第一個反秦的人,本爲征戍漁陽的兵役,因延誤日
期,懼誅,遂揭竿而起。隸(dài)徒:指刑徒奴隸,服役之人。

[11] 夥涉之譏:語出《史記·陳涉世家》,陳涉稱王後,早年一起耕傭者求見,
陳涉"載與俱歸。入宮,見殿屋帷帳,客曰:'夥頤。涉之爲王沉沉哉!'楚
人謂多爲夥,故天下傳之,夥涉爲王,由陳涉始"。

[12] 莊賈之敗:陳涉起義後,發展迅速,遂稱陳王,建號張楚。六個月後戰敗,
被秦將章邯緊緊追攻,陳涉退至下城父(今安徽蒙城西北),爲叛徒莊賈
所殺。

[13] "涉雖不立六國後"三句:意思是,雖然陳涉沒有一一分封六國之後爲王,
但是,田儋自稱齊王,項梁立楚懷王,陳涉封韓廣爲燕王、武臣爲趙王、魏
咎爲魏王,這些都是盜取六國國號而稱王。

[14] 格天:感通上天。《尚書·君奭》:"時則有若伊尹,格于皇天。"

[15] 解衣推食:慨贈人衣食。語出《史記·淮陰侯列傳》:"漢王授我上將軍
印,予我數萬衆,解衣衣我,推食食我,言聽計用,故吾得以至於此。"

[16] 捐關東:《史記·留侯世家》載,劉邦在彭城之戰中慘敗,"至下邑,漢王下
馬踞鞍而問曰:'吾欲捐關以東等棄之,誰可與共功者?'良進曰:'九江王
黥布,楚梟將,與項王有隙。彭越與齊王田榮反梁地,此兩人可急使。而

漢王之將獨韓信可屬大事，當一面。即欲捐之，捐之此三人，則楚可破也。'”散萬金：《史記·陳丞相世家》載：劉、項對峙於滎陽，劉邦計無所出；陳平建議劉邦“捐數萬斤金”，以行反間計；劉邦果然以“黃金四萬斤，與陳平，恣所爲，不問其出入”；陳平成功地實行了反間計，給項羽造成沉重打擊。

[17] 偶語沙中：《史記·留侯世家》載，劉邦大封功臣，已封二十餘人，尚未封賞者日夜爭功，他們“相與坐沙中語”。劉邦困惑，問計於張良，張良建議先封賞劉邦最嫉恨之人，以安衆心。此計行，群臣皆安，曰：“我屬無患矣。”

[18] 僞遊雲夢：《史記·高祖本紀》載：漢高祖六年，有傳言韓信將反，劉邦問計於陳平，陳平建議劉邦“僞遊雲夢，會諸侯於陳”；劉邦尚未至陳，韓信即已迎於道路，劉邦遂逮捕韓信，降爲淮陰侯。

[19] 良、平、信、布之流：指張良、陳平、韓信、英布。伊尹、周、召：伊尹是輔佐商湯的宰輔；周、召，指周公旦和召公奭，他們是輔佐周成王的著名賢臣。三千八百之儔：典出不詳。

[20] 求六國之後：《史記·留侯世家》載，楚漢戰爭第三年，劉邦被項羽包圍於滎陽，窘困之際，酈食其建議封建六國之後，以削弱項羽力量；張良得知後，深入分析不可封建六國的理由，劉邦遂撤策銷印，未行分封。牧羊庸豎之輩：指楚懷王熊心，楚國滅亡後，熊心流落民間牧羊，項梁以之爲楚懷王。其實，分封諸侯、立熊心爲王等，到底該如何評價，至今仍是史學家討論不休的問題。

[21] 屯膏吝賞：《周易·屯》：“九五，屯其膏。”屯，吝嗇；膏，恩澤。後因以“屯膏”謂恩澤不施於下。劉邦的“屯膏吝賞”，在韓信要求封“假齊王”時，體現得淋漓盡致，他剛開始破口大罵，但在張良提醒之後，便馬上轉變話風，說：“大丈夫定諸侯，即爲真王耳，何以假爲！”（《淮陰侯列傳》）正如趙時春所言，“立談之間而決”。

[22] 潁：原作“穎”，誤，逕改。潁川見屠：據《史記·高祖本紀》，劉邦入關中的過程中，曾“南攻潁陽，屠之”。

[23] 秦宮欲留：劉邦攻下咸陽後，“欲止宮休舍”（《史記·高祖本紀》），經過樊

噲、張良諫阻，纔封府庫，還軍霸上。

[24] 函關設守：劉邦在關中收買人心，有人建議“急使兵守函谷關，無内諸侯軍，稍徵關中兵以自益，距之”(《史記·高祖本紀》)，劉邦聽從，派兵駐守函谷關。這也留下了項羽武力攻關的口實。

[25] 魏豹死而彭越不封：魏豹是繼魏咎之後的魏王，彭越助其收復魏地十餘座城池，所以劉邦封彭越爲魏國丞相。魏豹因依違於劉、項之間而被殺，但劉邦並未當即封彭越爲王，直到韓信以齊地要脅時，劉邦纔採納張良的建議，封韓信爲齊王，彭越爲梁王。

[26] 田齊滅而韓信脅請：韓信攻滅齊國之後按兵不動，派使者要劉邦封其爲假齊王。當時的劉邦正與項羽對峙於滎陽，困於糧草，所以，劉邦便破口大罵，但張良及時提醒，劉邦遂封韓信爲齊王。事見《淮陰侯列傳》。

[27] 築壇之舉：可參《爲相用人之體》一文之注釋[1]。捐關東之地：可參本文注釋[1]。封齊、梁之君：可參本文注釋[25]、[26]。

[28] 軍：原作“君”，應誤，逕改。奪軍：楚漢戰爭第三年，劉邦派出韓信攻打河北，以圖從東面迂回包抄項羽；劉邦則堅持在滎陽前線，被項羽攻打得十分狼狽。當劉邦發現韓信消極攻齊時，他便獨身赴張耳、韓信大營，“奪其印符，以麾召諸將，易置之”(《淮陰侯列傳》)。

[29] 僞遊：見本文注釋[18]。

[30] 菹醢：指劉邦殺彭越，夷三族，“醢之，盛其醢遍賜諸侯。至淮南，淮南王方獵，見醢，因大恐”(《史記·黥布列傳》)。劉邦殺彭越，英布兔死狐悲，遂反。

[31] “重臣梟將”句：漢初，劉邦封八位異姓王，除長沙王吳芮外，其他七王(梁王彭越、楚王韓信、趙王張耳、淮南王英布、燕王臧荼、燕王盧綰、韓王信)皆反。應該説，劉邦殘忍殺戮彭越，使得其他異姓王不自安，進而促發了其造反。

[32] 斃於黥徒之流矢：《史記·高祖本紀》：“高祖擊布時，爲流矢所中，行道病。病甚，吕后迎良醫，醫入見，高祖問醫，醫曰：‘病可治。’於是高祖嫚罵之曰：‘吾以布衣提三尺劍取天下，此非天命乎？命乃在天，雖扁鵲何

益！'遂不使治病,賜金五十斤罷之。"即劉邦是在攻打英布(黥布)時,受了嚴重的箭傷而死的。

[33] 荀悦氏:荀悦,字仲豫,漢末政論家、史學家,有《漢紀》三十卷、《申鑒》五篇。擬帝於陳涉:將劉邦與陳涉相提並論。按,荀悦《漢紀》卷四《高祖皇帝紀》史臣讚語云:"夫帝王之作,必有神人之助。非德無以建業,非命無以定衆。或以文昭,或以武興,或以聖立,或以人崇。焚魚斬蛇,異功同符。豈非精靈之感哉?"在論述劉邦發迹的祥兆時,説"焚魚斬蛇,異功同符",斬蛇,即劉邦斬白蛇起義,焚魚,其實應是烹魚,陳涉派人書帛"大楚興,陳勝王",藏諸魚腹,烹魚而得帛書。趙時春的意思是,劉邦斬蛇,陳涉烹魚,都是王者興起的符瑞,但二人成敗迥異;荀悦將劉邦與陳涉相提並論,顯然是降低了劉邦的身份和檔次。

[34] 張良之説:《留侯世家》載,劉邦晚年,張良向劉邦自陳心曲,曰:"家世相韓,及韓滅,不愛萬金之資,爲韓報仇强秦,天下振動。今以三寸舌爲帝者師,封萬户,位列侯,此布衣之極,於良足矣。願棄人間事,欲從赤松子遊耳。"趙時春的意思是,張良知道劉邦不能如周武王那樣愛護功臣,而是會殺戮功臣,所以以表現出滿足現狀、準備隱退的姿態。

[35] 辭三萬户之封:漢初,劉邦大封功臣,認爲張良"運籌策帷帳中,決勝千里外,子房功也。自擇齊三萬户",張良拒絶此封賞,説:"臣願封留足矣,不敢當三萬户。"於是封張良爲留侯。

[36] 乞從赤松子遊:參見本文注釋[34]。

[37] "孟氏云"數句:語出《孟子‧盡心上》,意思是,堯舜之愛民出於本性,湯武之愛民是身體力行,五霸之愛民,則假愛民之名而不行愛民之事。

[38] 嘗:原作"常",通"嘗",逕改。史稱其寬仁大度:按,史家評價劉邦,班固言其"規摹弘遠"(《漢書‧高帝紀》),荀悦評價説劉邦爲"雄俊之才、寬明之略"(《漢紀‧高祖皇帝紀》),另外,唐代文人李翱評其爲"豁達大度"(《答皇甫湜書》),李渤評其爲"寬仁大度"(《上封事表》)。

[39] 醢人之肉以賜諸侯:指劉邦殺彭越事,參本文注釋[30]。

[40] 湯、武之所以數桀、紂者:夏桀曾創炮烙之刑,紂王不僅炮烙,而且也菹

醢,這些都是商湯、周武王革命的理由之一。

[41] "運去""時來"兩句: 見李開先《鎮撫李繼孜行狀》: "白沙子有言: '運去英雄皆許國,時來胡虜亦成功。'"白沙子,指陳獻章,明中期理學家、書法家。趙時春引詩有所改動。

拊髀思頗牧

【題解】

拊髀思頗牧，即漢文帝思得廉頗、李牧爲將，典出《史記·張釋之馮唐列傳》：

文帝輦過，問唐曰："父老何自爲郎？家安在？"唐具以實對。文帝曰："吾居代時，吾尚食監高袪數爲我言趙將李齊之賢，戰於鉅鹿下。今吾每飯，意未嘗不在鉅鹿也。父知之乎？"唐對曰："尚不如廉頗、李牧之爲將也。"上曰："何以？"唐曰："臣大父在趙時爲官將，善李牧。臣父故爲代相，善趙將李齊，知其爲人也。"上既聞廉頗、李牧爲人，良説而搏髀曰："嗟乎！吾獨不得廉頗、李牧時爲吾將，吾豈憂匈奴哉！"唐曰："主臣！陛下雖得廉頗、李牧，弗能用也。"上怒，起入禁中。良久，召唐讓曰："公奈何衆辱我，獨無間處乎？"唐謝曰："鄙人不知忌諱。"

其中有漢文帝拊髀思頗牧，也有馮唐的唐突之對，這些都是本文議論所涉及的。

本文分析漢文帝"拊髀思頗牧"的初衷，以及馮唐與文帝對話背後的深意。趙時春認爲，明主思慕古人，體現出其憂世之深。漢文帝身處匈奴縱橫、四郊多壘之際，憂世心切，所以他渴望良將，希望朝臣能奮發有爲，於是纔會有"拊髀思頗牧"的表現。文帝對馮唐説的話，其實也是説給朝臣聽的，可馮唐不解其意，未能"宣布是語於在庭公卿大夫之間"，僅僅是"以一魏尚爲對"，當然也就未能達到激勵朝臣、蓄才待用的深衷。文帝之所以不向馮唐明説本意，只不過是其"用才之術"，馮唐未能深察而已。

在西漢諸帝中，趙時春對文帝的評價尤高。他認爲，文帝敬重和讚賞李廣，任用洛陽少年賈誼，尊重周亞夫的軍令森嚴，爲太子的無禮而向張釋之道歉等，都體現出文帝尊重人才、善於用人的優點。因此，趙時春認爲，漢文帝是繼古代聖王以來最爲賢明的國君之一。

　　明主遠有慕古之心，則其憂世之志深矣。夫不求諸今人之易取，而遠慕夫古人之難得，此中主之所不爲，而謂明主肯爲之乎？苟不得已而至於遠思夫難得之古人，必其心有所深憂，而欲謀之老成持重之人，以發其求材之機。此明主之所以工於用術，蓋非中主之所及知。雖然，亦非聖王之所貴也。

　　嘗觀戰國之時，善用人者，莫如趙之孝成王，能以弱國而抗強敵者，亦莫如趙之孝成王[1]。迹孝成王之所以不亡於強秦者，則廉頗、牧之功爲多[2]。致使漢之文帝拊髀而興思[3]，則帝之遠慕古人不爲無道矣。雖然，帝非歎於此也。炎漢方隆之運，何如奄息垂亡之國？躬修玄默之主[4]，何如獻璧鼓瑟之君[5]？細柳射虎之將[6]，亦豈遽下於抑秦摧胡之帥乎[7]？帝誠非不能用人者也。信一郡守之薦，則洛陽年少與聞大政[8]；納一公車令之言，則折辱儲君，且謝教子之不謹[9]；伸一將軍之令，則專輿緩轡，且致憑式之敬[10]。帝常用人曷嘗不當？而其成就人才曷嘗不切？亦奚羨於頗、牧而拊髀思之乎？噫！此帝之術，而非馮唐之所及知也[11]。

　　明主愛一嚬一笑[12]，如帝之思，豈易動哉？漢興十五有餘載，而文帝之治仿佛成、康矣[13]。帝也憂治之難成而易亂，人才之難得而易壞也。帝有憂世之心，有蓄才以待用之志。孝景七國之變[14]，世祖征伐之略[15]，帝已燭於幾先，而未得“貽厥孫謀，以燕翼子”之術也[16]。故謀之老成持重之人，以啓其鼓舞豪傑之機，而馮唐不深省，乃止以一魏尚爲對[17]。噫！帝之意何其廣大，而唐之對何其狹且小哉！此其所以始起帝之怒，中致帝之疑，終來帝之問也。

　　吾嘗度帝之意，蓋曰：“四郊多壘，卿大夫之恥也。”[18]今也

匈奴侵回中，火甘泉[19]，漢顧屯軍灞上[20]，而在庭之臣未嘗一人
窺左足而應者[21]，豈以炎漢之大，無一慷慨豪傑之士乎？意者
沉溺治安之餘，狗馬聲色之好、金繒珠玉之娛足以役其心，而吾
之所以鼓舞成就之者，未得其術也。

凡人情有所不如則恥，恥則憤，憤則激勵奮發而敢於有爲。
聖人可學而至，而頗、牧亦奚足尚哉？舉漢庭之臣而無一人如小
國之將，致使帝拊髀而興思，其爲漢臣之恥孰甚焉？唐也苟能默
識帝意，宣布是語於在庭公卿大夫之間，安得不有奮袂裂冠而思
鳴劍橫行者乎[22]？唐不深明此旨，而反歸咎於帝，汲汲以一魏
尚爲言[23]，則其不能克廣德心甚矣，尚何譏帝之云？

不然，則周亞夫緩急可將之戒[24]，帝固預制七國之變；惜李
廣不逢時之嘆，帝固深杜虛耗之禍[25]，曷乃惜才於異代，而靳賞
於一魏尚乎？必也，尚之爲人淺中而自喜，功立而志滿，帝固以
可恥可辱之事激發而頓勵之，以鼓其趨事赴功之機，此真明主所
以用才之術，而豈中主所可企及哉！

然則聖王亦貴術乎？曰：“不貴也。”夫聖王之成才也有正
學，其取才也有正義，其用才也有正道，而陰翕陽張、捭闔抑揚之
術非所貴也。聖王既降，則人主不得不以文帝爲賢，吾於是乎不
得已而稱之云耳。

【注釋】

[1] 趙孝成王：戰國時趙國第十任國君，在位時重用廉頗、李牧，國雖弱，但尚
　　能與秦抗衡；著名的長平之戰，發生在趙孝成王四年，趙軍慘敗，損失軍
　　隊四十餘萬。

[2] 頗、牧：趙國將領廉頗、李牧，與白起、王翦並稱戰國四大名將。長平之戰

前,廉頗是趙國抵抗秦軍最有功的將領；長平之戰後,秦軍乘勝圍攻邯鄲,也是廉頗率軍擊退秦軍,穩住局面。李牧長期駐守趙國北部的雁門郡,主要任務是抵禦匈奴,並取得了重大戰績,使得匈奴十餘年間不敢南下。趙孝成王死後,李牧成爲趙國抵禦秦軍的主要憑藉,但秦國使用反間計,使李牧被殺,趙國也旋即滅亡。

［3］文帝：漢文帝,在位24年,其間與民休息,輕刑減賦,削弱諸侯,鞏固中央集權,史稱文景之治。拊髀而興思：見本文題解引文。

［4］躬修玄默之主：指漢文帝無爲而治,語出《漢書·刑法志》："及孝文即位,躬脩玄默,勸趣農桑,減省租賦。"

［5］獻璧鼓瑟之君：指趙惠文王。趙惠文王十六年(前283),秦昭王表示願以十五城易趙之和氏璧,於是就有藺相如完璧歸趙之事,此當爲趙時春所言之"獻璧"。四年之後,秦、趙兩國會於澠池,藺相如輔佐趙惠文王與會,在會上,趙惠文王被迫鼓瑟,藺相如亦逼迫秦昭王擊缶,此爲趙時春所言之"鼓瑟"。

［6］細柳射虎之將：細柳,指周亞夫。《史記·絳侯周勃世家》載,漢文帝六年(前174),匈奴大規模侵擾邊境,周亞夫駐軍細柳(地名,今咸陽西南、渭河北岸),文帝親入細柳勞軍,"已而之細柳軍,軍士吏被甲,銳兵刃,彀弓弩,持滿。天子先驅至,不得入"。此即"細柳營"的典故。射虎：指李廣。《史記·李將軍列傳》載,李廣在藍田南山射獵,將草中石頭誤作老虎而射,竟一鏃入石。

［7］抑秦摧胡之帥：指廉頗、李牧。廉頗抵禦秦軍,故言"抑秦"；李牧大敗匈奴,故言"摧胡"。

［8］"信一郡守"兩句：指賈誼事。郡守,即河南郡太守吳公,在任時,他賞識賈誼,並在廷尉任上向漢文帝推薦賈誼,文帝遂召見賈誼。洛陽少年,指賈誼,洛陽人,年少才高,提出了改正朔、易服色、輕徭役、抑諸侯等措施,侃侃立朝,被稱"洛陽少年"。

［9］"納一公車令"三句：指張釋之參劾太子之事。《史記·張釋之馮唐列傳》載,太子入朝,過司馬門而無禮,被張釋之參劾,"文帝免冠謝曰：'教兒子

不謹。'"張釋之時任公車令。

[10] "伸一將軍"三句：《史記·絳侯周勃世家》之《周亞夫傳》載，漢文帝至周亞夫細柳營勞軍，"天子先驅至，不得入。先驅曰：'天子且至。'軍門都尉曰：'將軍令曰："軍中聞將軍令，不聞天子之詔。"'居無何，上至，又不得入。於是上乃使使持節詔將軍：'吾欲入勞軍。'亞夫乃傳言開壁門。壁門士吏謂從屬車騎曰：'將軍約，軍中不得驅馳。'於是天子乃按轡徐行。至營，將軍亞夫持兵揖曰：'介冑之士不拜，請以軍禮見。'天子為動，改容式車。使人謝曰：'皇帝敬勞將軍。'成禮而去。"趙時春所言"伸一將軍之令"，即漢文帝支持、遵從周亞夫軍令；"緩轡"即"軍中不得驅馳"，祇能按轡徐行；"憑式之敬"指文帝"改容式車"，即俯身憑軾以示禮敬。

[11] 非馮唐之所及知：參見本文題解引文。

[12] 一嚬一笑：謂不高興或喜悅的表情。語出《韓非子·內儲說上》："吾聞明主之愛，一嚬一笑，嚬有為嚬，而笑有為笑。"

[13] 成康：成康之治，西周初年出現的一段治世，史稱"成康之際，天下安寧，刑錯四十餘年不用"（《史記·周本紀》），這與西漢文景之治有相似之處，《漢書·景帝紀贊》："周云成康，漢言文景，美矣。"

[14] 七國之變：漢景帝時的吳楚"七國之亂"，周亞夫率軍平定，景帝再用"推恩令"，解決了諸侯尾大不掉的局面。

[15] 世祖：光武帝劉秀，廟號世祖。劉秀征戰四方，中興漢朝，體現出高超的謀略。

[16] 貽厥孫謀，以燕翼子：語出《詩經·大雅·文王有聲》，意思是留下高明的謀略，以蔭庇和造福子孫。

[17] 魏尚：漢文帝時為雲中太守。他鎮守邊陲，防禦匈奴，作戰有功。馮唐與漢文帝的對話，見《史記·張釋之馮唐列傳》，文帝問："公何以知吾不能用廉頗、李牧也？"馮唐答："……陛下法太明，賞太輕，罰太重。且雲中守魏尚坐上功首虜差六級，陛下下之吏，削其爵，罰作之。由此言之，陛下雖得廉頗、李牧，弗能用也。臣誠愚，觸忌諱，死罪死罪！"文帝因此即日復任魏尚為雲中太守。

[18] 四郊多壘：語出《禮記·曲禮上》：“四郊多壘，此卿大夫之辱也。”壘，營
壘，軍營。

[19] 侵回中：《史記·匈奴列傳》載：“漢孝文帝十四年，匈奴單于十四萬騎入
朝那、蕭關，殺北地都尉卬，虜人民畜產甚多，遂至彭陽。使奇兵入燒回
中宮，候騎至雍甘泉。於是帝以中尉周舍、郎中令張武爲將軍，發車千
乘，騎十萬，軍長安旁以備胡寇。”這是漢文帝時匈奴爲禍最烈的一次。
火甘泉：應該是遊騎甘泉宮；匈奴火燒的是回中宮。回中宮，在今陝西隴
縣西北；甘泉宮，在今陝西淳化縣北，均是西漢帝王的行宮。

[20] 屯軍灞上：按，漢文帝十四年(前167)匈奴大入蕭關，西漢的軍力配置似
乎未見屯軍灞上的記載，《漢書·匈奴列傳》有詳細記載：“於是文帝以中
尉周舍、郎中令張武爲將軍，發車千乘，十萬騎，軍長安旁以備胡寇。而拜
昌侯盧卿爲上郡將軍，寧侯魏遫爲北地將軍，隆慮侯周竈爲隴西將軍，東
陽侯張相如爲大將軍，成侯董赤爲將軍，大發車騎往擊胡。”或許，其中的
“軍長安旁以備胡寇”，即爲“屯軍灞上”。另外，可參本文注釋[6]。

[21] 窺左足而應：語出《漢書·息夫躬傳》：“匈奴飲馬於渭水，邊竟雷動，四野
風起，京師雖有武蠢精兵，未有能窺左足而先應者也。”窺左足：一舉足之
勞。窺，通跬，半步。

[22] 奮袂：即奮袂而起、投袂而起，一甩袖子奮起。《左傳·宣公十四年》：“楚
子聞之，投袂而起。”裂冠：即裂冠毀冕，原指背棄根本，這裏指不顧一切
地奮争。《左傳·昭公九年》：“伯父若裂冠毀冕，拔本塞原，專棄謀主，雖
戎狄，其何有余一人？”鳴劍：即鳴劍抵掌，擊劍明志。《漢書·臧宮傳
論》：“撫鳴劍而抵掌，志馳於伊吾之北矣。”橫行：《漢書·季布傳》：“上將
軍曰：‘願得十萬衆，橫行匈奴中。’”

[23] “汲汲”句：參見本文注釋[17]。

[24] 周亞夫緩急可將之戒：周亞夫，周勃之子，漢代文景時期的名將，漢文帝
任之爲中尉，臨死前告誡太子(漢景帝)説：“即有緩急，周亞夫真可任將
兵。”(《史記·絳侯周勃世家》)景帝繼位，旋即任周亞夫爲車騎將軍，後
來周亞夫爲平定吳楚七國之亂起了關鍵作用。趙時春的意思是，文帝爲

漢景帝備好了將才。

[25] 李廣不逢時之嘆：李廣，漢代抗匈名將，著名的"飛將軍"，文帝時，李廣任郎中，隨從文帝出行，多所扈佑，手格猛獸，文帝感歎道："惜乎，子不遇時！如令子當高帝時，萬户侯豈足道哉！"（《史記·李將軍列傳》）虛耗：漢景帝時，李廣歷任邊郡太守，屢與匈奴戰，典屬國公孫昆耶言："李廣才氣，天下無雙，自負其能，數與虜敵戰，恐亡之。"言下之意，李廣良將，應用在關鍵時刻，不能虛耗在小規模戰鬥中。趙時春的意思是，漢文帝對李廣的感歎，也反映出他不願虛耗李廣的軍事才華。

道之大原出於天

【題解】

道之大原出於天，語出董仲舒《天人三策》。《天人三策》主要闡述天人合一的思想，董仲舒以儒家學説爲基礎，以陰陽五行爲框架，兼采黄老，建立起了一個神學傾向的新儒學思想體系。其中第三策云："道之大原出於天，天不變，道亦不變，是以禹繼舜，舜繼堯，三聖相受而守一道也，亡救弊之道也，故不言其損益也。繇是觀之，繼治世者其道同，繼亂世者其道變。今漢繼大亂之後，若宜少損周之文致，用夏之忠者。"其大意是，天是道的根源；同時，天也是人類社會中祥瑞災異的根源，故社會之治理、朝代之更迭，也肯定基於天道；治世之道，如堯、舜、禹時期，其道相循不變，而亂世之道則一定要變，衹有變纔能由亂而治。這其實是在解釋漢武帝"三代受命，其符安在"的疑問的同時，也爲漢武帝的變法改革給出了終極依據。從本文來看，趙時春完全是受《天人三策》的啟發而作，篇題即直接來源於董仲語。

董仲舒提出了"道之大原出於天"，但其論述的主體顯然是在回答漢武帝提問，所以他並未對此進行系統論證。趙時春本文正是對此命題的補充論證，應該説是有着積極的思想史意義。但畢竟時代懸隔，趙時春不可能嚴格按照董仲舒的思路來補證，他在宋明理學的背景下，兼采先秦思想概念，既補證董説，也評價董説。他認爲，董仲舒在縱横之説方興未艾、六經之學未遑表章的時代，繼承、集成並圓融地發揮了先秦以來的天人思想，具有深刻的時代意義，因而超越了荀子、揚雄等人，"未可以漢儒觀也"；不過，對於董仲舒言必稱災異的傾向，趙時春還是進行了果斷的否定。

文章的思路是，首先，命出於天，所以道出於天；聖人是人，所以聖人之道也出於天，"外天以言道"是緣木求魚之舉。其次，董仲舒的"原道以歸之天"，是對《樂記》《周易》等經典中相關理思的凝練和提升，也普適於五典、五禮、五刑、五服等社會應用。第三，"道"顯仁藏用，先聖相延相續，他們"之所守乎道者"，本來就是奉天而行之舉。第四，在戰國秦漢之間，先聖之道淪喪，董仲舒適時地提出"道之大原出於天，天不變，道亦不變"，是有着深刻的時代意義和思想意義的。第五，董仲舒學説的不足，乃在於"流於縱陽閉陰之術"，即言必稱災異，這是需要批判的。

本文是一篇有深刻思想史價值的論文。可惜有殘缺，雖然這不太影響文章的思理，但終歸遺憾。

　　天下之道貞於一而已矣[1]。其始也，有不容已之妙[2]；其終也，有不可易之時[3]。非道之不容已也，命於天者也[4]。命出於天，至順而不可禦也，至賾而不可遺也[5]，至廣而不可限也，至神而不可測也[6]。無所往而非命，則亦無所往而非道也。雖大聖人任之，亦有不能易者。夫聖人，斯道之宗主也，而卒不能易者，聖人固道中之一人耳。聖人不能易乎道，則道在天、在人、在聖人者，固亦貞於一耳。以此而始，以此而終，究之莫見其端，而要之莫得其際，道蓋歷萬世而無弊者也。彼外天以言道者，道其所道而非吾之所謂道矣。道豈可以易言哉！

　　昔董子策於漢武[7]，而能原道以歸之天，是未可以漢儒觀也。請申論之。《樂記》曰："天高地下，萬物散殊，流而不息，合同而化。"[8]先儒謂記禮者之言莫此爲精[9]，蓋有以深探斯道之本原矣。謂道不貞於一乎？《易》之爲書，開物成務，冒天下之道者也[10]，舉全經之旨，不過元、亨、利、貞四德而已[11]。天下之道，豈復有出於四德之外者哉？而周之大聖舉而歸之於乾乾[12]，固所以爲天也。方其天地之未闢也，其清浮濁凝、負形尚質者固藏於渾淪[13]，莫可得而知也。非惟莫可得而知，苟知之亦莫可得而言也。及其天地之方闢也，草木蓁蓁然[14]，鹿豕伾伾然[15]，相忘於道而已。殆夫群聖人者（此下闕一葉）。

相繼而作，道之統宗於是乎有在。總之於綱常也，於是乎有五典之道焉[16]；散之爲品節也，於是有五禮之道焉[17]；踐之於形色也，於是有五事之道焉[18]；濟之於財用也，於是有五行之道焉[19]；措之於政治也，於是有五服、五刑之道焉[20]。凡其食息罅漏之間，鄙褻幽隱之地，無適而非道也。

古之善論道者曰："率性之謂道。"[21]曰："一陰一陽之謂道。"[22]曰："形而上者謂之道。"[23]曰："大和之謂道。"[24]曰："道謂天地之本。"[25]此皆原天以求道，所謂天下之公言也。道固貞於一也，持"剖斗折衡"之論者[26]，以虛無言道；務"離形去智"之說者[27]，以寂滅言道；崇玄默退讓之風者，以清净言道。此背天以求道，所謂天下之私言也，道已岐而二之矣。其有近似者又皆擇焉，而不精語焉，而不詳道之大原，何以知其出於天也？日月星辰，天之象也，而得一以清者亦道也，況乎人之所由、身之所履，而不謂之一本於天乎？

是故五典，天之叙也，其爲親、爲義、爲序、爲別、爲信之論者，皆道也。五禮，天之秩也，其爲尊、爲卑、爲敬、爲貴賤相接之等者，皆道也。五事，天之則也，其爲恭、爲從、爲明、爲聰、爲睿之德者，皆道也。五行，天之氣也，其爲水、爲火、爲木、爲金、爲土之用者，皆道也。五服，天之命也，其爲有德之當賞者皆道也。五刑，天之討也，其爲有罪之當罰者亦道也。極而至於男婚女歸、饑食渴飲、夏葛冬裘之類，皆道之所寓也。

道弗貞於一乎？以言乎仁，統此道也；以言乎義，利此道也；以言乎禮，節此道也；以言乎樂，樂此道也。董子所謂"適治之終"皆道也[28]，皆出於天也。惟其出於天也，故純粹以精，直方以大[29]，循乎其理，放之四海而皆準焉[30]，順乎其則，推之百世而無違焉。謂天地未闢之先而有其始，吾不得而知也；謂天地既闢之後而有其終，吾亦不得而知也。是何也？命出於天，不容已也，故言天之神者曰："合一不測而已。"[31]其所以合一不測者，道之所以存其體也。言天之化者曰："推行有漸而已。"[32]其所以推行有漸者，道之所以達具用也。顯之於仁，充周而不可窮；藏之於用[33]，發微而不可見，固皆道之所以根抵而一歸於天者也[34]。

天者，道之所以從出也，天不變，道亦不變[35]。故舜不能易堯也，禹不能易舜也，湯不能易禹也，文、武、周公不能易湯也，孔子不能易文、武、周公也，孟子不能易孔子也。其間廟堂之經理、言論之敷揚，或有少異者，所以維持乎斯道之小節也。是故如堯、舜、禹之相授受，所不必言矣，其他忠質文之更尚，子丑寅之迭建[36]，若爲不同，而其所謂纘舊服[37]、由舊政者，固然未之易也。

孔子嘗用四代之禮樂矣[38]，自伏羲以迨於堯、舜，其間制器尚象之事[39]，亦嘗取而裁之《易大傳》矣[40]，損益斟酌，蓋亦未必其盡同也，而其言曰"百世可知"[41]，則斯道之不易者，猶夫堯、舜、禹、湯、文、武、周公也。至於孟子亦然，故曰"我亦欲正人心，息邪説，距詖行，放淫詞"[42]，以承三聖者。承三聖，即所以承列聖也。

由是觀之，道之所以不容已者，原於天，聖人之所守乎道者，固以奉乎天也。奈何火於秦[43]，黃、老於漢[44]，佛於晉、宋、齊、梁、魏、隋之間[45]，而吾之所謂道者，荒矣，又何言哉！況董子之時，何時也？又重以申、韓、蘇、張之説[46]，方興而未艾，聖賢六經之訓未遑表章也，而其天人三策之詞，乃以道原於天爲言，荀、楊諸子所不足並矣[47]。

然性即天命也，而以爲生之質[48]。帝王受命，亦天而已，而必曰有端焉[49]，遂流於縱陽閉陰之術[50]，而不自知其謬，則其所見乎道亦未盡矣。先儒謂三策説得稍親切，則愚之與之也固宜；謂其終，是説不脱漢儒氣象[51]，則愚之惜之也亦宜。

【注釋】

[1] 貞於一：即正於一，統一於一。語出《周易·繫辭下》：“天下之動，貞夫一者也。”

[2] 不容已：即情不容已或理不容已，意謂不得不然。在宋明理學中尤其是明代理學中，“不容已”是一個高頻用語，朱熹有“理不容已”，王陽明屢談“不容已”，李贄有“真機不容已”，他還爲此而與耿定向進行了激烈的辯論。孫歌言：“不容已是明代後期理觀最充分的表象。”（《思想史中的日本與中國》，上海交通大學出版社 2017 年，第 13 頁）趙時春用之，亦時代思想之體現。

[3] 不可易：《莊子·漁父》：“真者，所以受於天也，自然不可易也。故聖人法天貴真，不拘於俗。”

[4] 命於天：即命出於天。《中庸》：“天命之謂性。”《郭店楚簡》有《性命篇》，其中言：“性自命出，命自天降。道始於情，情生於性。”一般解釋的邏輯是，自天出命，自命出性，自性出道。董仲舒《天人三策》：“命者天之令也，性者天之質也，情者人之欲也。”其中“命者天之令也”或爲趙時春“命於天”的最直接來源。

[5] 賾(zé)：幽深玄妙。

[6] 至神而不可測：《周易·繫辭》：“一陰一陽之謂道。……極數知來之謂占，通變之謂事，陰陽不測之謂神”。

[7] 董子：董仲舒，西漢著名儒者。元光元年（前 134），漢武帝詔策賢良，董

仲舒三上書，主要闡述其天人合一思想，稱"道之大原出於天，天不變，道亦不變"，他以儒家學説爲基礎，以陰陽五行爲框架，兼采黄老，建立起一個神學傾向的新儒學思想體系，史稱"天人三策"。所以趙時春言其"原道以歸之天"。

[8] "《樂記》曰"五句：語出《禮記·樂記》："天高地下，萬物散殊，而禮制行矣。流而不息，合同而化，而樂興矣。"意思是，天高地低，萬物異殊，故以禮來區别之；陰陽流轉，融合而化生萬物，故以樂來和合之。

[9] "先儒謂"句：先儒，具體所指不詳，南宋理學家黄震認爲，"天高地下，萬物散殊"即"至理流行之寓"(《黄氏日抄》)。其中"至理流行"的評價，接近趙時春"莫此爲精"之説。

[10] "開物成務"兩句：語出《周易·繫辭》："子曰：夫易何爲者也？夫易，開物成務，冒天下之道，如斯而已者也。"開物成務：通曉萬物之理，並以此而取得成功。冒：統括，總領。

[11] 元、亨、利、貞四德：語出《周易·乾卦》卦辭，學人對"元、亨、利、貞"的解釋歷來有異，程頤《程氏易傳》云："元、亨、利、貞，謂之四德。元者，萬物之始；亨者，萬物之長；利者，萬物之遂；貞者，萬物之成。"陳洪綬云："元，大也；亨，通也；利，宜也；貞，正而固也。"(《陳洪綬全集》第四卷，天津人民美術出版社 2012 年，第 128 頁)

[12] 乾乾：戒慎恐懼，自强不息。語出《周易·乾卦》九三爻辭："終日乾乾，夕惕若，厲，無咎。"

[13] 渾淪：指宇宙演化初始階段的狀態。《列子·天瑞》："太初者，氣之始也；太始者，形之始也；太素者，質之始也。氣形質具而未相離，故曰渾淪。渾淪者，言萬物相渾淪而未相離也。"

[14] 蓁蓁：草木茂盛。《詩經·周南·桃夭》："桃之夭夭，其葉蓁蓁。"《史記·天官書》："萬物皆張，如有羽翼，且日益成長，而蓁蓁然。"

[15] 鹿豕：鹿和豬，比喻山野無知之物。《孟子·盡心上》："舜之居深山之中，與木石居，與鹿豕遊，其所以異於深山之野人者幾希。"伾伾：疾行有力貌。《詩經·魯頌·駉》："有騂有騏，以車伾伾。"

[16] 綱常：即三綱五常，出於董仲舒《春秋繁露》。五典：五典之教，指父義、母慈、兄友、弟恭、子孝。《尚書‧大禹謨》："慎徽五典，五典克從。"

[17] 五禮：指公、侯、伯、子、男五等諸侯朝聘之禮。《尚書‧皋陶謨》："天秩有禮，自我五禮，有庸哉。"

[18] 五事：指修身五事：貌恭、言從、視明、聽聰、思睿。《尚書‧洪範》："五事：一曰貌，二曰言，三曰視，四曰聽，五曰思。貌曰恭，言曰從，視曰明，聽曰聰，思曰睿。"

[19] 五行：金、木、水、火、土。

[20] 五服：侯服、甸服、綏服、要服、荒服。《尚書‧益稷》："弼成五服。"五刑：先秦以前的五刑是指墨、劓、剕、宮、大辟。《尚書‧舜典》："五刑有服。"

[21] 率性之謂道：循性而行謂之道。語出《中庸》："天命之謂性，率性之謂道，修道謂之教。"

[22] 一陰一陽之謂道：即陰陽運行而成道。《易經‧繫辭》："一陰一陽之謂道，繼之者善也，成之者性也。"

[23] 形而上者謂之道：超越具體物質層面的抽象的東西是道。《周易‧繫辭》："形而上者謂之道，形而下者謂之器。"

[24] 大和之謂道：大和，即太和，北宋理學家張載提出的命題，指至高至上的和諧。《正蒙‧太和篇》："大和所謂道，中涵浮沉、升降、動靜相感之性，是生絪縕、相蕩、勝負、屈伸之始。"

[25] 道謂天地之本：陳獻章《論前輩言銖視軒冕塵視金玉》："然以天地而視道，則道爲天地之本，以道視天地，則天地者太倉之一粟，滄海之一勺耳。"其"道爲天地之本"的觀點，在古代的道本體論方面，頗具獨特性。

[26] 剖斗折衡：即掊斗折衡，剖開量物的斗，折斷稱物的衡，指廢除讓人爭多論少的斗衡。語出《莊子‧胠篋》："故絕聖棄知，大盜乃止；擿玉毀珠，小盜不起；焚符破璽，而民樸鄙；掊斗折衡，而民不爭；殫殘天下之聖法，而民始可與論議。"

[27] 離形去智：語出《莊子‧大宗師》："墜肢體，黜聰明，離形去知，同于大通，此謂坐忘。"

[28] “董子”句：董仲舒《天人三策》之第一策云：“道者，所由適於治之路也，仁義禮樂皆其具也。”董仲舒所謂“仁義禮樂”，也正是趙時春的論述思路。董仲舒還説：“命者天之令也，性者生之質也，情者人之欲也。”這也與本段“命出於天”的表述相關聯。

[29] 純粹以精：純粹而精美。語出《周易·乾卦》“文言”：“大哉乾乎，剛健中正，純粹精也。”直方以大：正直、端方而宏大。語出《周易·坤卦》六二爻辭：“直方大，不習无不利。”

[30] 放之四海而皆準：語出《禮記·祭義》：“推而放諸東海而準，推而放諸西海而準，推而放諸南海而準，推而放諸北海而準。”

[31] 合一不測：語出張載《正蒙·神化》：“氣有陰陽，推行有漸爲化，合一不測爲神。”大意是説，陰陽二氣交互推移，是爲“變化”，其不可測度，則爲“神”。

[32] 推行有漸：見前一注釋引張載語。

[33] “顯之於仁”三句：即顯仁藏用，語出《周易·繫辭》：“顯諸仁，藏諸用，鼓萬物而不與聖人同憂。”意思是，道顯現於仁德，潛藏於日用，於自然無爲中化育萬物，而與聖人憂患之心不同。趙時春的意思是，道顯仁藏用，無處不在，又看不見。

[34] 一歸於天：即皆出於天，即出於天道、天理。明代汪應蛟《重刻朱子語類大全叙》評價朱熹的話，可以作爲理解這段話的參照，故節録於此：“其（按，指朱熹）爲學，以居敬窮理爲的；其爲言，自經書傳注以及門弟子問答。天人性命之奥，古今事變之蹟，靡不精研洞貫，一歸於天，則俾後世學聖人者，有所持循而入。”（《朱子全書》第 18 册，第 4375 頁）

[35] 天不變，道亦不變：董仲舒語，參見本文注釋[7]。

[36] 忠質文之更尚、子丑寅之迭建：子、丑、寅，夏、商、周三代的建正，夏正建寅，商正建子，周正建丑；忠、質、文，夏、商、周三代的政治評價，古人認爲，夏政質，周政文，孔子云：“周鑒於二代，郁郁乎文哉！吾從周。”對這一問題，歐陽修説的有意思，録以備參：“子、丑、寅，三代之正也，孔子何獨行夏之時？説者曰：‘夏時質也。’忠、質、文，三代之政也，孔子何獨曰從周之文？使夏之時正，則商、周之時不正乎？周之政尚文，則夏商之政

無文乎?"(《問進士策題四》)

[37] 纘舊服:纘,繼承。舊服:舊有的屬地。《尚書·仲虺之誥》:"天乃錫王勇智,表正萬邦,纘禹舊服。"

[38] 孔子嘗用四代之禮樂:語出《論語·衛靈公》:"顔淵問爲邦。子曰:'行夏之時,乘殷之輅,服周之冕,樂則《韶》舞。放鄭聲,遠佞人。鄭聲淫,佞人殆。'"即孔子認爲,治理邦國,應該用夏時、殷輅、周冕、舜樂(《韶》舞)。

[39] 制器尚象:即觀象制器。語出《周易·繫辭》:"《易》有聖人之道四焉:以言者尚其辭,以動者尚其變,以制器者尚其象,以卜筮者尚其占。"

[40] 《易大傳》:解釋《周易》本經的十篇文獻,統稱"易傳",或"易大傳",又稱"十翼"。司馬遷記載"十翼"爲孔子所作,趙時春沿襲了這一説法,故言孔子將所謂"制器尚象"之事裁入《易大傳》。現在學著多認爲,《易大傳》並非一人所作。

[41] 百世可知:語出《論語·爲政》:"子張問:'十世可知也?'子曰:'殷因於夏禮,所損益可知也;周因於殷禮,所損益可知也。其或繼周者,雖百世可知也。'"

[42] "故曰"數句:語出《孟子·滕文公下》:"我亦欲正人心,息邪説,距詖行,放淫辭,以承三聖者。豈好辯哉?予不得已也。"孟子的意思是,他要端正人心,消滅邪説,反對偏激,駁斥荒唐言辭,以繼承大禹、周公、孔子等三聖的事業。趙時春將"三聖"發揮爲"列聖"。

[43] 火於秦:指秦始皇時期的焚書坑儒,對典籍文獻造成巨大損害。

[44] 黃、老於漢:漢初盛行黃老之學,黃老之學融合道、法兩家思想,其中陰陽刑德、刑名法術、清静無爲等思想在漢初影響最大。

[45] "佛於"句:佛教在魏晋南北朝盛行,其思想影響極大,著作極多。

[46] 申、韓:申不害與韓非子,戰國時期法家的代表人物,申不害有《申子》,思想主要主"術";韓非有《韓非子》,他融合法、術、勢,成爲法家思想的集大成者。蘇、張:蘇秦、張儀,戰國縱横家的代表人物。

[47] 荀、楊:荀子與楊雄。"楊"通"揚"。荀子是先秦儒家後期的代表人物,他崇禮、重教育,主張"性惡""法後王"等,對後來的法家思想也有巨大影

響。揚雄是漢代學者、思想家，其《法言》《太玄》等書，致力於構建自己以"玄"爲宇宙根源的思想體系，但實際影響不大。在趙時春看來，荀子、揚雄等人的思想成就難與董仲舒並列，因爲是董仲舒找到了"道"的出處，即"道之大原出於天"，而且形成了天人合一的圓融學説，這是先秦儒學家未曾做到的。

[48] 以爲生之質：語出董仲舒《天人三策》第一策云："命者天之令也，性者生之質也，情者人之欲也。"

[49] 必曰有端：董仲舒《天人三策》第一策云："王者欲有所爲，宜求其端於天。"

[50] 縱陽閉陰之術：指董仲舒在天人合一的基礎上，雜以五行思想，大説祥瑞徵兆，初具讖緯面貌。其《天人三策》第一策云："是以陰陽調而風雨時，群生和而萬民殖，五穀熟而草木茂，天地之間被澤潤而大豐美，四海之内聞盛德而皆徠臣，諸福之物，可致之祥，莫不畢至，而王道終矣。"這些描寫，在趙時春看來，就是董仲舒"縱陽閉陰"的理想結果。

[51] 不脱漢儒氣象：或許，趙時春的意思是，董仲舒之所以不脱漢儒氣象，是因爲他始終有着鮮明的陰陽五行思想，初具讖緯面貌，而這些，在宋明理學思想中，基本都被剔除盡淨了。趙時春不可能脱離時代思想，他從不説災異靈變，所以纔會批判董仲舒思想中的這些成分。今天來看，這是合理的。

儁不疑引經斷獄

【題解】

儁不疑，字曼倩，漢代有學識、有擔當、有作爲的官員，《漢書》卷七一有傳。據本傳，儁不疑通《春秋》，爲官敢於彈壓豪强，卻"嚴而不殘"。始元五年（前82），有人冒充衛太子（亦稱戾太子），"乘黄犢車，建黄旐，衣黄襜褕，著黄冒，詣北闕，自謂衛太子。公車以聞，詔使公卿、將軍、中二千石雜識視。長安中吏民聚觀者數萬人。右將軍勒兵闕下，以備非常。丞相、御史、中二千石至者莫敢發言"。在諸大臣皆不敢作爲之時，京兆尹儁不疑下令立即逮捕冒充者，其理由是："昔蒯聵違命出奔，輒拒而不納，《春秋》是之。衛太子得罪先帝，亡不即死，今來自詣，此罪人也。"對此，漢昭帝與霍光極爲讚賞，曰："公卿大臣當用經術明於大誼。"此即趙時春所言之"儁不疑引經斷獄"。

本文的主旨是，儁不疑用《春秋》經義將冒充衛太子者繩之以法，體現出權設濟變的高明策略，值得高度肯定；那些斤斤計較於儁不疑是否正確理解《春秋》經義的議論，是不識大體的瑣屑之談。具體思路是，先擺出觀點，肯定儁不疑的行爲，"是其裁之果而略其詞之非，美其有濟變之權而恕其悖聖人之經"；然後分析戰國秦漢間的世亂，尤其是漢武帝前後的刑政等問題，如任用刑名之術、窮兵黷武、巫蠱之禍、舍長立幼等，進而分析儁不疑時主少國疑、大臣未附的政局，由此能看出儁不疑引經斷獄之事的重要意義，認爲他確實爲漢代政權的穩定發揮了重要作用，也促成了漢代講明經術的學風；第三，用丞相、御史大夫、將軍等高官顯宦的毫無作爲，來比襯僅爲京兆尹的儁不疑之挺立其間、果斷有爲，進一步體現了儁不疑引經斷獄之可貴；最後，批評那些關於儁不疑誤解、誤引《春秋》的迂腐質疑。

事有出於變常之中，而君子權設濟變之術，議者當許其大而略其小。帝王之迹息，而世道多變；聖人不作，而天下無全人。夫以非全才之人，而處多變之世，吾見其應變之難於衆人所難之中；而君子權爲一時之計，以濟不虞之變，而議者猶嚚嚚然責於老生之常談。是以聖人望衆人，而阻天下於終不可爲之域；聖人終不可得，而又阻君子於終不可爲，則所以濟天下之變者愈難而愈遠矣。此愚於雋不疑引經斷獄之舉，是其裁之果而略其詞之非，美其有濟變之權而恕其悖聖人之經也。

且夫天下之熙熙皞皞而莫知所爲者，非皇王之民乎？垂衣畫裳而端拱無爲者[1]，非皇王之治乎？末世滋僞[2]，趨利忘義，挾詐任術，故結繩之約變而爲刀鈇之辟[3]，干羽之舞變而爲攻伐之兵[4]，揖讓之風變而爲征誅之慘[5]。天下之變故愈多，而治道多端，雖聖人不相沿襲，三王所尚異文[6]；而況後世之君子慨夫王迹既熄，諸侯兵爭，秦以暴短，漢以霸興；高皇取之於馬上[7]，文、景治之於黄老[8]，孝武律之於刑名[9]；刑名之弊極，而兵革之禍作矣[10]；兵革之禍作，而巫蠱之端見矣[11]；巫蠱之端見，而骨肉戕賊之慘兆矣[12]。以婦則背其夫[13]，以子則叛其父，以臣則陵其君[14]，而爲之君、爲之父、爲之夫者，且將自賊其親愛之妻子而弗能正焉，豈非天下之大變乎？

帝也舍其長而弗立，而畀神器於孩提之童[15]；大臣宗戚不謀，而寄國命於房闥之臣[16]；不力疾御殿以顧命，而拜受遺詔於牀下[17]。主少國疑，大臣未附，百姓不親，此正奸雄覬覦之時。一旦三十年嫡嗣之子乘車而至闕下[18]，則其所以駭百官之視聽而聳萬民之心懷者，豈直燕王、蓋主、上官之變哉[19]！丞相、御史不敢言，右將軍勒兵不敢擒，卿大夫、百吏莫敢誰何，百姓又從而聚觀之[20]。不疑雖位居列卿，然以少年新進之人，一旦後至，遽叱從吏而收縛焉，文吏始得以窮其詐端而誅戮之。於是漢廷嘉不疑之能，大臣服不疑之節，彼不學無術之霍光，又因不疑而益知道誼經術之爲重[21]。黃老、刑名之徒於是喪氣，而聖人之微言復使漢室尊信，世之武夫俗吏歆迹，而講明經術、石渠白虎之會[22]，東觀、大學之遊[23]，成炎漢四百年之祚者，未必不因不疑引經斷獄之舉也。

嗚呼！擒妄男子耳，非有補天浴日之功、拔山蓋世之力[24]，不疑何以得聲名於漢廷若是之重，而來君子之美哉？蓋以遭狼跋者必周公，乃有不瑕之音[25]；阨陳蔡者唯孔子，乃聞弦歌之聲[26]。事變之出於非常，必得非常之人而後濟[27]，而非守常拘迹之人所能及也。衛太子之爲太子幾年矣，語其齒則高皇帝之嫡長孫也，語其位則儲君也，語其德則帝也，有守文之稱，而百姓已預得其歡心矣，一旦爲奸臣所阨，稱兵而死，固不能無罪[28]。

而孝武昏耄信讒之咎，非獨百姓恨之、上天奪之，而帝亦未嘗不深悔之矣[29]。昔鄭伯有死而爲厲晉[30]，欒盈逐而亂晉[31]，彼皆小國之大夫耳，猶足階亂，而況假大漢嫡嗣之名，一旦乘車而至闕下，其爲害豈淺淺哉！丞相、御史、百吏之不敢言，懷其位也；百姓之聚觀，思其德也；右將軍勒兵而不敢擒，憚其餘威也。不疑雖心知其詐，使不假經術以斷之，其何以厭衆心而服在位之百執事哉？且太子之稱兵拒父，罪狀非不明也；縊死湖里[32]，天下非不知也，而人猶以爲生而願見之者，以其素有寬仁之名，而基禍之罪在孝武而不在太子也。陳勝假扶蘇之名起徒戍以亡秦[33]，衛太子之德結於民心，非直扶蘇也，乘車闕下，非止徒戍也，其禍至迫至深矣，而不疑識達權應變之術，假經義以安衆心，潛消莫大之變於從容談笑之間。嗚呼！此愚所以深嘉不疑之能權，而非老生嚚嚚者之所能及也。

或以謂不疑之憶詐得矣，而引經之失終不可逭[34]，是大不然。世人咸知遭變，而終不失其常爲聖人之事，今責人以聖人，當以作聖之方，入聖之階，至聖之域，語之而後責之曰："爾不爲聖人之事則可矣。"尚論古人，而曰："爾不能爲聖人，不亦迂乎？"嗚呼！以聖人處變之道責不疑，固不然矣；以常人之處變者觀不疑，豈不得爲賢者哉？

【注釋】

[1] 垂衣畫裳：即垂衣而治。《周易·繫辭下》："黃帝、堯、舜垂衣裳而天下治，蓋取諸乾坤。"端拱：端坐拱手，形容帝王斂手無爲就使天下大治。

[2] 末世滋僞：世道衰敗，虛僞滋長。朱熹《四書集注》之《論語·陽貨》引范寧語有"末世滋僞"。

[3] 結繩之約：即結繩之政，孔安國《尚書序》："古者伏羲之王天下也，始畫八卦，造書契，以代結繩之政。"可見，結繩之政是指蒙昧時期的社會治理。

[4] 干羽之舞：據《韓非子·五蠹》載，禹征有苗無功，舜改用文化，爲干羽之舞，有苗乃服。《尚書·大禹謨》："帝乃誕敷文德，舞干羽於兩階。"文舞執羽，武舞執干。

[5] 揖讓之風：指堯舜揖讓，其間禪讓以傳。

[6] 三王所尚異文：三王指夏禹、商湯、周之文王與武王。《禮記·樂記》："五帝殊時，不相沿樂；三王異世，不相襲禮。"其中的"三王異世，不相襲禮"應該就是趙時春所言之"所尚異文"。

[7] 高皇取之於馬上：《史記·酈生陸賈列傳》載，高祖劉邦不滿陸賈整日言《詩》《書》，曰："乃公居馬上得之，安事《詩》《書》！"陸賈曰："居馬上得之，寧可馬上治之乎？"

［８］ 文、景治之於黃老：文帝、景帝時期，是黃老之治的典型時期。黃老，可參《道之大原出於天》之注釋[45]。

［９］ 孝武律之於刑名：漢武帝以刑名治理國家。漢武帝本是罷黜百家、獨尊儒術的，但實際上尊儒僅僅是表象，他是外儒内法、陽儒陰法，故趙時春言其"律之於刑名"。刑名，刑名之學，法家之一派，主張循名責實。申不害即"主刑名"(《史記·老莊申韓列傳》)。

［10］ 兵革之禍作：指戰爭與殺戮。趙時春的思路，是沿着班固的論述而來。班固《漢書·武五子列傳》讚語云："巫蠱之禍，豈不哀哉！此不唯一江充之辜，亦有天時，非人力所致焉。建元六年，蚩尤之旗見，其長竟天。後遂命將出征，略取河南，建置朔方。其春，戾太子生。自是之後，師行三十年，兵所誅屠夷滅死者不可勝數。及巫蠱事起，京師流血，僵屍數萬，太子子父皆敗。故太子生長於兵，與之終始，何獨一檗臣哉！"班固的意思是，漢武帝攻打匈奴三十年，死傷無數，之後纔有巫蠱之禍；他將戰爭殺戮與巫蠱之禍之間，用天意天罰連接起來，其邏輯，與趙時春將"兵革之禍"於巫蠱之禍聯結起來，是一致的。

［11］ 巫蠱之端見：指巫蠱之禍。武帝嫡長子、衛太子劉據，與武帝寵臣江充有隙，江充擔心武帝去世後，劉據繼位，會處死他，所以，他借治公孫賀父子巫蠱之獄，誣陷太子劉據，並言在太子府挖出了許多詛咒的木人，以此給太子定罪，企圖廢掉太子。太子不服，殺死江充，並發動軍隊自保，但最終被殺。巫蠱之禍前後牽連甚廣，殺戮極多，是漢武帝晚年的一件大事，也是漢武帝老耄昏聵的見證。

［12］ 骨肉戕賊：指漢武帝與其長子劉據之間的骨肉相殘。

［13］ 以婦則背其夫：指衛皇后，是漢武帝第二任皇后，太子劉據之母。劉據揭竿而起，武力自保，衛皇后進退兩難，自殺。

［14］ "以子""以臣"二句：劉據叛亂，是背叛其父漢武帝；劉據及其支持者叛亂，作爲人臣，是臣叛君。

［15］ 帝也舍其長而弗立：指漢武帝處死嫡長子劉據，立年僅八歲的幼子劉弗陵爲太子；爲了避免主少母壯的局面，他還賜死了劉弗陵之母鈎弋夫人。

畀（bì）：給予。

[16] 寄國命於房闥之臣：指漢武帝安排霍光輔政（一同輔政的還有金日磾、上官桀、桑弘羊），霍光爲外戚（霍去病之弟，與衛皇后家族有關聯），故趙時春稱之爲“房闥之臣”。房闥，閨房。

[17] 拜受遺詔於牀下：衛太子被殺後，漢武帝四年間未立太子，直到病入膏肓時，纔在病榻之上立太子，安排輔政大臣，兩天之後便去世。

[18] 三十年嫡嗣之子：衛太子劉據七歲被立爲太子，三十七歲被殺，在太子位三十年。乘車而至闕下：指冒充劉據的人，乘黃車至北闕。可參本文題解引文。

[19] 燕王、蓋主、上官之變：燕王劉旦，漢武帝第三子，封燕王；蓋主，即鄂邑蓋長公主，漢武帝之女、昭帝之姊，於昭帝有撫養之功；上官，指上官桀、上官安父子，上官桀爲輔政大臣，上官安爲霍光之婿。燕王本有野心，上官桀因與霍光爭權而互相傾軋，於是上官父子便聯合燕王、蓋主謀反，以謀洩而均被誅滅。事見《漢書·霍光傳》。

[20] “丞相”四句：可參本文題解引文。

[21] “於是”四句：可參本文題解引文。

[22] 石渠、白虎之會：分別召開於西漢、東漢的兩次極具代表性的重要儒學會議。石渠閣會議，西漢宣帝甘露三年（前51），宣帝在未央宮北石渠閣主持召開了儒學學術會議，儒者蕭望之、劉向、韋玄成、薛廣德、施讎、梁丘臨等參加，輯成《石渠奏議》（今佚）。白虎觀會議：東漢章帝建初四年（79），仿照石渠閣會議，章帝親臨，召集著名儒生，在洛陽白虎觀召開了儒學會議，討論五經異同，由班固輯成《白虎通義》。

[23] 東觀、大學之遊：東觀，東漢洛陽南宮內觀名，班固等曾在此撰修《東觀漢紀》，後來多稱修史之所爲東觀。緣於修史，東觀就成了名儒、學者們的遊學之地，如班固、崔寔、蔡邕、楊彪等。大學，即太學，東漢洛陽的太學規模浩大，太學生最多時達三萬人，對弘揚學術、培養人才發揮了重大作用。

[24] 補天浴日：神話傳說，女媧煉石補天，羲和浴日甘淵。見《列子·湯問》《山海經·大荒南經》。後來多用以比喻功勛卓著或挽回危局。《宋史·

趙鼎傳》:"浚有補天浴日之功,陛下有礪山帶河之誓,君臣相信,古今無二。"拔山蓋世:力大勇猛,舉世無匹。指項羽,其《垓下歌》有"力拔山兮氣蓋世"之語。

[25] 狼跋:指《詩經·豳風·狼跋》,中有"狼跋其尾,載跋其胡。公孫碩膚,德音不瑕"之語。古人認爲是詠周公的,如朱熹《詩集傳》認爲《狼跋》讚美周公攝政,説周公雖遭四方流言,幼主致疑,卻處變不驚,王業終成,而又功成還政,聖德無瑕。

[26] "阨陳蔡"兩句:指孔子困陳蔡之事。《史記·孔子世家》載,孔子在陳蔡被圍困於野,"不得行,絕糧。從者病,莫能興。孔子講誦弦歌不絕。子路愠,見曰:'君子亦有窮乎?'孔子曰:'君子固窮,小人窮斯濫矣。'"

[27] "事變"兩句:漢武帝《求茂材異等詔》有"蓋有非常之功,必待非常之人"之語。

[28] "衛太子之爲太子"九句:衛太子劉據,在太子位30年,博學寬仁,爲政以德,頗得好評。但趙時春説劉據是"高皇帝之嫡長孫",似乎不確,劉據父漢武帝,祖漢景帝。

[29] 帝亦未嘗不深悔之:據《漢書·武五子傳》,巫蠱之禍後,漢武帝逐漸明白,江充等奸臣弄權,構陷太子,於是深悔之,爲此,將江充及其追隨者一一剪除,重新安葬太子及其母、子女,修思子宮、望思臺等。

[30] 鄭伯有死而爲厲晉:事典不詳。

[31] 欒盈逐而亂晉:欒盈,春秋時期晉國的下軍佐,執掌國政的六卿之一。晉平公六年(前552),欒盈母因與人私通,誣告欒盈爲亂,欒盈被范宣子驅逐出晉國,後被殺,欒氏被族滅,史稱"欒氏之亂"。從此,晉國僅剩韓、趙、魏、智、范、中行六卿,六家固定執政,留下了三家分晉的禍根。所以,趙時春説"欒盈逐而亂晉"。

[32] 縊死湖里:《漢書·武五子傳》載:"太子之亡也,東至湖,藏匿泉鳩里。"被發覺之後,"太子自度不得脱,即入室距户,自經。"湖里,即湖縣之泉鳩里,在今靈寶市豫靈鎮,有戾太子冢遺址。

[33] 陳勝假扶蘇之名:據《史記·陳涉世家》,陳涉舉兵,以公子扶蘇和楚國大

將項燕爲由，"吾聞二世，少子也，不當立，當立者乃公子扶蘇"，於是便"詐自稱公子扶蘇、項燕，爲天下唱"。扶蘇，秦始皇長子，爲人剛勇，寬仁有謀略，因勸諫秦始皇坑儒，而被派往上郡蒙恬處，駐守長城。秦始皇卒，趙高矯詔殺害扶蘇，立秦二世爲國君，從此，秦匆匆而亡。

[34] 引經之失：指雋不疑引《春秋》，趙時春認爲有不當之處。其實這是一個經學家頗有爭議的論題。《漢書》卷七一《雋不疑傳》載，雋不疑拘捕冒充衛太子的理由是："蒯聵違命出奔，輒拒而不納，《春秋》是之。"蒯聵，衛靈公之子，衛國太子。衛靈公時，權在其夫人南子掌中，蒯聵與其後母南子有隙，欲刺殺南子，事敗，蒯聵出奔宋，繼而奔趙。衛靈公卒，蒯聵之子蒯輒繼位，是爲衛出公。蒯聵得知父親衛靈公去世，於是在趙國（趙簡子）的護送下，進入衛國，準備奪取國君之位。結果其子衛出公蒯輒拒而不納，且派兵攻打。蒯聵、蒯輒上演了一幕父子相殘的大劇，與漢武帝、衛太子父子相殘有近似之處。《春秋公羊傳》對蒯輒的評論是："輒之義可以立乎？曰：可。奈何不以父命辭王父命也？"意思是，蒯輒可以以父命而拒絕祖父之命；祖父之命要蒯輒繼位，父命要蒯輒讓位，應該從父命，言下之意，蒯輒應該讓位。其實，蒯輒的作爲裏，還有諸侯國之間關係分合的背景，而不僅僅是父命與祖命的問題。孰是孰非，古今紛紜，趙時春的意見，也僅僅是《公羊傳》的翻版而已。

聞雞起舞

【題解】

聞雞起舞，指晉祖逖、劉琨事。《晉書·祖逖傳》載，年輕時，祖逖與劉琨同爲司州主簿，"情好綢繆，共被就寢，中夜聞荒雞鳴，蹴琨覺，曰：'此非惡聲也。'因起舞。"祖逖出身范陽祖氏，早期任主簿、掾屬、太子舍人等，五胡亂華之後，晉室南渡，祖逖率宗族數百家避亂於江淮地區，成爲"流民帥"。他散財成軍，練兵北伐，可朝廷卻無意北顧，也未給予祖逖多少支持。祖逖安撫塢堡主，屢與石勒交戰，收復了黃河以南的大部分領土，但朝廷卻任命戴淵爲征西將軍、都督司兗豫并雍冀六州軍事（祖逖應該是這個職位的最宜人選）。祖逖因此幽憤成疾，以病卒。《晉書》卷六二有傳。與之相關的典故還有"擊楫中流"等。

本文主要評述祖逖、劉琨抗擊北方民族力量的事迹，側重在祖逖的事迹。在後人對祖逖的一片讚賞聲中，趙時春別出心裁，認爲祖逖固然忠勇可嘉，但其守志不堅、心懷瞻望的作法，使得晉元帝不信任他，最終導致敗覆。趙時春認爲，祖逖的忠勇是"發於激勵之餘"，"出於困迫窮急之際"，而不是"本於義理"，所以纔會守志不堅、心懷瞻望，進而纔會屯軍不進、與石勒暗通款誠。與周之方叔、尹吉甫、漢之張良、耿弇、諸葛亮、晉之陶侃等人的堅守初心、持之以恒相比，更是相差懸遠。最後，趙時春借孟子之言"當大事者不動心"議論道，成就天下大事者，一定要持節守常，堅韌一心，祖逖"易其常節"，顯然沒有做到，因而難成天下之大事。

欲成天下之大事者，不貴其能有勇爲之志，而貴其能守勇爲之志。成天下之大事而無勇，則優柔不斷之中，必不足以斷天下之大事。然而勇爲之志，或發於激勵之餘者，終以其激勵而挫。始以激勵發之，終以激勵挫之，是其勇蓋出於困迫窮急之際，而不本於義理之勇，是豈君子之所貴哉？嗚呼！勇之志不出於義者，固無足貴，又豈可以久哉？不可久而欲成天下之大事亦難矣。此祖逖之徒所以難嘉其有勇，而又惜其無以守其勇也。

夫天下之事，敗而復成，渙而復合，否而復泰，循環之數固然。夫其既敗也可以成，既否也可以泰，既渙也可以合。然而卒敗、卒渙、卒否者，是無勇之徒坐待天下之變，而不能爲至此也。晉室之敗是矣。方五胡之初興[1]，支蔓猶未盛也，晉室猶未覆也。而當時賢臣，方且一唱一詠，視夫猶太平之世，使民望而效之。如祖逖、劉琨者[2]，位不重於朝廷，名不顯於衆庶，乃能預睹於亂機之形，鼓舞以起其拯濟之志。而世臣如王衍輩[3]，方且坐嘯清談，以待覆墻之及[4]，不獨聞雞起舞，何哉？

嗚乎！習俗之移，決非怯懦者之所可立；大亂之禍，決非庸弱者之所可爲。自非忠奮勇決之士，孰足以斷天下之大事哉？昔者方叔嘗克壯其猶矣[5]，吉甫嘗以定王國矣[6]，張良嘗佐漢報韓矣[7]，孔明嘗思復漢室矣[8]，耿弇嘗志於平北矣[9]，陶侃嘗運甓內外矣[10]，而逖與琨也亦有聞雞起舞之忠，固列之古人而無愧，而何以重惜之哉？

蓋忠義之氣，每生於顛踣困頓之餘[11]。慷慨勇烈者，又豈不發於大變極亂之中哉？夫忠義之志生而復墜，慷慨之烈發而復止者，豈非高牙大纛之榮[12]，有以易荆棘草莽之辱；鐘鳴鼎食之富，有以易蔬食水飲之貧[13]；康居懷土之安，有以易兵革荒涼之危。大抵激之則奮，而事無不成；怠之則惰，而事無不敗。此凡民之常情，而豪傑所深辱之者也。

琨雖有志，然以并州大鎮，自覆固無足言矣[14]。若逖之散財起兵[15]，其以豪傑自處乎？使以凡庸自處，必不敢誓清中原也[16]，必不敢擊楫渡江也，必不敢負才傲物也。是既自處以豪傑矣，而乃狃於譙、鄭之攄，屯軍不進[17]，因祖宗墳墓之修，遂與石勒通好[18]。前日未盛之時，聞雞起舞以自勵；今日既盛之日，顧乃與石勒通好，以自泥其事，亦與凡民類。其君是以弗信，而使戴若思監焉[19]。使果自以爲豪傑，則三軍響應之後，未聞孔明與魏通好也；荆蠻來威之後[20]，未聞方叔與狄通好也；至於大原之後[21]，未聞吉甫與狄通好也；强秦既滅之後，未聞張良與項羽通好也；大破步軍之後[22]，未聞耿弇與張步通好也；剪杜曾、杜弢之後[23]，未聞陶侃與趙通好也。是數子者，皆一時之豪傑勇士，未聞功垂成而遽自阻也。而逖乃與讎通好焉，謂之豪傑可乎？則聞雞起舞之勇，血氣之剛耳，卒不能引三吳之江水，一洗三秦之腥膻；擧江右之長技，鯨吞河洛之犬羊[24]。名位難逮於古人，而其忠義遠不及之者矣。勇出於激勵之中而不能守如是，繼而元帝之召迺至於懟歿，是勇之無守者卒以致禍。

孟子之言曰："當大事者不動心。"[25]逖於事變之來，而易其常節如此，謂之不動心，可乎？不能不動心而謂之勇，可乎？使逖而能守其勇，必不至於不成也。《詩》曰："啜其泣矣，何嗟及矣。"[26]逖之通趙，已自召見疑之禍，發疽而歿[27]，何嗟及哉！

【注釋】

[1] 胡：原作"湖"，應誤，今改。五胡：匈奴、鮮卑、羯、氐、羌五個民族。西晉末年的"八王之亂"，導致了北方的統治混亂，於是這五個民族紛紛進攻

中原,最後逼迫西晉政府"永嘉南渡"。史稱"五胡亂華"。

[2] 劉琨:字越石,西晉後期重要將領。他早年生活豪縱,爲"二十四友"之一,永嘉元年(307),他被任命爲并州刺史,孤軍北上,安撫百姓,鎮守邊疆。永嘉南渡後,劉琨成爲晉政府在北中國的權力象征。可惜劉琨不善撫御,與王浚交惡,加之石勒、鮮卑等力量交雜,他應對無力,最終被殺。與之相關的典故有"枕戈待旦""一曲悲笳救孤城"等。

[3] 王衍:字夷甫,琅琊臨沂人,西晉末年重臣,歷任黃門侍郎、中領軍、尚書令、尚書僕射、司空等職。王衍美風儀,善老莊,爲清談領袖;同時,他權高位重,卻用人無方,以清談爲務,對西晉末年的政局負有直接責任。永嘉五年(311),司馬越死於軍中,王衍被推爲帥,最後全軍覆没,王衍亦被石勒俘虜。爲苟活,王衍諂媚、獻計石勒,石勒憎之,"使人夜排墙填殺之"(《晉書·王衍傳》)。與之相關的典故有"清談誤國""信口雌黃"等。

[4] 覆墙:指石勒派人覆墙填殺王衍。可參前一條注釋。

[5] 方叔:周宣王時卿士,曾率軍攻楚和獫狁。《詩經·小雅·采芑》:"方叔元老,克壯其猶。方叔率止,執訊獲醜。戎車嘽嘽,嘽嘽焞焞,如霆如雷。顯允方叔,征伐獫狁,蠻荊來威。"克壯其猶:能光大謀略。猶,通猷。

[6] 吉甫:指周宣王賢臣尹吉甫,姓兮,名甲,字伯吉父(父一作甫),曾率師北伐獫狁至大原。《兮甲盤》《詩經·小雅·六月》都記録了尹吉甫征伐獫狁之事,《六月》:"薄伐獫狁,至于大原。文武吉甫,萬邦爲憲。"

[7] 張良:漢初三傑之一,本爲韓國貴族,韓亡後,張良企圖爲韓報仇,曾於博浪沙狙擊秦始皇,不成,又輔佐韓王成,後輔佐劉邦,爲漢朝建立作出了重大貢獻。

[8] 孔明:諸葛亮,字孔明,一生致力於"庶竭駑鈍,攘除奸凶,興復漢室,還於舊都"(《前出師表》)。

[9] 耿弇:字伯昭,東漢"雲台二十八將"之一,在劉秀建立東漢過程中立有大功。志於平北:指耿弇在劉秀經略河北時去投奔,並力主進攻邯鄲,劉秀説耿弇是他的"北道主人"(《後漢書·耿弇傳》)。

[10] 陶侃運甓:東晉名將陶侃在廣州刺史任上,"在州無事,輒朝運百甓於齋

外，暮運於齋内。人問其故，答曰：'吾方致力中原，過爾優逸，恐不堪事。'"(《晉書·陶侃傳》)

[11] 顛踣(bó)：挫折困頓。

[12] 高牙大纛(dào)：大將的牙旗，泛指居高位者的儀仗。

[13] 鐘鳴鼎食：擊鐘列鼎而食，形容富貴豪華。蔬食水飲之貧：指顏回。孔子稱："一簞食，一瓢飲，在陋巷，人不堪其憂，回也不改其樂。賢哉，回也！"(《論語·雍也》)後以蔬食飲水指清貧的生活。

[14] 并州：治府今太原，爲西晉北方防禦重鎮。劉琨於永嘉元年(307)任并州刺史，力圖有所作爲，但最終敗亡，故趙時春接着説"自覆"。

[15] 散財起兵：據《晉書·祖逖傳》，祖逖早年"每至田舍，輒稱兄意散穀帛以賙貧乏，鄉黨宗族以是重之"，後來避亂江淮、爲流民帥時，祖逖"藥物衣糧與衆共之"，"克己務施，不畜資産"。

[16] 誓清中原：《晉書·祖逖傳》載，晉愍帝以祖逖爲奮威將軍、豫州刺史，祖逖將部曲渡江而北，中流擊楫而誓曰："祖逖不能清中原而復濟者，有如大江！"

[17] 屯軍不進：指祖逖在率軍攻克譙城後，與石勒兩軍對峙，"同一大城，賊從南門出入放牧，逖軍開東門，相守四旬"。

[18] 祖宗墳墓之修：祖逖、石勒對峙後，"石勒不敢窺兵河南，使成皋縣修逖母墓，因與逖書，求通使交市。逖不報書，而聽互市，收利十倍"(《晉書·祖逖傳》)，即祖逖不明確與石趙交接，卻也不阻止雙方互市。所以趙時春後文有祖逖"通趙"的批評。石勒：字世龍，上黨武鄉人，羯族，自稱趙王，成爲十六國時期後趙的建立者，都襄國(今河北邢臺)。

[19] 使戴若思監：東晉太興四年(321)，晉元帝任戴淵(字若思)爲征西將軍，都督六州軍事，駐合肥。戴淵是晉元帝心腹，但祖逖認爲戴淵一介文人，無助北伐；而且，如果將督六州軍事的權力賦予祖逖，那對於祖逖的北伐是有極大幫助的，可朝廷卻給了戴淵；何況祖逖辛苦打下來的地盤，由戴淵來督軍，祖逖對此極爲不滿。

[20] 荆蠻來威：即來威荆蠻，威服荆蠻。參見本文注釋[5]。

[21] 至於大原：參見本文注釋[6]。大原，解釋不一，陳俊英注釋云："在甘肅省固原縣。"(《詩經譯注》)也有認爲即今慶陽董志塬，還有説是今太原市的。

[22] 步軍：張步的軍隊。張步是西漢末年琅琊人，趁亂起兵，佔據青州。建武五年(29)，耿弇跟隨劉秀平定北方，最後剩下齊地(青州)，耿弇出兵青州，與張步大戰，擊敗張步，平定齊地。

[23] 杜曾、杜弢：兩晉之交的二叛將。杜弢自稱湘州刺史，杜曾自稱竟陵太守，他們叛亂時間一致，最終都是陶侃率軍平定。

[24] 三秦之腥膻：指關中地區，因項羽封三秦王，故稱三秦。河洛之犬羊：河洛主要指洛陽周圍地區，爲西晉首都所在。祖逖時期的三秦、河洛地區，均在劉聰的統治之下。

[25] "孟子"句：《孟子・公孫丑上》："我四十不動心。"清焦循《孟子正義》注"志氣已定，不妄動心。"

[26] "《詩》曰"句：語出《詩經・國風・中谷有蓷》，意爲哭泣流淚，追悔莫及。

[27] 發疽而歿：據《晉書・祖逖傳》載，祖逖之死，因其"病甚"，"卒於雍丘，時年五十六"，未見"發疽而歿"的記載。疽發而死者，應是范增，《史記・項羽本紀》載其"疽發背而死"。這裏當是趙時春誤記。

至誠治天下

【題解】

至誠，是儒家思想的最高境界，語出《中庸》："自誠明，謂之性；自明誠，謂之教。誠則明矣，明則誠矣。唯天下之至誠，爲能盡其性；能盡其性，則能盡人之性；能盡人之性，則能盡物之性；能盡物之性，則可以贊天地之化育；可以贊天地之化育，則可以與天地參矣。""唯天下至誠，爲能經綸天下之大經，立天下之大本，知天地之化育。"

"至誠治天下"，語出《資治通鑑·唐紀八》貞觀元年，唐太宗曰："君，源也；臣，流也。濁其源而求其流之清，不可得矣。君自爲詐，何以責臣下之直乎？朕方以至誠治天下，見前世帝王好以權譎小數接其臣下者，常竊恥之。"

本文以唐太宗語爲題，論證爲何要以"至誠治天下"。在趙時春看來，國君治理天下之要，在於使天下安；安天下之要，在安天下人之心。如何安天下人之心？就是要國君有至誠之心；有了至誠之心，則百姓之等威、生養、哀樂、交易等，都可以很好地引導、使之暢通，天下遂安。進而會問：至誠之心從何而來？趙時春言必稱聖人，在他看來，還得從取法"天道與聖人"中來。他還以不誠而導致敗亡的例子進行反證。

人主之治天下，亦惟以心感心而已。天下之人受治者至衆，而治人者以其身役天下之人，天下又從而爲之治焉。夫以一身之眇而應天下之大，以天下之大而服役於一人之身。上之者非伸之，將以使之爲吾大焉；下之爲非屈之，將以姑即吾安焉。任其大而求安之要，有術焉存乎其間而鼓動之，彼心之所求者安，吾以吾心之所安者而爲之安，使彼亦各得其所安而蓋獲吾之安。通於斯術者，其知任大圖治之道乎？唐太宗曰："吾以至誠治天下。"信斯言也。

海客有好鷗者，浮沉上下，與之俱而不亂，適有欲取之心，則皆辟易而去[1]。挾射之技，夜行而遇伏石，疑其乳虎也，驟發而射之，洞鏃没羽[2]。既知而復之，則躍而無迹，豈一人之身而先後之違哉？誠心變於内，則形神馳於外，於鳥獸、木石、技藝猶然，而況於治人乎？況於爲天下乎？然則爲天下之術在誠，誠之之術在心。心也者，萬事之宗也；君也者，萬民之宗也。天下之求安者在君，君之所以安天下者在心，心乎安天下之人之謂誠。

天下之生久矣。有生則有欲，有欲則有争。有争而無主則亂矣，是故爲之君而聽命焉。故君也者，所以節欲止争而求其安者也。是故爲尊卑上下之分以等威之[3]，爲耕桑衣食之法以生養之，爲養生送死之具以哀樂之，爲百工執事、交易販貿之法以疏通之。其猶未也，則爲刑辟戮辱之罰以威之[4]，爲章服車馬之賞以旌之[5]。治民之具，章章其較也，郁郁其文也，洋洋乎其蔑以加也[6]。吁！是治天下之法也，非所以鼓動天下之法也。

《經》曰："凡爲天下國家，所以行之者一。"[7]天道不已，文王純一之德亦不已[8]；誠通之源，而五常百行之本也[9]。天道聖人且不之違，而況於有治之責求以安民乎？有安民之任與治之責，而不法天道與聖人，而徒曰："吾等威之明也，生養之周也，哀樂、疏通之備也，教導、賞罰之各適其宜也。"是亦恍乎如繫風捕影，爲汗漫一切之具而已，非所以慰天下之心，而使之即其安者也。求諸古人，有伐國以示信者矣[10]，有申盟以示信者矣[11]，有期獵以示信者矣[12]，有懸金以示信者矣[13]。是皆稂莠害苗，鄭衛亂雅[14]，

□聲紫色實滋其詐,是所以慰天下求安之心而能任大者乎?

使天下各遂其求安之心者,固非以其貌爲誠也,又非直若文治之具而已也,蓋將心安之,身體之,訑訑然而居之[15],斷斷然而施之,使天下之心即吾所以安天下之心。吾所以安天下之心爲天下求安之心,吾爲之等威焉,吾心安焉,吾身體焉,不見異物而遷焉。吾爲之生養焉,吾心安焉,吾身體焉,不見異物而遷焉。吾爲之哀樂、疏通、教導、賞罰之具焉,吾心安焉,吾身體焉,不見異物而遷焉。使行不愧於口,口不愧於面,面不愧於心,心不愧於天。如金石之爲堅,而寒暑之爲時,日月之爲明,而天地之爲公。

故以一身享天下之奉而不爲奢,以天下仰一人之命而不爲尊,使之奔走服役而不爲不均。《書》曰:"惟精惟一,允執厥中。"[16]《詩》曰:"無貳無虞,上帝臨汝。"[17]昔者唐虞三代之德如是。《傳》曰:"匹夫一爲不信,單底其斃。"[18]況國君乎?國君而誠,則卿大夫莫敢欺;卿大夫而誠,則士庶人莫敢欺。苟人主不誠,則卿大夫同聲賢之;卿大夫不誠,則士庶人同聲賢之,是率天下而受欺也,國無不亡矣。故吳以克敵之賞詒士,而士亦以許戰詒吳[19];秦以懸衡之智狙天下,而天下亦以扶蘇狙秦[20],俱皆滅亡,爲天下笑。夫智不可以欺豚魚[21],而況天下乎?夫虎豹之暴,而人能訓之者誠也,而況於治人乎?孔子曰:"誠者,天之道也。誠之者,人之道也。"[22]得天道則聖,得人道則賢。願治之君請擇於斯二者。

【注釋】

[1]"海客"五句:典出《列子·黃帝第二》:"海上之人有好鷗鳥者,每旦之海

上,從漚鳥游,漚鳥之至者百住而不止。其父曰:'吾聞漚鳥從汝游,汝取來,吾玩之。'明日之海上,漚鳥舞而不下也。"

[2] "挾射"五句:應是出自李廣射石的故事,見《史記·李將軍列傳》:"廣出獵,見草中石,以爲虎而射之,中石没鏃,視之石也。因復更射之,終不能復入石矣。"

[3] 等威:即威儀等差。《左傳·文公十五年》:"伐鼓於朝,以昭事神,訓民事君,示有等威,古之道也。"

[4] 刑辟戮辱:刑辟,刑法。《左傳·昭公六年》:"昔先王議事以制,不爲刑辟,懼民之有争心也。"戮辱,受刑被辱。《韓非子·難言》:"然則雖賢聖不能逃死亡避戮辱者,何也?"

[5] 章服:標示等級的禮服。

[6] 章章:鮮明美好。《吕氏春秋·本生》:"萬物章章,以害一生,生無不傷。"郁郁其文:語出《論語·八佾》:"子曰:'周監於二代,郁郁乎文哉!吾從周。'"洋洋乎:《中庸》:"大哉聖人之道!洋洋乎大!發育萬物,峻極于天。"

[7] "《經》曰"三句:語出《中庸》:"所以行之者一也。……凡爲天下國家有九經,曰:修身也,尊賢也,親親也,敬大臣也,體群臣也,子庶民也,來百工也,柔遠人也,懷諸侯也。"朱熹解釋曰:"一,則誠而已矣。"(《四書章句集注》)

[8] 文王純一之德:《詩經·周頌·維天之命》:"維天之命,於穆不已。於乎不顯!文王之德之純。"朱熹解釋曰:"文王之德純一不雜,與天無間。"(《詩集傳》)

[9] 五常百行:周敦頤《通書》第四十章:"誠,五常之本,百行之源也。……五常百行,非誠非也,邪暗塞也。"

[10] 伐國以示信:語出《左傳·僖公二十七年》:"(子犯)對曰:'民未知信,盍伐原以示之信?'乃伐原。"

[11] 申盟以示信:語出《國語·魯語上·臧文仲如齊告糴》:"魯飢,臧文仲言於莊公曰:'夫爲四鄰之援,結諸侯之信,重之以婚姻,申之以盟誓,固國

之艱急是爲。'"

[12] 期獵以示信：語出《韓非子·外儲説上》："魏文侯與虞人期獵。明日，會天疾風，左右止，文侯不聽，曰：'不可。以風疾之故而失信，吾不爲也。'遂自驅車往，犯風而罷虞人。"

[13] 懸金以示信：《史記·吕不韋列傳》載，《吕氏春秋》完成後，吕不韋下令"布咸陽市門，懸千金其上，延諸侯游士賓客，有能增損一字者予千金"。

[14] 鄭衛亂雅：鄭衛之聲，儒家認爲其聲淫靡，故斥之爲"淫聲"。《論語·陽貨》："惡紫之奪朱也，惡鄭聲之亂雅樂也，惡利口之覆邦家者。"

[15] 訑訑：洋洋自得貌。《孟子·告子下》："訑訑之聲音顔色，拒人於千里之外。"

[16] "《書》曰"三句：語出《尚書·大禹謨》："人心惟危，道心惟微。惟精惟一，允執厥中。"意思是，人心自私危險，道心幽昧微明，所以，必精研專一，誠信地遵行中道。

[17] "《詩》曰"三句：語出《詩經·魯頌·閟宫》。《閟宫》是讚頌魯僖公的詩作。兩句意思是，群臣將士别有二心，因爲上帝在監臨你們。

[18] "《傳》曰"三句：語出《左傳·襄公二十七年》："叔向曰：'匹夫一爲不信，猶不可，單斃其死。若合諸侯之卿，以爲不信，必不捷矣。'"楊伯峻注："單，同殫，盡也。斃，踣也，向前倒也。"大意是，普通人不守信，都不會有善終；諸侯不守信，更不可能成功。

[19] "故吴以克敵之賞"兩句：指吴王夫差賞的故事，見劉基《郁離子》。姑蘇城被圍後，吴王使太宰伯嚭鼓舞人民作戰。嚭以請行賞，"（吴）王夫差不發。請許以大夫之秩，王顧有難色。王孫雄曰：'姑許之，寇退，與不與在我。'王乃使太宰嚭令。或曰：'王好詐，必誑我。'國人亦曰：'姑許之，寇至，戰不戰在我。'於是王乘城。鴟夷子皮虎躍而鼓之，薄諸閶闔之門。吴人不戰。太宰帥左右扶王以登臺請成，弗許。王伏劍，泰伯之國遂亡。"

[20] "秦以懸衡之智"兩句：言秦以法度狙詐天下，最終陳涉等也以僞冒扶蘇之名起兵反秦。懸衡，本指掛起秤，這裏指公佈法度。《荀子·解蔽》："聖人知心術之患，見蔽塞之禍，故無欲無惡，無始無終，無近無遠，無博

無淺，無古無今，兼陳萬物而終懸衡焉。"

［21］豚魚：豚和魚，喻微賤之物。語出《周易·中孚》："豚魚，吉，信及豚魚也。"

［22］"孔子曰"五句：語出《中庸》，意思是，真實無妄是天生萬物之理，真誠纔
　　　是作人的基本原則。

雪夜微行 正德庚辰年作

【題解】

雪夜微行,指宋太祖趙匡胤雪夜私訪趙普之事。《宋史》卷二五六《趙普傳》載:"太祖數微行過功臣家,普每退朝,不敢便衣冠。一日,大雪向夜,普意帝不出。久之,聞叩門聲,普亟出,帝立風雪中,普惶懼迎拜。帝曰:'已約晉王矣。'已而太宗至,設重裀地坐堂中,熾炭燒肉。普妻行酒,帝以嫂呼之。因與普計下太原。普曰:'太原當西北二面,太原既下,則我獨當之,不如姑俟削平諸國,則彈丸黑子之地,將安逃乎?'帝笑曰:'吾意正如此,特試卿爾。'"

趙匡胤私訪趙普,向來被認爲是國君私訪、君臣遇合的美事,但趙時春則對此頗不認同。他認爲,按照古代帝王的行爲準則,趙匡胤的做法不當,因爲皇帝私行,會使得個人安全没有保障,進而會對國家政權形成潛在隱患。他以"公至自某"之春秋筆法,來證明國君出行的危險,因爲在"公至自某"的記述里,隱含着擔憂國君出行和慶幸國君歸來的雙重含義。另外,文章還以秦始皇、漢高祖、魏武帝、遼穆宗等人或巡行或出獵的困厄遭遇,爲反面例證。

正德庚辰,即正德十五年(1520),時趙時春 12 歲。

舉動,人君之大節,可慎也,而不可忽也。一慎一忽之間,一福一禍之機倚伏焉[1]。此英主之知所擇,而或者不擇之。居於忽,處於禍,豈惡慎而好忽,厭福而取禍也?誠有所恃而無所擇焉耳。有所恃則忽心生,恃其非一定之理者必敗;無所擇則意外之變生,變生則亦敗。然則英明之主不一困於此,則恃其上天交助之隆,而忘夫祈天永命之道;驕其撫劍疾視之勇[2],而忘天意外不測之禍，豈非藝祖自恃常勝之家[3]，而忽於舉動之節哉？故史書之曰"雪夜微行"。

蓋《春秋》"公至自某"之例[4]，危之而幸之也。《易》曰："吉凶悔吝生乎動。"[5]《詩》曰："周王于邁，六師及之。"[6]《傳》曰："君行師從。"[7]然則古之人君未嘗不動，而其動也，亦未嘗不慎虎賁輦從之嚴[8]，干戈鈇戚之利[9]。此固先王舉動之節之慎，世主徒見先王之於此禮以彰等威耳[10]，未見其為防患之本也。昔者，隋煬常逾此禮以北巡矣，而始畢之兵突出於鴈門之間[11]；魏武常逾此禮以覘夏矣，而夏人之搜，幾死於赫連之手[12]。嗚乎！人徒見微行之大可畏耳，孰知非禮之動？

雖非微行，亦有大可畏者哉。故吾考之秦皇之東遊矣，前導乘，後二車，而力士之椎得以逞其怒[13]；考之漢祖之北征矣，左陳平，右樊噲，而匈奴之騎得以肆其毒[14]。何者？天下之事變，其來也無常，而英雄豪傑，其伏也無盡。變之來也無常，而非吾術之所能逆；英雄豪傑其伏也無盡，則必有奮於意外之患。甚矣，權之不可預設也，變之不可先圖也。天下之事，如塞翁失馬[15]、白犢之祝帝[16]，禍福之間，相倚伏於冥冥默默之中，而發於忽然卒然之際。則為人主者，烏可不慎舉動之節，而以禮防之哉？

嗟夫！禮之於人也，不畏之中而有大可畏之勢，不虞之中而有大可虞之機[17]。先王之制禮也，所以約人於速迫勞瘁之中，而使之免於杳冥卒忽之禍；導人於規矩準繩之內，而使之歸於平安久逸之地。是則先王制為舉動之節，惟粗得先王制禮之意者，能知其約我於速迫勞瘁者，乃所以免我於禍也；導我以規矩準繩者，乃所以歸我於福也。

　　然自三代而下，粗知先王之法者，莫如藝祖；粗行先王之禮者，亦莫如藝祖。削平天下亦已幾矣[18]，蕩掃群盜亦已幾矣[19]，親臨矢石亦已幾矣[20]，況彼河東彈丸黑子之地[21]，幽燕腥羶犬羊之區[22]，養威俟釁，一舉平之耳，而藝祖方且汲汲然如不能，而往謀於趙普之家[23]。故吾於此未嘗不爲藝祖之危，而亦未嘗不爲藝祖之幸。是何也？一人至貴也，大謀至公也，天下至大也。一人之貴、大謀之公、天下之大，所係之責甚重，謀之於朝可也，謀之於臺省不可也[24]；臺省尚不可，而況於私家乎？

　　嘗處禁闥[25]，有大事則往可也；無大事而輕行，雖從以師旅不可也；師旅尚不可，而況於微行乎？夫以天下之大、天子之貴、大謀之公，一舉而付之輕出，況斯時何時也？李愬入蔡之時也[26]，袁安高臥之時也[27]，苟不逞之徒一奮，則天下之大，自我危之；天子之貴，自我賤之；天命之責，人心之望，自我孤之。身陷人手，內危國家，外強敵勢。太祖之慮足以及此，而不之慮，亦恃其所長，矜其所能，狃其所勝，未嘗從事於前世之變，故未嘗有厄於事變之艱險。嗚乎！是故太祖之寡學無術，不能遠監。然遼主因雪赴獵，飲酒被弑[28]，太祖之耳濡目染者也，尚不以爲監乎？

　　且方五季之習未改，祖宗之化未弘，殘忍刻忌之徒，苟或有不利之謀，一匹夫之勇，足以抗萬乘之尊，太祖將何人以敵之？何策以禦之乎？然則爲太祖計至此，而知其有動也。雖然，太祖固與其失矣。然而陷太祖於失者，趙普長君之罪也[29]，群臣不諫之罪也。議者乃屑屑於信任之專、呼嫂之非[30]，何其舍本而求末也！吾固以太祖之微行爲危者也，以太祖之得返爲幸者也[31]，此《春秋》"公至自某"之例也。

【注釋】

［１］倚伏：指福禍互爲因果，互相轉化。語出《老子》第五十八章：“禍兮福之
所倚，福兮禍之所伏。”

［２］撫劍疾視：按劍瞪眼，表示憤怒。語出《孟子·梁惠王下》：“夫撫劍疾視，
曰：‘彼惡敢當我哉？’此匹夫之勇，敵一人者也。”趙岐注：“疾視，惡視也。”

［３］藝祖：指開國帝王。語出《尚書·舜典》：“歸，格于藝祖，用特。”宋代人因
稱趙匡胤爲藝祖，後世從俗，也以此稱之。

［４］《春秋》“公至自某”之例：《春秋》記載魯國國君返程時，均作“公至自某”，
如《桓公二年》有“冬，公至自唐”，《襄公五年》有“春，公至自晉”，《昭公二
十六年》有“夏……公至自會”等。趙時春認爲，這是春秋筆法，隱寓着孔
子對魯公出行的擔憂，“危之而幸之”，即以魯公出行爲危險，以其歸來爲
幸運。

［５］《易》曰二句：語出《周易·繫辭下》：“吉凶悔吝者，生乎動者也。”意思
是，吉凶悔吝的産生，是動作行爲的結果；言下之意，别輕舉妄動。

［６］《詩》曰三句：語出《詩經·大雅·棫樸》，意思是，周王出行（出征），六
軍跟隨（扈從）。

［７］《傳》曰二句：《左定·公四年傳》：“若嘉好之事，君行師從，卿行旅從，
臣無事焉。”二千五百爲師，五百爲旅。即國君出行，有二千五百軍隊
扈從。

［８］虎賁輦從：虎賁，勇士之稱。賁，通奔。《尚書·牧誓》：“武王戎車三百
兩，虎賁三百人，與受戰于牧野。”輦從：同車的隨從。

［９］干戈鉞戚：干、戈是古代常用武器。《詩經·周頌·時邁》：“載戢干戈，載
櫜弓矢。”鉞戚，斧和鉞。此處干戈鉞戚泛指武器。

［10］等威：即威儀等差。《左傳·文公十五年》：“伐鼓於朝，以昭事神，訓民事
君，示有等威，古之道也。”

［11］“昔者”三句：指隋煬帝事。始畢，即突厥始畢可汗，大業十一年（615），突
厥臣服於隋朝。爲了分化突厥勢力，隋煬帝拉攏始畢可汗之弟叱吉設，

設計殺害始畢可汗寵臣史蜀胡悉。對此,始畢可汗深怨隋煬帝,且與隋朝斷交。爲了震懾、警告突厥,隋煬帝於同年八月北巡,至雁門,被始畢可汗率數十萬大軍包圍,十分危急和狼狽。隋朝滅亡後,始畢可汗成爲草原之主,勢力極爲強大,隋末北方的割據勢力,都臣服於始畢。

[12]"魏武常逾此禮"三句:本句有不通之處,"夏人之搜"費解,或有字誤。魏武,指魏武帝拓跋燾,但趙時春所言之事,似難落實。據《魏書·世祖本紀》,拓跋燾巡幸次數極多,大概就是趙時春所言之"常逾此禮";拓跋燾征伐赫連夏,在始光三年(426)至神䴥四年(431)之間,並未見拓跋燾"幾死於赫連之手"的記載,唯始光四年,拓跋燾在征伐赫連夏返程時,有"從人在道多死,其能到都者纔十六七"的記載,不知道這是否即趙時春所言之"幾死於赫連之手"。赫連:匈奴姓氏之一,義熙三年(407),赫連勃勃稱大夏天王,以赫連爲氏,國號夏,神䴥四年爲北魏所滅。

[13]"秦皇之東遊"句:指秦始皇第二次東巡(前218)時,張良在博浪沙錐擊秦皇之事。《史記·留侯世家》載,張良"得力士,爲鐵椎重百二十斤。秦皇帝東遊,良與客狙擊秦始皇博浪沙中,誤中副車。秦皇帝大怒,大索天下,求賊甚急,爲張良故也。良乃更名姓,亡匿下邳。"

[14]"漢祖之北征"四句:指劉邦白登之圍。高祖七年(前200),劉邦親率大軍出擊匈奴,陳平、樊噲、周勃等隨行。劉邦及前鋒部隊輕進至平城白登山,被單于四十萬大軍包圍七天七夜。

[15]塞翁失馬:故事出自《淮南子·人間訓》:"夫禍福之轉而相生,其變難見也。近塞上之人,有善術者,馬無故亡而入胡,人皆弔之。其父曰:'此何遽不爲福乎?'居數月,其馬將駿馬而歸,人皆賀之。其父曰:'此何遽不爲禍乎?'家富良馬,其子好騎,墮而折其髀,人皆弔之。其父曰:'此何遽不爲福乎?'居一年,胡人大入塞,丁壯者引弦而戰,近塞之人,死者十九,此獨以跛之故,父子相保。故福之爲禍,禍之爲福,化不可極,深不可測也。"後因以"塞翁失馬"比喻禍福相倚,壞事變成好事。

[16]白犢之祝帝:故事出自《列子·說符》:"宋人有好行仁義者,三世不懈。家無故黑牛生白犢。以問孔子,孔子曰:'此吉祥也,以薦上帝。'居一年,

其父無故而盲。其牛又復生白犢。其父又復令其子問孔子。其子曰：
'前問之而失明，又何問乎?'父曰：'聖人之言，先迕後合。其事未究，姑
復問之。'其子又復問孔子。孔子曰：'吉祥也。'復教以祭。其子歸致命。
其父曰：'行孔子之言也。'居一年，其子又無故而盲。其後，楚攻宋。圍
其城，民易子而食之，析骸而炊之。丁壯者皆乘城而戰，死者大半。此
人以父子有疾，皆免。及圍解而疾俱復。"後用"白犢祝帝"比喻吉祥的
預兆。

[17] 不虞：出乎意料，多指不吉祥之事。《國語·周語中》："以待不庭不虞
之患。"

[18] 削平天下：趙匡胤雪夜私訪趙普，是在陳橋驛兵變不久，應在 960 年，此
時的中國，北方有遼國卵翼之下的北漢，南方有後蜀、南唐、吳越、南漢政
權，以及荊湖、閩南一帶的割據勢力。趙時春說此時"削平天下亦已幾
矣"，似言過其實。

[19] 蕩掃群盜：應指平定各割據政權和勢力。

[20] 親臨矢石：趙匡胤在周世宗柴榮時期，即爲重要武將，任定國軍節度使等
職，在與北漢、南唐的作戰中，他親冒矢石，英勇作戰，故趙時春言其"親
臨矢石亦已幾矣"。

[21] 河東：指北漢政權，都城在晉陽（今太原），十國中最後一個被滅的政權；
因在黃河以東，故趙時春稱之爲河東。彈丸黑子：比喻極小。語出庾信
《哀江南賦》："地惟黑子，城猶彈丸。"黑子，圍棋子。

[22] 幽燕腥羶犬羊之區：幽燕，指幽州地區，是戰國時期燕國的主要統治區，
故稱幽燕；即今之京津、冀北、遼寧等地。因其當時屬遼國，由遊牧民族
契丹所統治，故趙時春稱"腥羶犬羊之區"。

[23] 趙普：趙匡胤的心腹謀臣，北宋政治家，在趙匡胤兵變、征戰以及治理天
下的過程中，作出了重要貢獻。

[24] 臺省：漢的尚書臺，曹魏的中書省，都是發佈政令的中樞機構，後因以指
政樞機構。

[25] 禁闥：皇宮的門户，因僅内侍之臣可出入，故稱。

［26］李愬入蔡：指李愬雪夜入蔡州之事。元和十二年（817），李愬率軍奇襲蔡州，擒淮西節度使吳元濟，平定淮西。

［27］袁安高臥：《後漢書·袁安傳》李賢注引《汝南先賢傳》云："時大雪積地丈餘，洛陽令身出案行，見人家皆除雪出。有乞食者。至袁安門，無有行路。謂安已死，令人除雪入户，見安僵臥。問：'何以不出?'安曰：'大雪人皆餓，不宜干人。'令以爲賢，舉爲孝廉。"趙時春所引李愬與袁安之事，都發生於大雪之夜，以此類比趙匡胤雪夜私訪。

［28］"遼主因雪赴獵"二句：指遼穆宗耶律璟。耶律璟暴虐，應曆十六年（966），他前往黑山打獵，因大雪封山，獵物稀少，便虐待、殺戮侍衛，最後被侍衛殺死。

［29］長君之罪：大意是，助長君主的不良行爲，等於助長君主之罪。

［30］呼嫂：趙匡胤雪夜私訪趙普，呼趙普妻爲嫂。參見本文題解引文。

［31］太祖：即藝祖，宋太祖趙匡胤，北宋開國之君。

問　鼎 正德辛巳年作

【題解】

問鼎，即楚莊王問鼎之事。《左傳·宣公三年》載，楚莊王伐陸渾之戎，觀兵於周疆，周定王派王孫滿犒師。楚莊王問王孫滿周鼎之輕重，王孫滿曰："鼎之輕重，不可問也。"並陳述了一番周之統治"在德不在鼎"的道理。這就是著名的"問鼎中原"的故事。相傳，夏禹鑄造九鼎以代表九州，作爲國家權力的象徵；夏、商、周三代均以鼎爲傳國重器，唯得天下者據之。楚莊王問鼎，正是其欲篡取周的體現。

本文以"問鼎"爲題，討論西周後期以來王室衰弱、諸侯坐大、四夷交侵的形勢。其大意是，國家之患，不在於敵人有多強，而在於自身是否穩固、強大；如果自身穩固而強大，那麼任何強敵都不足畏。以楚莊王之問鼎而言，楚國鬥橫由來已久，其兼併江淮小國，與齊、晉戰於中原，以致於猖狂至問鼎之輕重，正是上升勢頭；以周王室而言，其衰落也江河日下，自夷王、平王以來，地削力衰，僅賴尊王攘夷而保持顏面，亦爲漸積之勢。因此，是周王室自身的問題導致楚莊王有可趁之機，進而導致了"中國陵夷"的局面。解決的辦法，就是要"正本""行文、武之政"，即建設自身，推行周初的文王、武王之政。應該説，趙時春的議論指出了問題的癥結所在，但其解決之道，還略嫌勉強。趙時春還假設，如果周平王能奮忠義，激發雪恥之心，就可以"舉雍、洛、晉、鄭之兵以討西戎"，可以"一舉而令於天下"。今天看來，這樣的設想似乎有點想當然。

正德辛巳，即正德十六年(1521)，趙時春13歲。

聖人之道，不恃乎人之不我乘，而恃乎我之不可乘。蓋事無定變，勢無定主。人居其百，吾守其一[1]，伺釁往來者，惟一之是乘。而乃開關以延之[2]，狃於宴樂而忘於儆戒[3]，以招天下之敵，吾未見其然也。吾意聖人不如是，彊敵勍寇移山而來[4]，聖人不憂，顧憂吾之可乘與否耳？正爾大分，治爾封疆，糒爾糗糧，屬爾將士，將天下之人畏之，何彊敵之足患哉！此蓋聖人正本之意、憂天下來世之心也。

世之説問鼎者曰："劫取宗器而已。"[5]甚者曰："蠻夷無道，中國陵夷而已。"[6]吁！俘厥寶玉，湯實緩之[7]。楚子鬥横[8]，何汲汲於此哉？況禍之來也由敵，而招之者在我。聖人以爲意外之變不足惜，而腹心之禍爲可憂。會戎於唐[9]，戎之强，僭也，聖人不責戎而責魯侯；荆屢伐鄭[10]，荆之强，僭也，聖人不責荆而責諸侯。馴至於滅黄、滅江[11]，爲齊桓、處父之過[12]，猾夏者無罪[13]，而不救者見責，豈聖人之意哉？

聖人以爲微虜俘裔抗陵上國[14]，亦吾有以招之。是故自反而求縮焉，自反而不縮[15]，遂進楚爲楚子[16]。使夷能中國者而中國之，以責於中國之君、卿大夫，庶幾蠻夷慕義而安分。中國見乖而自修陵夷之病，其或廖乎中國，自反而又不縮，蠻夷貪利而不知止。荀林父以十萬之衆折於邲[17]，冢卿獲壯士盡而鄭繼以滅焉[18]；陸渾之戎無罪而被剪屠[19]，周室之鼎惴惴然而莫敢保也[20]，況楚之無王也久矣[21]。殷武有奮發之伐[22]，隨侯有稱王之請[23]，次陘有包茅之責[24]，其視鼎也慇慇然[25]，思欲染指而垂涎焉。齊桓、晉文再伐而再屈之[26]，《春秋》美其功。不然，則泓之捷[27]，縠之戎[28]，子玉之剛而無禮[29]，問鼎焉亦久矣，奚待於莊王哉？星星不止至於燎原，浸浸不止至於滔天，彊寇之心何有饜乎？

聖人推其禍亂之所由生，歸之於夷、平之際[30]。蓋自下堂見諸侯[31]，而君臣之道衰；不籍千畝[32]，而强本之務廢，由是敗績於姜氏之戎[33]。申伯内叛[34]，西戎外侵[35]，天下共主滅於驪山[36]。幸而文、武之澤未斬[37]，《小雅》之道未廢[38]，晉、鄭、秦人不廢君臣之義[39]，自豐鎬至於洛都[40]，延地千里，强兵萬乘。輔之以晉、鄭[41]，遠之以山河[42]，天下險阻便利之地莫如周。向使平王有强忍之資，行文、武之政，何遽西戎之不若哉？

昔者太王嘗困於昆夷矣[43]，文王嘗困於崇矣[44]，環百里之地[45]，間乎强敵之間，唯二王能修其業，故雖失之於西隅，而終收之於桑榆。周地雖狹，尚十倍於二王之時。而周人匈匈，雪恥之心，衆於歸岐之士[46]，使平王能作忠義之心，招周人之豪傑者而與之謀難，臣思雪君之恥，子思報父之讎，舉雍、洛、晉、鄭之兵以討西戎[47]，則可以一舉而令於天下矣。而乃偷安於洛，舉先王之宗國而委之暴秦[48]，使秦卒伐周，以有天下，成周之都日以浸削[49]，大夫暴於私邑[50]，伯國剪其外彊[51]，自以爲戎狄之所不能病，而奠宗社於億萬之安也。

遷都未幾，内亂屢作，鄭伯以王之卿士叛於其邑[52]，楚子以五十里之國稱僭大號[53]，問鼎之舉，王孫滿設爲虛辭以誕楚[54]，岌岌乎其不亡也，是何也？我有可乘之勢，則以羿、浞之强而卒滅於少康[55]；使我無可秉之勢，則少康以一旅之衆而卒滅讎敵[56]。戎楚之强不逾羿、浞，而周大於少康，有如是之勢，而爲人所乘，非有桀、紂之惡而亡其國。嗚乎！天之所爲乎？人之所爲乎？

【注釋】

[1] 吾守其一：堅守一個原則。語出《莊子·在宥》："我守其一以處其和，故

我修身千二百歲矣,吾形未常衰。"

[2] 開關以延之:迎擊敵人。賈誼《過秦論》:"秦人開關延敵,九國之師逡巡
遁逃而不敢進。"

[3] 狃:貪圖。儆戒:告誡他人。《尚書·大禹謨》:"儆戒無虞,罔失法度。"

[4] 勍(qíng)寇:強敵。

[5] 劫取宗器:劉歆《毀廟議》:"及至幽王,犬戎來伐,殺幽王,取宗器。自是
之後,南夷與北夷交侵,中國不絕如線。"宗器,宗廟祭祀之器。

[6] "甚者曰"三句:蠻夷:指楚國;楚在南方,周人稱爲荆蠻。陵夷,即凌夷,
衰敗。柳宗元《封建論》:"陵夷迄於幽、厲,王室東徙,而自列爲諸侯矣。
厥後,問鼎之輕重者有之,射王中肩者有之,伐凡伯、誅萇弘者有之,天下
乖戾,無君君之心。"

[7] 俘厥寶玉:奪取其寶玉。語出《尚書·湯誓》:"夏師敗績,湯遂從之,遂伐
三朡,俘厥寶玉。"湯實緩之:大意是指商湯不急於滅夏。據《史記·殷本
紀》,商湯攻佔三朡之地,"欲遷其社,不可,作《夏社》",即商湯沒有立即
更換夏朝的社神句龍,且作《夏社》以説明。趙時春之"湯實緩之",可能
是在説這個意思。

[8] 楚子:此指楚莊王,因周室封楚君爲子爵,故稱"楚子"。

[9] 會戎於唐:魯隱公二年(前 721),魯與戎在唐地會盟。《左傳·隱公二
年》:"秋,盟於唐,復修戎好也。"僭:僭越。

[10] 荆屢伐鄭:鄭襄公時,鄭國在晉、楚兩大國之間艱難生存,楚莊王曾在鄭
襄公元年、五年、八年三次攻打鄭國,襄公投降。荆:春秋時楚國的舊稱。
《春秋·莊公十年》杜預注:"荆,楚本號,後改爲楚。"

[11] 滅黄、滅江:指楚國滅黄、滅江之事。《左傳·僖公十二年》:"夏,楚人滅
黄。"黄,古國名,故城在今河南省潢川縣西。《左傳·文公四年》:"秋,楚
人滅江。"江,周代國名,在今河南省正陽縣西南。

[12] 齊桓、處父之過:楚國擴張,滅黄、江兩國,引起了中原大國的高度警惕。
劉向《新序·善謀》:"齊桓公時,江國、黄國,小國也,在江淮之間,近楚。
楚,大國也,數侵伐,欲滅取之。江人、黄人患楚,齊桓公方存亡繼絕,救

危扶傾,尊周室,攘夷狄,爲陽穀之會,貫澤之盟。"可見,齊桓公爲了阻止
楚國擴張,有陽穀之會與貫澤之盟。處父:陽處父,春秋時晉國大夫,《左
傳·文公三年》:"晉陽處父帥師伐楚以救江。"即陽處父也曾帥師救江,
但無果而還。

[13] 猾夏:侵擾華夏。

[14] "聖人以爲"句:《孔子家語·相魯》:"(孔子曰):吾兩君爲好,裔夷之俘
敢以兵亂之,非齊君所以命諸侯也。裔不謀夏,夷不亂華,俘不干盟,兵
不逼好。"這是趙時春所言"微虜俘裔抗陵上國"的出處。

[15] 自反而不縮:躬自反省,認識到自己不佔理(正義不在我)。語出《孟子·
公孫丑上》:"吾嘗聞大勇於夫子矣:自反而不縮,雖褐寬博,吾不惴焉;自
反而縮,雖千萬人,吾往矣。"這裏的"縮",一般解釋爲"直",不縮即不直,
理虧。

[16] 進楚爲楚子:楚國始封君熊繹被封爲"子"爵,在西周初年。

[17] "荀林父"句:指晉楚邲之戰。公元前 597 年,楚莊王帥師,與以荀林父爲
首的晉軍,在邲(今鄭州北)展開決戰,晉軍因將帥不和、指揮不協而敗
績。邲之戰是晉楚爭霸中原的決定性戰役,奠定了楚莊王春秋霸主的
地位。

[18] "冢卿"句:指荀林父救鄭,無功而返。邲之戰的起因是楚莊王率軍攻鄭,
荀林父率軍救鄭,於是雙方在邲地決戰。冢卿,上卿,六卿中掌國政的
人,這裏指荀林父。趙時春所言"鄭繼以滅焉"似嫌勉強,因爲鄭國的滅
亡,與邲之戰之間,尚有二百餘年。

[19] "陸渾之戎"句:陸渾戎是春秋時期戎族的一大部,原居瓜州,被秦穆公、
晉惠公等脅迫、利誘,遷徙至伊川(今洛陽附近),公元前 525 年,被晉國
所滅。趙時春言陸渾戎"無罪被屠",應指陸渾戎之被遷徙、被滅。

[20] "周室"句:東周定都於洛陽。趙時春的意思是,洛陽周圍的陸渾戎滅於
晉,則洛陽的成周政權也岌岌可危。

[21] 楚之無王:可能是指楚國沒有稱霸。楚國至楚莊王始強大,稱霸諸侯。

[22] 殷武有奮發之伐:語出《詩經·商頌·殷武》:"撻彼殷武,奮發荊楚。"《殷

武》是歌頌殷高宗武丁討伐荆楚、使諸侯歸附以中興商朝之詩。

[23] 隨侯有稱王之請：楚武王熊通爲了稱王，讓隨侯作馬前卒，爲其請王。隨侯率漢水諸侯赴洛陽請求，結果周王室沒答應，熊通遂自稱武王。

[24] 次陘有包茅之責：指魯僖公四年（公元前656），齊楚會盟，齊管仲責問楚屈完之事。《左傳·僖公四年》：“（管仲曰）：爾貢包茅不至，王祭不供，無以縮酒，寡人是征，昭王南征而不復，寡人是問。”陘，楚地，潁川召陵縣南有陘亭。

[25] 慇慇：殷殷，深切貌。

[26] 齊桓、晉文再伐而再屈之：齊桓公伐楚，在魯僖公三年（公元前657），有陽谷之會，次年有召陵之盟（即次陘有包茅之責之事）。晉文公伐楚，在魯僖公二十八年（公元前632），有踐土之盟。

[27] 泓之捷：指公元前638年的宋楚泓之戰，以宋國完敗告終。泓之戰後，楚國霸權到達頂峰。

[28] 穀之戍：應當還是指陽谷之會。

[29] 子玉之剛而無禮：楚國令尹成得臣，字子玉，爲人剛而有勇，短於決機。城濮之戰中，子玉作爲楚國主帥，在晉文公退避三舍的情況下，仍然咄咄逼人，勇於進攻，最終敗北。《左傳·僖公二十八年》：“子犯曰：‘子玉無禮哉！君取一，臣取二，不可失矣。’”

[30] 夷、平之溁：即夷平之際，周夷王、周平王之時。夷王、平王分別是周代第九任、第十三任國君。《史記·周本紀》：“平王之時，周室衰微，諸侯強併弱，齊、楚、秦、晉始大，政由方伯。”溁：水岸邊，邊際。

[31] 下堂見諸侯：指周夷王下堂見諸侯之事。《禮記·郊特牲》：“覲禮，天子不下堂而見諸侯；下堂而見諸侯，天子之失禮也，由夷王以下。”鄭玄注云：“夷王一時微弱，不敢自尊於諸侯。”可見，天子見諸侯本不下堂，周夷王“紆尊降貴”，下堂見諸侯。

[32] 不籍千畝：不實行井田制（井田一井九百畝），是周宣王改革稅收制度的措施。宣王三十九年（公元前789），周朝討伐姜戎，戰於千畝（今山西介休縣南），周軍大敗。爲挽救國勢，周宣王實行了“不籍千畝”之制，廢井

田,改爲按人頭征税。

[33] 姜氏之戎:春秋時西戎的別種,姜姓。《史記·周本紀》:"三十九年,戰於千畝,王師敗績於姜氏之戎。"

[34] 申伯内叛:應是申侯内叛。申伯爲申國始封君,其孫女爲周幽王王后,周幽王寵幸褒姒,廢申后,申后之父申侯聯合犬戎起兵,攻入鎬京,殺周幽王。

[35] 西戎外侵:指與申侯一起起兵的犬戎。犬戎是生活於陝、甘一帶的玁狁部落,都城在今甘肅静寧縣威戎鎮。

[36] 天下共主:指周幽王。周幽王被殺於鎬京,趙時春以驪山代指鎬京,故云"滅於驪山"。

[37] 文、武之澤:周文王、周武王統治的恩澤。文、武爲周代開國之君。

[38] 《小雅》之道:古人對《詩經·小雅》的認識,認爲《小雅》是周王朝衰落以後的作品。蘇軾《問小雅周之衰》云:"《小雅》者,言王政之小,而兼陳乎其盛衰之際者也。"蘇軾的意思是,儘管《小雅》産生於周朝衰落之時,但其王政猶存、王澤未遠,所以兼具"盛衰之際"。

[39] 晉、鄭、秦人不廢君臣之義:指平王東遷時,晉、鄭、秦三國都有護衛之功。

[40] 自豐鎬至於洛都:指鎬京至洛陽之間,爲周朝統治的腹心地帶。豐鎬:文王邑豐,在豐水以西;武王遷鎬,在豐水以東。

[41] 輔之以晉、鄭:靠晉、鄭兩個姬姓國來輔佐。《國語·周語》:"我周之東遷,晉、鄭是依。"

[42] 遠之以山河:洛陽襟山帶河,有八面環山、五水繞城之説,被稱爲"天下之中"。

[43] 太王嘗困於昆夷:《詩經·大雅·綿》關於周太王古公亶父的描寫中,有亶父因受昆夷侵擾而遷於岐的記載,"混夷駾矣,維其喙矣","混夷"即昆夷,言昆夷疲憊逃竄。

[44] 文王嘗困於崇:指崇侯虎曾譖言周文王事。《史記·周本紀》:"崇侯虎譖西伯於殷紂曰:'西伯積善累德,諸侯皆向之,將不利於帝。'"後來周文王伐滅崇侯,成爲討伐商紂的前奏。

［45］環百里之地：周太王居岐山之下，周文王建都豐京，地盤都不大。

［46］歸岐之士：可能指歸附周文王的諸侯，接近於周武王所言之"西土有衆" "西土君子"（《尚書·泰誓》）

［47］舉雍、洛、晉、鄭之兵以討西戎：趙時春設想，周平王率領秦、晉、鄭、周等軍隊，西向討伐西戎。秦、晉、鄭爲東周的主要支持者。

［48］舉先王之宗國而委之暴秦：周平王鑒於西戎威脅，所以委之於秦，讓秦國攻打西戎，並許之以封地，遂有秦穆公霸西戎之事。

［49］成周：洛陽。《尚書·洛誥》："召既相宅，周公往營成周。"

［50］大夫暴於私邑：春秋中後期，大夫領地内出現了類似縣的行政區"邑宰"，大夫宗廟所在地稱爲"都邑"，爲大夫封地的核心區。隨着大夫權力增大，如魯國季氏之費邑、趙國趙氏之晉陽等崛起，大夫均爲能力強、權力大之人，曲沃大夫胥午也曾助力欒氏中興，有些邑宰叛主，如趙氏中牟宰佛肸叛趙氏，所以趙時春云"暴於私邑"。

［51］伯國：爵位爲伯的諸侯國，一般都是重要諸侯國的附庸。隨着兼併加劇，這些小侯國或滅或損，所以趙時春言"剪其外彊"。彊，通"疆"。

［52］"鄭伯"句：鄭國始封於周宣王時期。平王東遷，鄭武公有功，因封卿士。後來鄭武公、鄭莊公逐漸驕橫，周平王遂扶植虢公，讓虢公主政，這引起鄭莊公不滿。周桓王十二年（公元前708），桓王率軍討伐鄭國，鄭莊公公然以武力抗拒，且射中了桓王肩膀。

［53］五十里之國：西周封爵，"子男五十里"（《禮記·王制》）。楚國始封爲子爵，故言其五十里。

［54］王孫滿：春秋時期周大夫。楚莊王問鼎之輕重，王孫滿"虛辭以誕楚"，其辭曰："在德不在鼎。昔夏之方有德也，遠方圖物，貢金九牧。鑄鼎象物，百物而爲之備，使民知神奸。故民入川澤山林，不逢不若，魑魅魍魎，莫能逢之。用能協於上下，以承天休。桀有昏德，鼎遷於商，載祀六百。商紂暴虐，鼎遷於周，德之休明，雖小，重也。其奸回昏亂，雖大，輕也。天祚明德，有所底止。成王定鼎於郟鄏，卜世三十，卜年七百，天所命也。周德雖衰，天命未改。鼎之輕重，未可問也。"（《左傳·宣公三年》）

[55] 羿、浞：后羿、寒浞。后羿，夏朝東夷族有窮氏首領；夏后仲康死，其子相
繼位，不久，羿驅逐相，自任國君，後被家臣寒浞所殺。寒浞，后羿之相，
後來殺死后羿，奪取夏朝政權，晚年驕奢淫逸，不修政事，最後死於少康
的復國之戰中。少康：仲康之孫，他積極復國，殺死寒浞，後來大有作爲，
史稱"少康中興"。

[56] 少康以一旅之衆而卒滅讎敵：少康滅寒浞之戰，《左傳·哀公元年》載：
"（少康）有田一成，有衆一旅，能布其德，而兆其謀，以收夏衆，撫其官
職。"少康聯合夏朝故臣，攻滅寒浞。詳細可參呂思勉《太康失國與少康
中興》（《呂思勉讀史札記》第 89 頁，上海古籍出版社 2005 年）。

武帝不冠不見黯

【題解】

武帝不冠不見黯，事見《史記·汲鄭列傳》："大將軍青侍中，上踞廁而視之。丞相弘燕見，上或時不冠。至如黯見，上不冠不見也。上嘗坐武帳中，黯前奏事，上不冠，望見黯，避帳中，使人可其奏。其見敬禮如此。"漢武帝可以比較隨便地會見衛青、公孫弘，但對於汲黯，則不冠服不見。足見漢武帝對汲黯禮敬之程度，當然，其中可能也有顧忌汲黯當面指責的原因。

汲黯，字長孺，漢武帝時有名的諍臣，先後任太子洗馬、東海太守、主爵都尉、淮陽太守等職。他爲人倨傲，性格耿直，不能容人過，但品行純正，好學而仗義，屢次指摘漢武帝過失，還多次指斥公孫弘、張湯等人，是武帝朝少有的正直官員。武帝曾譽之爲"社稷之臣"（《史記·汲鄭列傳》），班固評之曰："張釋之之守法，馮唐之論將，汲黯之正直，鄭當時之推士，不如是，亦何以成名哉！"足見汲黯正直人格的典型性。《史記》卷一二〇、《漢書》卷五〇有傳。

趙時春是有感於論者言漢武帝對汲黯"貌敬心疏"，遂作文以反駁。其主要論據是，能讓國君貌敬心疏之人，必是那些近乎權高震主如韓信、霍光之流，而汲黯官位相對較低，根本不足以讓武帝有所忌憚，所以武帝也用不着以貌敬心疏之態來對待汲黯。在汲黯政治生涯的前期，武帝不冠不見黯，是真敬重；在其生涯後期，武帝是真疏遠他。趙時春還以劉邦對商山四皓的態度，來類比武帝對汲黯的態度。由此，趙時春對那些説貌敬心疏之言的論者給予了抨擊，並説儒者（論者）應當以古匡今，讓國君鑒古自淑，而不能過責或過譽國君，更不能"議古以衒奇"。

後世議古之人主太過，而其詆責賢者尤深；及其進説於世主之前,則反過譽其所無,而掩飾其所有。夫所貴於儒者,固將援古以匡今,使人主鑒古以自淑,尤當暴古之所長,使人主歉於懷不古若之心,而力修其邁古之政,然後可以進於古。世乃知儒者稽古之效非迂,而開來之功爲可繼也。

夫古人往矣,雖枚責之,徒數之,何益於今世乎?惟其責備於已往之陳迹,過暴其所短,而世之人主得以自況其所長,訑然以爲莫我逾,無復自進於古。此其所以好譏議古人,而終不及古人也歟?

漢武帝不冠不見黯,史記之,以爲帝與黯矣。而後之人苟責焉,謂帝貌敬而心疏之也[1]。夫貌敬而心疏者,必其臣之權與勢大有可畏忌。是故淮陰之知主畏惡,以其曾操三分之機而擅南面之權也[2],非以其參於三傑也[3]。霍光之芒刺在背[4],以其專廢置之柄而制三朝之威福[5],非以其詳審有常也[6]。黯一故東宮洗馬,稍遷次於九卿[7],持文墨議論[8],曾無一於是,帝何所憚[9]?既疏之矣,而復貌敬之乎?凡人臣結強藩之援,煽朋黨之禍,而皆使人主猜忌,黯面折孫弘[10],而寢謀淮南矣[11],此又非所以擬黯,然則帝何憚於黯,貌敬而心疏之哉?

詳考之史,皆在黯未去右內史之前[12],乃知帝之敬黯,其誠不誣也。其後此禮衰,而後有積薪之喻[13],妄發之責[14],始免以小法[15],起之淮陽[16],帝於是真不敬黯矣,豈可以其用之小而遂疑其禮之偽,後之非而并廢其前之是哉!

嗚呼!過廟闕則慢怠者起敬[17],望丘壠則悖逆者慕親[18]。遇赤子入井[19],則狠惡者生慈;聞聖賢君子,則媚妬者思齊[20]。孟子所謂"四端"具[21],是以爲人者也,不如是,則明不足以爲人。帝之雄才大略,寧無是四端乎?故敬黯者誠也,其終疏之也,直不能擴而充之耳。帝之人心誠在也，安可苟責而過議之哉？

　　高帝之見英布也，本群徒草昧之故態[22]；其罵趙子弟[23]，本恨四方諸侯之兵不至，淮陰、彭越之宿將不從[24]，復使我濫爵賞以豫待有功，故發憤於趙子弟耳。先儒舉以爲用術，不識罵呂后所迎之醫而賜之金[25]，又將爲術乎？卒然見四皓[26]，大驚而起敬，與厥孫之敬黥無異[27]，後亦不更致敬，有薄於黥焉。苟非帝之術窮，則先儒之論窮矣。迹其好議古以衒奇，本無定見，然後之人主好奇而喜文飾者，以其前慢而後敬者，謂足以待豪傑；貌敬而心疏者，謂足以誑君子。又其下者，將以慢爲誠，以敬爲僞，則人主之心術，殆炭炭乎哉！故不可不早辨。

【注釋】

[1] 貌敬而心疏：宋代理學家袁甫《秘書少監上殿第二劄子》：“陛下雖有好賢樂善之念，未免貌敬心疏，彼之有所抱負者，實未能展佈歟？”

[2] “是故”兩句：言韓信明知劉邦忌憚自己，是因爲他曾經擁有與劉邦、項羽三分天下的實力。畏惡：語出《史記・淮陰侯列傳》：“信知漢王畏惡其能，常稱病不朝從。信由此日夜怨望，居常鞅鞅，羞與絳、灌等列。”操三分之機：語出《史記・淮陰侯列傳》：“當今兩主之命縣於足下。足下爲漢則漢勝，與楚則楚勝。臣願披腹心，輸肝膽，效愚計，恐足下不能用也。誠能聽臣之計，莫若兩利而俱存之，參分天下，鼎足而居，其勢莫敢先動。”這是韓信在攻下齊地之後，蒯通勸韓信自立爲王、三分天下的話。

[3] 參於三傑：韓信與蕭何、張良並稱漢初三傑。

[4] “霍光”句：言霍光權高震主，以致於使得漢宣帝如芒在背。霍光：西漢權臣，著名政治家，時人比之周公。芒刺在背：語出《漢書・霍光傳》：“宣帝始立，謁見高廟，大將軍霍光從驂乘，上內嚴憚之，若有芒刺在背。後車騎將軍張安世代光驂乘，天子從容肆體，甚安近焉。及光身死，而宗族

竟誅。故俗傳之曰：'威震主者不畜。霍氏之禍，萌於驂乘。'"

［5］三朝之威福：霍光專權二十年，歷昭帝、昌邑王、宣帝三朝，威勢極盛。

［6］詳審有常：言霍光爲人謹慎周全，舉止有常。語出《漢書·霍光傳》："光爲人沉靜詳審，長才七尺三寸，白晳，疏眉目，美鬚髯。每出入下殿門，止進有常處，郎僕射竊識視之，不失尺寸，其資性端正如此。"

［7］稍遷次於九卿：汲黯在漢景帝時爲東宮洗馬，漢武帝時任東海太守，因有政績，故晉升爲主爵都尉，與九卿同列。這也是汲黯級別最高的官職。

［8］持文墨議論：即主要負責論議是非、記錄功爵等事。汲黯所任之主爵都尉，主要是負責諸侯國王及其子孫封爵事宜。這些都無關國家大政，更遑論專權，故趙時春言"無一於是"，即汲黯根本談不上專權柄。

［9］帝何所憚：《漢書·汲黯傳》載汲黯被漢景帝"以莊見憚"，漢武帝亦"敬禮"汲黯。

［10］面折孫弘：當面折損公孫弘。公孫弘是漢武帝時以儒生而爲丞相的典型。汲黯位至九卿時，公孫弘尚爲小吏；公孫弘以儒術而得漢武帝青睞，汲黯又看不起儒生，所以他"面觸弘等徒懷詐飾智以阿人主取容，而刀筆吏專深文巧詆，陷人於罪，使不得反其真，以勝爲功"（《漢書·汲黯傳》）。

［11］寢謀淮南：《漢書·汲黯傳》："淮南王謀反，憚黯，曰：'好直諫，守節死義，難惑以非。至如說丞相弘，如發蒙振落耳。'"即淮南王謀反，知道汲黯爲人正義，所以不敢去拉攏；至於公孫弘，則十分容易拉攏，就如使枯葉飄落一般輕而易舉。

［12］黯未去右內史：《漢書·汲黯傳》："弘爲丞相，乃言上曰：'右內史界部中多貴人宗室，難治，非素重臣不能任，請徙黯爲右內史。'爲右內史數歲，官事不廢。"可見，公孫弘爲丞相，讓汲黯轉任右內史之職。右內史，掌京城治安，與左內史、右輔並稱，即後來之京兆尹、左馮翊、右扶風。

［13］積薪之喻：汲黯見原來比他官職低得多的張湯、公孫弘均位至公卿，遂心生怨言，進言漢武帝曰："陛下用群臣如積薪耳，後來者居上。"（《漢書·汲黯傳》）

［14］妄發之責：據《漢書·汲黯傳》，匈奴渾邪王率衆來降，漢武帝令"發車二

萬乘"以迎接,可是百姓不願提供馬匹,以致於長安令湊不齊馬匹。漢武帝欲殺長安令,汲黯進言曰:"長安令無罪,獨斬黯,民乃肯出馬。且匈奴畔其主而降漢,徐以縣次傳之,何至令天下騷動,罷中國,甘心夷狄之人乎!"

[15] 免以小法:《漢書·汲黯傳》:"後數月,黯坐小法,會赦免官。於是黯隱於田園。"

[16] 起之淮陽:汲黯因"作小法"被免官數年後,漢武帝任之爲淮陽太守,在淮陽七年而卒。

[17] 廟闕:宗廟祭祀的建築。因祭祀需敬戒,故言"慢怠者起敬"。

[18] 丘壠:丘隴,墳墓,借指家園。

[19] 赤子入井:嬰兒爬着將要跌進井裏。語出《孟子·滕文公上》:"赤子匍匐將入井,非赤子之罪也。"

[20] 思齊:即見賢思齊。

[21] 四端:指惻隱之心、羞惡之心、辭讓之心、是非之心。語出《孟子·公孫丑上》:"惻隱之心,仁之端也;羞惡之心,義之端也;辭讓之心,禮之端也;是非之心,智之端也。人之有是四端也,猶其有四體也。"

[22] "高帝之見英布"二句:劉邦召見英布的粗魯做派。《史記·黥布列傳》:"淮南王至,上方踞床洗,召布入見,布大怒,悔來,欲自殺。出就舍,帳御飲食從官如漢王居,布又大喜過望。"草昧:蒙昧。

[23] 罵趙子弟:《史記·淮陰侯列傳》載,韓信破趙之後,欲以威懾之力下燕、齊,因而按兵不動;此時劉邦被項羽攻打正急,韓信卻來函索要"假王",劉邦大怒,罵曰:"吾困於此,旦暮望若來佐我,乃欲自立爲王!"

[24] 淮陰、彭越之宿將不從:劉邦在滎陽被項羽急攻,形勢危急。淮陰侯韓信不來救助,反而求"假王";劉邦也派人促使彭越出兵,彭越亦不從。劉邦"乃謂留侯曰:'諸侯兵不從,爲之奈何?'留侯曰:'君王能出捐此地許二人,二人今可致;即不能,事未可知也。'"(《史記·魏豹彭越列傳》)於是劉邦立彭越爲梁王。

[25] 呂后所迎之醫而賜之金:《史記·高祖本紀》:"高祖擊布時,爲流矢所中,

行道病。病甚，呂后迎良醫，醫入見。高祖問醫，醫曰：'病可治。'於是高祖嫚罵之曰：'吾以布衣提三尺劍取天下，此非天命乎？命乃在天，雖扁鵲何益！'遂不使治病，賜金五十斤罷之。"

[26] 卒然見四皓：《史記·留侯世家》載，劉邦病入膏肓，欲易太子，於是張良等安排商山四皓入見，"及燕，置酒，太子侍。四人從太子，年皆八十有餘，鬚眉皓白，衣冠甚偉。上怪之，問曰：'彼何爲者？'四人前對，各言名姓，曰東園公，角里先生，綺里季，夏黃公。上乃大驚，曰：'吾求公數歲，公辟逃我，今公何自從吾兒游乎？'四人皆曰：'陛下輕士善罵，臣等義不受辱，故恐而亡匿。竊聞太子爲人仁孝，恭敬愛士，天下莫不延頸欲爲太子死者，故臣等來耳。'上曰：'煩公幸卒調護太子。'"

[27] 與厥孫之敬黯無異：劉邦子惠帝，孫文帝，曾孫景帝，玄孫武帝。趙時春之言，只是籠統稱武帝爲其子孫。

聖人法天而不私 正德庚辰年作

【題解】

聖人法天而不私，語出董仲舒《天人三策》："天者群物之祖也，故遍覆包函而無所殊，建日月風雨以和之，經陰陽寒暑以成之。故聖人法天而立道，亦溥愛而無私，佈德施仁以厚之，設誼立禮以導之。春者天之所以生也，仁者君之所以愛也；夏者天之所以長也，德者君之所以養也；霜者天之所以殺也，刑者君之所以伐也。繇此言之，天人之徵，古今之道也。"董仲舒的目的，是闡發天人之際的思想，即陰陽四季及其徵兆與人事對應的問題。

趙時春以董仲舒語爲題，只不過其論述中略去了董仲舒的天人感應思想，僅僅集中在"聖人法天不私"上，尤其是集中在"法天"上。其大致思路是，聖人取法天地之道，因勢利導，承天而行。正因爲取法天道，所以聖人也能防患於未然，"調和於未發之前，而變理於將萌之際"。如何調和、變理呢？封建、官爵、刑罰、禮法等，就是理順社會的基本手段。聖人的"法天不私"還有一個特點：不"獨擅"，即不唯我獨尊；因其不唯我獨尊，所以其尊位是自然形成的，是"巍然垂拱，雍雍永永"的，如樹之最高枝，自然居上。對於聖人的"不私"，本文僅僅借《禮記》"天無私覆，地無私載，日月無私照"以證明，稍顯薄弱。

正德庚辰，即正德十五年(1520)，趙時春12歲。

聖人者，因天下之勢而利導之者也[1]。天下有當然之理、自然之勢，治之者常拂之[2]，是以上無赫赫之功[3]，下失喁喁之望[4]。夫天下固有可治之理，而爲治者因其勢而利導之，以天而不以人。是故聖人不變民宜[5]，亦不守常變，隨其所宜而加節制焉，以防其亂於未然之前[6]，而順其情於已然之際。斯二者，皆因人情時勢爲之節文者也[7]。

秋水時至，百川灌河[8]，汪洋無際，奔山懷陵[9]，或欲順之，或欲治之。善水者曰：“不然。疏之，隄之，陂之，離之。”而水勢之殺者十二三矣。鑿龍門，障東海[10]，而水勢之殺者十過半矣。疏九河，通九川，導九江[11]，而水勢之殺者十無幾矣。聖人者，善治天下者也。豈必鉤奇以爲高，逆人而適己哉？吾意聖人固不如是，亦不如彼。

封建之於人久矣[12]。天生烝民[13]，有情必有欲，有欲必有主[14]。是封建也者，果孰爲之始也？天實啓之[15]。聖人者，承天而時行者也[16]。承天而違天，吾未見其然也。夫聖人者，承天而不違，能制天下之死命而不拂者也。

天下之勢猶人一身。心之使身，身之使臂，臂之使指，曲折宛轉無不如意。苟斷臂而使指，指將安附？夫指必受命於臂者也，臂必受命於身者也，身必受命於心者也。是非人力之所能爲也，天也。臂之大幾如腰，指之大幾如股，身雖欲使之，不可得矣。是何也？身受其病也。聖人之道，豈爲天下受病哉？聖人不爲天下受病，必調和於未發之前，而變理於將萌之際[17]。

是故有五爵三土之級焉[18]，有五服受命之差焉[19]，有城池衣服之等焉[20]，有朝會聘享相好之交焉[21]，有方伯連帥征伐之職焉[22]，有巡狩述職上下相交之節焉[23]，有世代襲易受命之誥焉。彊處而相爭，民處而相病也，於是乎使司空以九土之法掌之[24]。又慮其久而浸淫，教化之或弗率也，於是乎司寇以九刑之法掌之[25]。又慮其愚而弄法，政命之行弗通也，於是乎司馬以九伐之法掌之[26]。

海内之地方千里者九，而天子居其一^[27]。夫以一而制八，有耳者皆知其不便也。是何也？九州之大^[28]，吾知其廣於千里之畿也；郡縣之勢，吾知其易於諸侯之建也^[29]。乍喜而乍怒，則竄之南海^[30]，賜之鴟夷^[31]，朝下令而夕已滅矣。其於九伐之法、連率之兵、難易之勢，相去遠矣！

聖人蓋曰："天下固非吾事也，而又没没焉、擾擾焉以天下爲事，而獨擅之乎？"天不擅高，故日月星辰各麗其明；地不擅厚，故山川江海各峙其形。然而人不以日月星辰之明奪天之高，不以山川江海奪地之厚，而天之高、地之厚，孑然於萬古混淪之中。而日月星辰之明，山川江海之形，盈天地之間，舉不足以擬之。聖人法天之道，因地之利，不獨擅天下之尊，而九州、五爵如天之象，如地之形，錯落布列於海宇之内，舉不足以奪聖人之尊，而巍然垂拱^[32]，雍雍永永^[33]。然後世之主望之而不可及，安在其奪聖人之尊哉？

以是而知成天地之尊者，日月星辰、山川江海也；成聖人之尊者，九州之大、五等之爵也。自農、工、商、賈而諸侯之卿、士、大夫，自卿、士、大夫而公、侯、伯、子、男，自民而上，不知其幾億萬，而聖人以眇眇之身居其上^[34]。夫積薪之勢，下則萬枝糾結，等而上之，愈峻愈削，其後一木巍然而獨居於衆木之上。聖人之尊奚異於是？故天無私覆，地無私載^[35]，聖人無私厚，故聖人能與天地長久^[36]。蓋天下有自然之勢，聖人法天地之道，吾固曰："因天下之勢而利導之也。"

【注釋】

［1］因天下之勢而利導之：即因勢利導。《史記·孫子吴起列傳》："善戰者因

其勢而利導之。"

［２］拂：違背。

［３］赫赫之功：語出《荀子·勸學》："無惛惛之事者，無赫赫之功。"

［４］喁喁（yóng）：仰望期待貌。《吳越春秋·越王無餘外傳》："惡無細而不誅，功無微而不賞，天下喁喁，若兒思母、子歸父。"

［５］不變民宜：不改變那些適宜百姓的措施。《周易·繫辭下》有"黃帝、堯、舜氏作，通其變，使民不倦，神而化之，使民宜之"之語，趙時春語或出於此。

［６］防其亂於未然：即防患於未然。《周易·既濟》象辭："君子以思患而豫防之。"

［７］節文：制定禮儀，使行之有度。《禮記·檀弓下》："辟踊，哀之至也。有筭，爲之節文也。"

［８］"秋水"兩句：語出《莊子·秋水》："秋水時至，百川灌河。涇流之大，兩涘渚崖之間，不辯牛馬。"

［９］奔山懷陵：言洪水如山，湮没山陵。

［10］鑿龍門：即禹鑿龍門，傳説大禹治水，鑿龍門以導流。《墨子·兼愛中》："鑿爲龍門，以利燕、代、胡、貉與西河之民。"障東海：韓愈《進學解》："障百川而東之，回狂瀾於既倒。"

［11］九河、九川、九江：泛指江河。

［12］封建：封邦建國，中國早期分封的政治制度。《詩經·商頌·殷武》："命於下國，封建厥福。"

［13］天生烝民：上天生養百姓。語出《詩經·大雅·蕩》："天生烝民，其命匪諶。靡不有初，鮮克有終。"

［14］有情必有欲，有欲必有主：這是趙時春理欲觀的體現。《禮記·樂記》首提"存理滅欲"，宋代二程、朱熹等將這一觀念空前强化，趙時春没有明確提"滅人欲"，可見他對此持保留態度，其"有情必有欲，有欲必有主"的提法，與《吕氏春秋·情欲》"天生人而使有貪有欲。欲有情，情有節"的表述十分相近。

[15] 天實啓之：即天啓,《左傳·閔公元年》:"畢萬之後必大。萬,盈數也；魏,大名也。以是始賞,天啓之矣。'"

[16] 承天而時行：順承天道而依準四時運行。語出《周易·坤卦》文言:"坤至柔,而動也剛,至靜而德方,後得主而有常,含萬物而化光。坤道其順乎！承天而時行。"

[17] 燮理：協和治理。《尚書·周官》:"立太師、太傅、太保,兹惟三公,論道經邦,燮理陰陽。"

[18] 五爵：五等爵位,公、侯、伯、子、男。三土：三壤,按土質將耕地分爲上、中、下三品。《尚書·禹貢》:"咸則三壤,成賦中邦。"孔穎達疏:"土壤各有肥瘠,貢賦從地而出,故分其土壤爲上中下。計其肥瘠,等級甚多,但齊其大較,定爲三品。"

[19] 五服：甸服、侯服、綏服、要服、荒服,古代將王畿之外的地方以五百里爲圈劃分的名稱。《尚書·益稷》:"弼成五服,至於五千。"孔穎達疏:"五服,侯、甸、綏、要、荒服也。服,五百里。四方相距爲方五千里。"服,服事天子,與趙時春"受命"義近。

[20] 城池：即府、縣、廳、堡等級的城市。衣服：指祭服、朝服、公服、常服等制度規定的服裝等級。

[21] 朝會：君臣相見,臣見君爲朝,君見臣爲會。聘享：聘問獻納,聘問必有宴享。

[22] 方伯連帥：諸侯之長。《禮記·王制》:"千里之外設方伯,五國以爲屬,屬有長；十國以爲連,連有帥。"

[23] 巡狩：巡察諸侯所守的疆土。《孟子·告子》:"天子適諸侯,曰巡狩。巡狩者,巡所守也。"述職：諸侯向天子陳述職守。《孟子·梁惠王下》:"諸侯朝於天子曰述職。述職者,述所職也。"

[24] 司空：即司工,西周始置的職官,掌水土事。後世作工部尚書的別稱。九土：九州的土地。《國語·魯語上》:"共工氏之伯九有也,其子曰後土,能平九土。"韋昭注:"九土,九州之土也。"

[25] 司寇：即伺寇,夏殷已有的職官,周爲六卿之一,掌刑獄案件。後世作刑

部尚書的別稱。九刑：周代刑書名。《左傳·文公十八年》：“有常無赦，在《九刑》不忘。”

[26] 司馬：相傳少昊始置，周爲六卿之一，掌軍旅之事。後世作兵部尚書的別稱。九伐之法：討伐九種罪惡。《周禮·夏官·大司馬》：“以九伐之法正邦國：馮弱犯寡則眚之；賊賢害民則伐之；暴內陵外則壇之；野荒民散則削之；負固不服則侵之；賊殺其親則正之；放弒其君則殘之；犯令陵政則杜之；外內亂、鳥獸行則滅之。”

[27] “海內之地”二句：語出《孟子·梁惠王上》：“然則小固不可以敵大，寡固不可以敵衆，弱固不可以敵強。海內之地，方千里者九，齊集有其一；以一服八，何以異於鄒敵楚哉！蓋亦反其本矣！”

[28] 九州：據《尚書·禹貢》，九州指冀州、兗州、青州、徐州、揚州、荊州、豫州、梁州、雍州。後泛指中華。

[29] “郡縣之勢”二句：言郡縣制比封建制更易於統治國家。

[30] 竄之南海：貶之於海南島一帶。唐代以來，有官員被貶於海南一帶，宋代蘇軾、胡銓均有此經歷。

[31] 賜之鴟夷：語出《戰國策·燕策二》：“昔者五子胥說聽乎闔閭，故吳王遠迹至於郢。夫差弗是也，賜之鴟夷而浮之江。”鴟夷：鴟夷之革，皮囊。

[32] 垂拱：垂衣拱手。謂不親理事務。《尚書·武成》：“惇信明義，崇德報功，垂拱而天下治。”孔穎達疏：“謂所任得人，人皆稱職，手無所營，下垂其拱。”

[33] 雍雍：和洽貌。《漢書·王莽傳》：“四海雍雍，萬國慕義，蠻夷殊俗，不召自至。”永永：長久。《大戴禮記·公符》：“陛下永永，與天無極。”

[34] 眇眇之身：一人之力微不足道。《漢書·文帝紀》：“朕獲保宗廟，以眇眇之身托於天下君王之上，二十有餘年矣。”眇眇，微末。

[35] 天無私覆，地無私載：語出《禮記·孔子閑居》：“天無私覆，地無私載，日月無私照。”

[36] 聖人無私：《老子》第七章：“天地所以能長且久者，以其不自生，故能長生。是以聖人後其身而身先，外其身而身存。非以其無私邪？故能成其私。”

《書》

【題解】

《書》，即《尚書》，是一部在學術史上影響極大的上古文獻彙編，其間今古文經學以及因之而起的真偽問題交錯紛雜，可謂一樁典型的學術公案。據傳《尚書》由孔子編定，初編一百篇，後經秦火及永嘉喪亂，散佚嚴重，經過重新收集，東晉時形成五十八篇文獻，也是今傳《尚書》的最初底本，該本起於《堯典》，終篇《秦誓》(趙時春文中的記述也合於此)。

本文以"《書》"爲題，看起來似乎是要討論《尚書》學的大問題，其實僅僅討論了聖人立言這一個問題，對於篇目分合、義理闡釋、詞義訓詁等，趙時春不感興趣(明代學人整體也多如此)，也不討論。從文章來看，趙時春所説的聖人就是孔子，這也反映出，趙氏認爲《尚書》就出於孔子晚年手訂。

文章思路是，聖人之所以立言，是出於其憂世之心，不得已而爲之。因爲武力征伐大行其道，小人叢生，所以聖人立言以伸張三代之治，闡明正論，破除小人之術。文章對堯除四凶的議論亦頗有意味。

聖人難乎其爲言也，其有言也，有所憂也。故聖人之言也不苟，然必有所不得已，不平於其心而後言[1]。世之不能常治而不亂，而人之不能無小人固矣，世變之趨也。彼小人之志行[2]，聖人之憂大矣，憂其害君子也，故其心有所不平。君子之害，世以不治，故其言有所不得已。夫所憂乎小人，非憂乎真小人也，憂乎似君子而實小人者也。舞辭足以蔽正論[3]，矯行足以惑衆志。天下莫覺其爲非，而聖人之明，獨先覺之。苟非倡言以發其內，歷試以顯諸外，則小人之術售，而君子之志荒矣。茲豈聖人之得已者哉？

世之爲言者曰：“堯有四凶，不能去，舉舜而後去之。”[4] 陋矣，其不知堯也！誅四凶固舜矣，所以去四凶者非堯乎？方堯之時，滿朝皆君子[5]，共、鯀、驩兜之徒同列而並躋[6]，未有一人察其非是而倡言以攻之者。堯以君臨其上，獨能洞察而默識之，故屢進而屢咈之[7]，而欲試可者猶相繼，堯於是顯以静言庸違[8]，方命圮族責之焉[9]。然衆心猶未厭服，卒至於汨堙五行而後已[10]。故《堯典》之書[11]，自分官治曆之外[12]，大都皆爲四凶發也。堯度無與共功[13]，舉舜以自輔，而四凶之惡適著，於是始決去之，而後天下咸服。使堯不播之於衆，而獨内斷之於心，則四凶可以力去，而天下之心卒不可服。

夫以力服天下之心，非聖人之爲也甚矣。聖人之不得已於言也，其憂小人之心也。世愈下而小人愈多，徂征之師至於蠢動[14]，則小人衆矣。羲和之荒厥邑[15]，成湯之十一征[16]，則小人又衆矣；盤庚之遷率籲衆慼[17]，商辛之聚逋逃淵藪[18]，則小人愈衆矣。武王、周公之勝商[19]，克徐奄、淮夷[20]，滅國至五十[21]，則小人不勝其衆。蓋非十亂之所能禦[22]，至興大兵以殄絶之。而其餘孽故習尚勃然未衰，故訓命誓誥之文連篇累牘[23]，愈出而愈奇也。

設使世爲三皇之世[24]，則聖人固已無用乎言；使聖人終不言，則末世之弊無由以復振。故聖人之有言，憂小人之混君子而亂吾治也[25]，甚乎其不得已也。孔子得魯政七日，而誅魯之聞人少正卯[26]。雖智如子貢亦疑焉，孔子深喻之，而衆志乃定[27]。孔子始欲不言，而其終乃至多言，然后知小人之易惑而難制也。

至於晚年道不行[28]，丘索墳典之文盡[29]，以爲無用，而獨取聖人之所以制小人者，始於帝堯之四凶，終于《秦誓》之媚嫉[30]，以爲書其言，所以制小人者詳矣。

　　嗚呼！世之不能皆唐虞，人之不能盡君子，亦安可驅天下之人，而舉使之無言也哉？

【注釋】

[1] "故聖人之言"三句：朱熹《近思録》卷二："伊川先生《答朱長文書》曰：聖賢之言不得已也。蓋有是言則理明，無是言則天性之理有闕焉。……聖人之言，雖欲已，得乎？然其包涵盡天下之理，亦甚約也。"其中"聖賢之言不得已"或是趙時春聖人之言"必有所不得已"之出處。

[2] 小人之志：孔子曰："君子有三畏：畏天命，畏大人，畏聖人之言。小人不知天命而不畏也，狎大人，侮聖人之言。"（《論語·季氏》）趙時春將聖人之言與小人關聯對舉，思路也應出於孔子之語。

[3] 舞辭：花言巧語。

[4] 四凶：相傳爲堯、舜時四個惡名昭彰的部族首領，具體所指，文獻記載有別。《尚書·堯典》記載驩兜、共工、鯀、三苗並稱"四罪"。《左傳·文公十八年》載："舜臣堯，賓於四門，流四凶族渾敦、窮奇、檮杌、饕餮，投諸四裔，以禦魑魅。是以堯崩而天下如一，同心戴舜以爲天子，以其舉十六相，去四凶也。"舉舜而後去：選用了舜之後，纔去除了四凶。

[5] 方堯之時，滿朝皆君子：結合前一條注釋所引《左傳》之舜"舉十六相"，以及《尚書·堯典》的記載："（堯）允恭克讓，光被四表，格於上下。克明俊德，以親九族。九族既睦，平章百姓。百姓昭明，協和萬邦。黎民于變時雍。"這大概是趙時春言"滿朝皆君子"的根據。

[6] 共：共工，堯臣。鯀：禹之父，曾奉堯之命治水，九年而無功，被舜殺於羽山。驩兜：堯臣，被放於崇山。《史記·五帝本紀》載："讙兜進言共工，堯

曰不可，而試之工師，共工果淫辟。四岳舉鯀治鴻水，堯以爲不可，岳强請試之，試之而無功，故百姓不便。三苗在江淮、荆州數爲亂。於是舜歸而言於帝，請流共工於幽陵，以變北狄；放驩兜於崇山，以變南蠻；遷三苗於三危，以變西戎；殛鯀於羽山，以變東夷。四辠而天下咸服。"

[7] 咈：同"拂"，違逆。

[8] 静言庸違：語言善巧而行動乖違。語出《尚書・堯典》："静言庸違，象恭滔天。"

[9] 圮族：毀害族類。語出《尚書・堯典》："帝曰：'籲，咈哉！方命圮族。'"

[10] 汩埋五行：言鯀以堵塞來治理洪水，擾亂了五行次序。汩：水亂流貌。《尚書・洪範》："我聞，在昔，鯀埋洪水，汩陳其五行。帝乃震怒，不畀其洪範九疇，彝倫攸斁。鯀則殛死，禹乃嗣興。"

[11]《堯典》：《尚書》中的篇名，是記載堯舜事迹的文獻。該文記載堯之美德與功績，如堯制定曆法、選官定制、清除四凶、讓位給舜等。

[12] 曆：原作"歷"，誤，今改。分官治曆：指堯命羲和"敬授民時"、命羲仲"宅嵎夷"事，以及定二分、二至日："日中星鳥，以殷仲春"，"日永星火，以正仲夏"，"宵中星虚，以殷仲秋"，"日短星昴，以正仲冬"。

[13] 堯度無與共功：言堯認識到無法與舜共享治理之功，遂決定禪位。

[14] 徂征之師：征伐之軍。語出《尚書・大禹謨》："惟時有苗弗率，汝徂征。"蠢動：擾動的樣子。

[15] 羲和之荒厥邑：言羲和在自己的封疆内沉湎酒色。語出《尚書・胤征》："羲和廢厥職，酒荒於厥邑，胤后承王命徂征。"羲和，堯臣，掌天文曆法。

[16] 成湯之十一征：語出《孟子・滕文公下》："'湯始征，自葛載。'十一征而無敵於天下。東面而征，西夷怨；南面而征，北狄怨。"成湯，商朝開國之君，其"十一征"的具體事件不詳。

[17] 盤庚之遷率籲衆慼：盤庚遷殷，相率呼籲貴戚近臣。語出《尚書・盤庚》："盤庚遷于殷，民不適有居，率籲衆戚，出矢言。"盤庚，商朝國君，其遷都於殷，是中興商朝的一件大事。

[18] 商辛：即殷紂王，商朝末代之君，爲政暴虐。逋逃淵藪：逃亡者的彙集藏

身之所。語出《尚書·武成》:"今商王受無道,暴殄天物,害虐烝民,爲天下逋逃主,萃淵藪。"

[19] 武王、周公之勝商:即武王克商,建立周朝,大致在公元前 1057 年左右。

[20] 克徐奄、淮夷:指周成王三年,踐奄、伐淮夷之事。奄爲商末周初之小國,在今曲阜一帶,因曾助武庚叛亂,故成王伐滅之。今江蘇武進一帶發現的奄城遺址,應是奄國滅亡後遷徙者所建。徐國在奄國南,應是淮夷之族。淮夷,商朝以來居住於黃淮流域一帶的部族。《尚書·費誓》有"徂兹淮夷,徐戎並興"之語。"三監之亂"後,周朝鑒於徐奄、淮夷助武庚爲亂,故先後剪滅徐、淮夷、奄國、繪國、豐國等,史稱"三年踐奄"(《尚書大傳》)。

[21] 滅國至五十:語出《孟子·滕文公下》:"周公相武王,誅紂伐奄;三年討其君,驅飛廉於海隅而戮之;滅國者五十,區虎豹犀象而遠之,天下大悅。"至於具體哪五十國,今不詳。

[22] 十亂:十個有才能的人。語出《尚書·泰誓》:"予有亂臣十人,同心同德。"亂,治也。具體指周公旦、召公奭、太公望、畢公、榮公、太顛、閎夭、散宜生、南宮適、文母。後泛指輔佐皇帝的能幹之人。

[23] 訓命誓誥:《尚書》所記,基本都是誓、命、訓、誥一類的文辭。如"訓"有《伊訓》,"命"有《顧命》《文侯之命》《説命》《傅説之命》,"誓"《甘誓》《牧誓》《泰誓》《費誓》,"誥"《湯誥》《尹誥》《召誥》《大誥》《洛誥》等。

[24] 三皇:伏羲、神農、皇帝。

[25] 小人之混君子而亂吾治:《荀子·王制》:"傳曰:治生乎君子,亂生乎小人。"趙時春所説的"聖人之有言",不知是否即《王制》中的"傳曰"?

[26] "孔子得魯政"二句:《荀子·宥坐》:"孔子爲魯攝相,朝七日而誅少正卯。"據《史記·孔子世家》,孔子五十六歲時(定公十四年),由大司寇行攝相事,誅殺少正卯。少正卯,魯國少正(官名),名卯,能言善辯,設私學,以學識淵博而被稱"聞人"。孔子殺少正卯,是因爲少正卯"心達而險,行辟而堅,言僞而辯,記醜而博,順非而澤",乃"小人之桀雄也"(《荀子·宥坐》)。

[27] "雖智如子貢"三句:子貢質疑孔子殺少正卯,孔子給予解釋。具體細節

見《孔子家語·始誅》："子貢進曰:'夫少正卯,魯之聞人也,今夫子爲政,而始誅之,或者爲失乎?'孔子曰:'居,吾語汝以其故。天下有大惡者五,而竊盜不與焉:一曰心逆而險,二曰行僻而堅,三曰言僞而辯,四曰記醜而博,五曰順非而澤。此五者有一於人,則不免君子之誅,而少正卯皆兼有之。其居處足以撮徒成黨,其談説足以飾褒榮衆,其强禦足以反是獨立,此乃人之奸雄者也,不可以不除。夫殷湯誅尹諧、文王誅潘正、周公誅管蔡、太公誅華士、管仲誅付乙、子産誅史何,是此七子,皆異世而同誅者,以七子異世而同惡,故不可赦也。《詩》云:憂心悄悄,愠於群小。小人成群,斯足憂矣。'"

[28] 晚年道不行:《史記·孔子世家》:"子曰:'弗乎弗乎,君子病没世而名不稱焉。吾道不行矣,吾何以自見於後世哉?'"

[29] 丘索墳典之文盡:言孔子之時,典籍散佚缺失。丘索墳典,即三墳、五典、八索、九丘,泛指典籍。《左傳·昭公十二年》:"是能讀三墳、五典、八索、九丘。"

[30] "獨取聖人"三句:言孔子編定《尚書》。《史記·孔子世家》:"孔子之時,周室微而禮樂廢,《詩》《書》缺。追迹三代之禮,序《書》傳,上紀唐虞之際,下至秦繆,編次其事。"在趙時春看來,孔子編《尚書》,如同其撰《春秋》一樣,都有微言大義。從《堯典》開始,到《秦誓》爲止,都是《尚書》中"聖人之所以制小人"的内容。"帝堯之四凶",這裏代指《堯典》。《秦誓》:《尚書》篇名,是秦穆公因殽之敗而發的悔恨誓辭。

三者皆人傑

【題解】

三者皆人傑，指張良、蕭何、韓信，被稱爲"漢初三傑"。《史記・高祖本紀》載："高祖置酒洛陽南宮。高祖曰：'列侯諸將無敢隱朕，皆言其情。吾所以有天下者何？項氏之所以失天下者何？'高起、王陵對曰：'陛下慢而侮人，項羽仁而愛人。然陛下使人攻城略地，所降下者因以予之，與天下同利也。項羽妒賢嫉能，有功者害之，賢者疑之，戰勝而不予人功，得地而不予人利，此所以失天下也。'高祖曰：'公知其一，未知其二。夫運籌策帷帳之中，決勝於千里之外，吾不如子房。鎮國家，撫百姓，給餽饟，不絕糧道，吾不如蕭何。連百萬之軍，戰必勝，攻必取，吾不如韓信。此三者，皆人傑也，吾能用之，此吾所以取天下也。項羽有一范增而不能用，此其所以爲我擒也。'"這應是"三傑"的最早記載。

應該説，漢初三傑是有着歷史貢獻的，也得到一致肯定。但是，趙時春則一反舊説，對劉邦、三傑都進行了批評。文章將聖人的知人用人，與後來國君的知人用人進行對比，認爲聖人如堯、舜等"知人以道"，所以在最初考察人才時多方探訪、極爲艱難，但一旦委以重任，則事順治遂，事半功倍；後來國君如秦始皇、劉邦等"知人以勢"、以術，迫於形勢，很快便委以重任，但時移勢易之後，便或者分道揚鑣，或者嚴加屠戮。劉邦與蕭何、張良、韓信的知遇，正是知人以勢、以術的典型，所以韓信被殺，蕭何被械繋，只有張良，爲了躲避禍患，"寧忍貧我"，得以自全。最後，趙時春得出結論，劉邦起兵出於"自利"，"三傑"不過是苟幸富貴的"盜賊之雄"。應該説，趙時春的評價，囿於其理想的聖人觀念，過於苛刻，有迂腐之嫌。

文中提到張良有"儒者氣象"，是宋儒以來的耐人尋味的話題。

聖人之知人以道[1]，故始難而終易；後世之知人以勢[2]，故始易而終難。聖人之視天下無可易之事，而進賢常懷如不得已之情；其視道常若未見，而於其所用之人務合於道。甚矣其難也！然以道始者，以道終，何其易也！後世人主視人爲甚易，而知人率以氣合，至於氣衰勢變，則離合禍福隨之不能保其有，故曰始易而終難。

吾之稱大聖者莫過帝堯，而堯以知人爲難[3]。與堯同德而稱聖者莫如舜，一見而妻以愛子，臣以九男[4]，其相知深矣。至於天位，蓋必歷試諸艱，既感於烈風雷雨之弗迷[5]，又見於言必底績之明效[6]，然後授以相位[7]。若是其難也！舜既得堯柄，始去其非類如四凶[8]，而進其同類十六相[9]，天下謂之元、凱[10]。元者，大也，善也；凱者，和也，養萬物者也。

是時民俗淳美[11]，不知夷狄干戈之事，獨洪水龍蛇猛獸爲世大患[12]，皆振古以來神怪妖孽[13]，没山覆都[14]，固非后世勝、廣、劉、項之禍等相爲人者比也[15]。十六子各振其職[16]，除而遠之，收天成地平、六府三事允治之效[17]，固非後世滅秦蹙項等類相殺而已也[18]。故曰："參贊天地而時育萬物。"[19]功若此其難，而道若此其大也。乃獨苗蠻不服，禹欲征之[20]，顧愛其民弗忍殺，增修德教而苗自縛[21]。其逆徒以獻，禹但分別其善惡而各處之[22]，天下無一事矣。

三聖授受[23]，唯恐其道之不明，民之弗安，知人之不哲而已[24]，無他憂也。是何其始之至難，而終之甚易也。後世之君如孔子之對哀公[25]，孟子之答齊宣王[26]，其於知人之道固已懵矣[27]。以秦始皇之無道，然酷似衛靈公獨能用好殺人之人[28]。其遣王翦滅楚也[29]，翦屢請田以自固而後行，其言曰："王怛中而不信，令空國而委我，恐其疑我也。"[30]悲哉，君臣之際一至是乎！

至於漢祖之典[31]，比秦尤烈。秦雖無道，以天下私奉一人，然大郡不過四十[32]，守令僅百人[33]，其取於民者，名重而實簡，法雖嚴而網甚漏。二世酷暴[34]，趙高以趙公子虎視於中[35]，其死不出五年[36]，天道也。以子嬰之仁[37]，苟群盜不起而共戴之，文景之治即此而在[38]，安得有廣武數年之爭[39]，九起之反[40]，葅醢之誅[41]，血川骸丘之禍哉[42]？

是漢祖起兵乃自利[43]，非爲民除害者也。蕭何最先事之[43]，其平日以氣凌縣官[44]，造爲白蛇以惑衆[45]，勃然而起，真盜賊之徒耳！唯其知人則不獨異於群雄，比之堯舜爲尤易[46]。一言之間，以張良爲謀主[47]，拔韓信爲大將[48]，卒屈群力，一天下。帝又自誇曰："三者皆人傑，吾能用之，所以取天下。"[49]宋儒永嘉之徒又推尊之，列高祖於三王之後[50]，而次《史記》於六經之末[51]。

嗚呼！天下之惑於勢久矣。由勢而觀之，高祖且賢於堯、舜也，而何後於三王哉？所以不可同日而語者，其心不同也。堯之知人所以難者，以其求安民也[52]。苟民安，則雖舉天下以授之而無德色[53]，是必舉合於道，而後能稱斯舉也。故始見其難，而終享其易。故大聖人之作爲，歷萬年而無敝也。大道爲公，天下爲度[54]，己無與也[55]。

若夫高祖知三傑足取天下，歸劉而已矣；歸劉之後，善持之而已矣[56]，乃謂湯武亦逆取順守也[57]。韓信南面而王，有害劉氏，則夷滅之[58]。蕭何得關中，心有害劉氏[59]，則械繫之[60]，已而審其有益無害，乃赦之。張良不忘故主[61]，寧忍貧我[62]，故始終重之。世儒亦言良有儒者氣象[63]，以其始終爲韓報仇也。嗚呼！良亦心知有韓有漢而已矣，仇秦仇項而已矣，豈復念天下生民哉？自斷蛇以至誅呂氏[64]，死人如麻，百不存一二，獨一劉氏而已。使堯、舜見之，當流涕哀慟而不自已也，豈復念黃屋九五之尊哉[65]？

故其始甚易，而終甚難也，皆氣勢之私，而非以道也。若文帝則近道矣[66]。報將軍陳武等欲征南越、朝鮮之疏[67]，惻然恤萬民之命；示匈奴和親之詔[68]，棄細過以偕大道，有堯、舜之心焉，惜也其弗學也。

雖然，高祖所稱三子，目爲傑而已矣。傑者，才出衆之稱，固非備大善而和養萬民者也。幸一時之成，一戰之勝，以苟富貴而已，固非爲萬世計者也。後世因之，世道遂降，而不復唐虞三代矣。彼盜賊之雄也，愚何尤爲？儒者乃亦從而尊之，人心急於功利而風俗衰敗，是非毀譽莫之能正者也。孟子曰："我欲正人心、息邪說，以承三聖，予豈好辯哉？"[69]愚於三傑之流亦云然。

【注釋】

[1] 知人以道：以是否合道來認識人。荀悦："察人情術，觀其言行，未必合道，而悦於己者，必佞人也；觀其言行，未必悦已，而合於道者，必正人也。"（《長短經》卷一注引）

[2] 知人以勢：以權勢來認識人。傅昭《處世鏡懸》："以勢友者，勢傾則斷；以利友者，利窮則散。"

[3] 堯以知人爲難：語出《尚書·皋陶謨》："皋陶曰：'都！在知人，在安民。'禹曰：'吁！咸若時，惟帝其難之。知人則哲，能官人。安民則惠，黎民懷之。能哲而惠，何憂乎驩兜？何遷乎有苗？何畏乎巧言令色孔壬？'"大意是，君主要知人善任，安撫百姓；而要各方面都做得很好，連帝舜也很難辦到。

［4］妻以愛子、臣以九男：《史記·五帝本紀》載，四岳將虞舜推薦給堯，"堯乃以二女妻舜以觀其內，使九男與處以觀其外。舜居媯汭，內行彌謹。堯二女不敢以貴驕事舜親戚，甚有婦道。堯九男皆益篤。"

［5］烈風雷雨之弗迷：《史記·五帝本紀》："舜入於大麓，烈風雷雨不迷，堯乃知舜之足授天下。"

［6］底績：取得成績，獲得成功。《尚書·禹貢》："覃懷底績，至於衡、漳。""蔡、蒙旅平，和夷底績。"

［7］授以相位：《史記·五帝本紀》："堯老，使舜攝行天子政，巡狩。舜得舉用事二十年，而堯使攝政。"攝政，即趙時春所言之"授以相位"。

［8］去其非類如四凶：《史記·五帝本紀》："舜賓於四門，乃流四凶族，遷於四裔，以禦螭魅。於是四門辟，言毋凶人也。"四凶，見前一篇（《書》）之注釋［4］。

［9］進其同類十六相：十六相，即十六族，具體所指，見下一條"元凱"之注釋。《左傳·文公十八年》："是以堯崩而天下如一，同心戴舜，以為天子，以其舉十六相，去四凶也。"

［10］元、凱：即八元八愷。《史記·五帝本紀》："昔高陽氏有才子八人，世得其利，謂之'八愷'。高辛氏有才子八人，世謂之'八元'。此十六族者，世濟其美，不隕其名。至於堯，堯未能舉。舜舉八愷，使主后土，以揆百事，莫不時序。舉八元，使布五教於四方，父義，母慈，兄友，弟恭，子孝，內平外成。"

［11］是時民俗淳美：應該指"八元"所做的使"父義，母慈，兄友，弟恭，子孝，內平外成"。

［12］獨洪水龍蛇猛獸為世大患：《史記·夏本紀》："當帝堯之時，鴻水滔天，浩浩懷山襄陵，下民其憂。"這是洪水的記載。《孟子·滕文公下》："昔者禹抑洪水而天下平，周公兼夷狄，驅猛獸而百姓寧。"這是洪水、猛獸對舉，不過又成周公驅猛獸了。

［13］皆振古以來神怪妖孽：這應該是沒有文獻記載的。"女媧補天"的故事中有神怪妖孽，趙時春或許是受其影響，而想象堯舜時代的生態。

[14] 没山覆都：即前引"浩浩懷山襄陵"，洪水洶湧奔騰溢上山陵。

[15] 勝、廣、劉、項：陳涉、吳廣、劉邦、項羽。

[16] 十六子：即十六相，也就是八元八愷。

[17] 天成地平：語出《尚書·大禹謨》："地平天成，六府三事允治，萬世永賴，時乃功。"地平天成，即天地安定，司馬遷作"内平外成"。六府三事，六府指水、火、金、木、土、穀，爲財貨之聚斂，養生之本。三事：孔穎達疏解爲正德、利用、厚生。

[18] 滅秦蹙項：攻滅秦國，困住（滅亡）項羽。

[19] 參贊天地而時育萬物：贊助天地化育萬物。語出《中庸》："惟天下至誠，爲能盡其性；能盡其性，則能盡人之性；能盡人之性，則能盡物之性；能盡物之性，則可以贊天地之化育；可以贊天地之化育，則可以與天地參矣。"

[20] 苗蠻不服，禹欲征之：《韓非子·五蠹》："當舜之時，有苗不服，禹將伐之，舜曰：'不可。上德不厚而行武，非道也。'乃修教三年，執干戚舞，有苗乃服。"

[21] 增修德教：《尚書·大禹謨》載，舜"誕敷文德"，"至誠感神"，最終化育有苗。

[22] "其逆徒以獻，禹但分別其善惡而各處之"兩句典出不詳。

[23] 三聖授受：指堯、舜、禹禪讓。

[24] "唯恐其道"三句：前引《尚書·皋陶謨》有"在知人，在安民""知人則哲"等語，趙時春的話，應出於此。

[25] 孔子之對哀公：《孔子家語·哀公問政》記載了孔子答魯哀公關於"爲政"的問題，孔子認爲："爲政在於得人。取人以身，修道以仁。……是以君子不可以不修身；思修身，不可以不事親；思事親，不可以不知人；思知人，不可以不知天。"

[26] 孟子之答齊宣王：《孟子·滕文公下》記載了齊宣王問孟子的許多話，其中孟子關於"知人"的部分回答是："王曰：'吾何以識其不才而舍之？'曰：'國君進賢，如不得已，將使卑逾尊，疏逾戚，可不慎與？左右皆曰賢，未可也；諸大夫皆曰賢，未可也；國人皆曰賢，然後察之，見賢焉，然後用之。

左右皆曰不可，勿聽；諸大夫皆曰不可，勿聽；國人皆曰不可，然後察之，見不可焉，然後去之。左右皆曰可殺，勿聽；諸大夫皆曰可殺，勿聽；國人皆曰可殺，然後察之，見可殺焉，然後殺之。故曰國人殺之也。如此，然後可以爲民父母。'"

[27] 其於知人之道固已惛矣：言孔子、孟子昧於知人之道。從前引來看，孔子所謂"知人"，側重在觀其修身；孟子所謂"知人"，側重在國人的評價上。這與趙時春所言堯、舜的知人之道尚有距離，故言其"惛"。

[28] "以秦始皇"二句：言秦始皇、衛靈公皆好用好殺之人。秦始皇下令進行的統一戰爭，就是用"好殺之人"；衛靈公是魯國較有作爲的一位國君，其"能用好殺人之人"，可能是指北宮喜，北宮喜殺公孫縶、齊豹等。

[29] 翦：原作"剪"，誤，今改。王翦：秦國傑出將領，戰國四大名將之一，爲秦國統一戰爭作出了重要貢獻。起初，秦始皇派李信率軍二十萬攻楚，大敗而還；復派王翦率軍六十萬，終滅楚。

[30] 惛：原作"怛"，據《史記》改。請田：指王翦出征前，向秦始皇請求良田美宅以爲賞賜。《史記·白起王翦列傳》："於是王翦將兵六十萬人，始皇自送至灞上。王翦行，請美田宅園池甚衆。始皇曰：'將軍行矣，何憂貧乎？'王翦曰：'爲大王將，有功終不得封侯，故及大王之鄉臣，臣亦及時以請園池爲子孫業耳。'始皇大笑。王翦既至關，使後還請善田者五輩。或曰：'將軍之乞貸，亦已甚矣。'王翦曰：'不然。夫秦王怛而不信人。今空秦國甲士而專委於我，我不多請田宅爲子孫業以自堅，顧令秦王坐而疑我邪？'"惛(cū)中：粗心。王翦知秦王疑心重，裝作貪得小器的模樣，行前多求良田美宅，以由此獲得政治安全。

[31] 漢祖之典：韓高祖劉邦的故實。

[32] 大郡不過四十：《史記·秦始皇本紀》載，秦初並天下，分天下爲36郡，此後或有增置，史家記載也有出入，至秦末，大致有48個郡。

[33] 守令僅百人：郡守、縣令不過百人。此言或不實。按48郡來算，郡守不過48人；秦縣在一千左右，則有縣令千人上下。

[34] 二世酷暴：指胡亥暴虐。秦始皇卒，趙高矯詔立胡亥爲帝，即秦二世。由

於趙高專權，濫殺，故言酷暴。

[35] 趙高以趙公子虎視於中：《史記·蒙恬列傳》載："趙高者，諸趙疏遠屬也。趙高昆弟數人，皆生隱宮，其被刑僇，世世卑賤。秦王聞高強力，通於獄法，舉以爲中車府令。"可知趙高爲趙之宦官後代（隱宮，宦官居住之地），司馬貞解釋爲其母野合後所生。始皇卒，"二世拜趙高爲中丞相，事無大小，輒決於高"，"盡去先帝之散臣"（《史記·李斯列傳》）。

[36] 不出五年：從秦始皇卒，至秦國滅，不到五年。

[37] 子嬰之仁：子嬰仁厚。秦三世子嬰，在位僅 46 天，他雖有興利除弊之舉，但無助於秦國滅亡；子嬰之仁厚，語出趙高之口，其他記載不多。

[38] 文景之治：漢代文帝、景帝時期統治承平，史稱文景之治。

[39] 廣武數年之爭：指項羽、劉邦之間歷時四年的楚漢戰爭。其間兩軍對峙主要在滎陽之廣武一帶，稱廣武古戰場。

[40] 九起之反：語出賈誼《治安策》："十年之間，反者九起。"具體指漢初韓王信、趙相貫高、淮陰侯韓信、梁王彭越、九江王黥布、代王陳豨、燕王臧荼、燕王盧綰、潁川利幾的反叛。

[41] 菹醢之誅：指漢初劉邦誅殺梁王彭越，夷滅其族，"醢之，盛其醢遍賜諸侯"（《史記·黥布列傳》）。菹醢：古代酷刑，把人剁成肉醬。

[42] 血川骸丘：血流成河，集骸成山。《水經注》引《上黨記》："秦坑趙衆，流血丹川，由是俗名爲丹水。"

[43] 蕭何最先事之：蕭何期初爲沛縣主吏掾，劉邦爲布衣時，即"數以吏事護"之；劉邦爲泗水亭長，蕭何"常左右之"（《史記·蕭相國世家》）；此後劉邦爲沛公、漢王，蕭何一直跟隨左右，盡心輔佐。

[44] 以氣凌縣官：《史記·高祖本紀》載，劉邦爲亭長時，前往沛縣令家賀喜，蕭何主持其事，規定"進不滿千錢"者坐堂下；劉邦不持一文，謊稱"賀錢萬"，遂得進坐，"因狎侮諸客，遂坐上坐，無所詘"。

[45] 造爲白蛇以惑衆：指劉邦爲了煽動起兵，編造了斬白蛇的故事，且解釋爲"赤帝子"斬"白帝子"，以印證其猶帝王之命。事見《高祖本紀》。

[46] "唯其"二句：劉邦之知人善任，史不絕書；堯、舜之知人，見本文注釋[9]、

[10]、[27]。趙時春言劉邦選用人才，比堯、舜容易，可能是着眼於劉邦身處亂世，堯、舜時代相對承平吧。

[47] 以張良爲謀主：《史記·留侯世家》：“良數以《太公兵法》説沛公，沛公善之，常用其策。”趙時春“一言之間”，即應指此。

[48] 拔韓信爲大將：即劉邦因蕭何之言而拜韓信爲大將。事見《史記·淮陰侯列傳》。

[49] “帝又自誇曰”三句：事見《史記·高祖本紀》，參本文【題解】引文。

[50] “宋儒”二句：主要是指南宋陳亮對漢高祖等的評價。對此，陳亮與朱熹之間曾有過鮮明的爭論，陳亮主“事功之學”，朱熹主“性理之學”，所以，在評價歷史人物上，他們分歧明顯。朱熹認爲，三代是仁政、王道，漢、唐是霸道，因此，漢、唐不能無愧於三代；陳亮認爲，三代也得借助於征伐，也有霸道，所以，劉邦、李世民所行亦爲王道，其“禁暴戢亂，愛民利物”就是“惻隱之心”的表現，所以，他們側身三王之列亦無愧心。永嘉之徒，即永嘉學派，是形成於南宋的一個有較大影響的學術流派，主張“事功之學”，以葉適、陳亮、吕祖謙等爲代表。

[51] 次《史記》於六經之末：永嘉學派看重史學，他們“舍六經、語、孟而尊史遷，舍窮理盡性而談世變”（朱熹語，《朱子年譜》卷三），即將《史記》與六經並列。

[52] 以其求安民：參本文注釋[3]。

[53] 舉天下以授之：即禪讓。德色：自以爲對人有恩德而表現出來的神色。《漢書·賈誼傳》：“故秦人家富子壯則出分，家貧子壯則出贅。借父耰鉏，慮有德色。”

[54] 大道爲公：即天下爲公。語出《禮記·禮運》：“大道之行也，天下爲公。”趙時春復有“天下爲度”句，似嫌費解。

[55] 己無與也：字面意思是，個體不在其中，其實是説，一心爲公，不爲己。《禮記·禮運》：“貨惡其棄於地也，不必藏於己；力惡其不出於身也，不必爲己。”即人都竭力爲公，不爲一己私利。

[56] 善持之：韓愈《貓相乳》：“今夫功德如是，祥祉如是，其善持之也可知已。”

[57] 逆取順守：背叛國君奪取天下，遵循常理治理國家。《漢書・陸賈傳》："且湯武逆而以取順守之，文武並用，長久之術也。"

[58] 韓信南面而王：韓信攻滅齊國之後按兵不動，派使者要劉邦封其爲假齊王。當時的劉邦正與項羽對峙於滎陽，困於糧草，劉邦遂封韓信爲齊王。事見《史記・淮陰侯列傳》。韓信的要求有脅迫之嫌，因而也埋下了劉邦殺韓信的伏筆。

[59] "蕭何得關中"二句：楚漢戰爭中，蕭何最大的功勞是鎮撫關中，使劉邦糧草不斷。據《史記・蕭相國世家》載，劉邦與項羽對峙，多次派使者慰問蕭何。鮑生提醒蕭何："王暴衣露蓋，數使使勞苦君者，有疑君心也。爲君計，莫若遣君子孫昆弟能勝兵者悉詣軍所，上必益信君。"蕭何聽從其計，劉邦大悦。

[60] 械繫之：蕭何爲相，劉邦平定黥布之亂後，返程接到攔路告狀，說蕭何强買民田，於是將蕭何械繫於獄。在王衛尉勸諫之後，才釋放了蕭何。事見《史記・蕭相國世家》。蕭何之强買民田，其實是在擔心劉邦多疑下，自污名節的自保措施。

[61] "張良不忘故主"三句：張良家世事韓，韓國滅亡後，張良在博浪沙擊秦始皇，欲爲韓報仇，不遂，他說服項梁，立韓公子成爲王。故趙時春言其"不忘故主"。

[62] 寧忍貧我：張良爲劉邦帳内謀主，被封爲成信侯，運籌帷幄，貢獻極大；漢初封賞功臣，張良被封爲留侯，但他僅接受封號，"不敢當三萬戶"（《史記・留侯世家》）。這應是趙時春說張良"寧忍貧我"的根據。

[63] 世儒亦言良有儒者氣象：北宋滕珙《論張良全是術數》："伊川、龜山皆言張良有儒者氣象，先生卻以良爲任術數。"（《經濟文衡後集》卷九）可見，邵雍（伊川）、楊時（龜山）均有張良有儒者氣象的言論。朱熹《朱子語類》卷五二語與滕珙同。南宋張栻《張子房平生出處》言："子房蓋有儒者氣象，三代之後未易得矣。"（《南軒集》卷一六）真德秀言："其人品在伊、呂之間，而學則有王伯之雜；其才如管仲，而氣象高遠則過之。"（《史記評林》卷五五）張栻、真德秀認爲，張良可比肩伊尹、呂尚，這是極高的評價。

清袁枚有《張良有儒者氣象論》一文(《小倉山房文集》卷二一),專論此問題,可參。漢中張良廟有對聯:"富貴不淫,有儒者氣象;淡泊明志,作平地神仙。""輔漢復韓仇,運策特饒儒者氣;學仙全主德,閉門誰識老臣心。"

[64] 斷蛇:指劉邦斬白蛇起兵事。誅呂氏:劉邦去世後,呂雉專權,諸呂子弟坐大;陳平、周勃等借呂雉去世之機,盡除諸呂子弟,扶持漢文帝登基稱帝。

[65] 黃屋:古代帝王專用的黃繒車蓋。《史記·秦始皇本紀》:"子嬰度次得嗣,冠玉冠,佩華紱,車黃屋。"九五:《周易·乾卦》爻位,指自下而上第五爻。爻辭云:"九五,飛龍在天,利見大人。"孔穎達疏:"言九五陽氣盛至於天,故飛龍在天。"後以九五之尊指帝位。

[66] 文帝:漢文帝。

[67] 陳武:即柴武,漢初將領,史書無傳,生平履歷極少。欲征南越、朝鮮之疏:《史記·律書》載,將軍陳武等議征伐南越、朝鮮,漢文帝答復道:"兵凶器,雖克所願,動亦耗病,謂百姓遠方何? 又先帝知勞民不可煩,故不以爲意。朕豈自謂能? 今匈奴内侵,軍吏無功,邊民父子荷兵日久,朕常爲動心傷痛,無日忘之。今未能銷距,願且堅邊設候,結和通使,休寧北陲,爲功多矣。且無議軍。"其中休兵恤民之意,正是趙時春"惻然恤萬民之命"的根由。

[68] 示匈奴和親之詔:語出《漢書·文帝本紀》之《與匈奴和親詔》:"朕夙興夜寐,勤勞天下,憂苦萬民,爲之惻怛不安,未嘗一日忘於心。故遣使者,冠蓋相望,結轍於道,以諭朕志於單于。今單于反古之道,計社稷之安,便萬民之利,親與朕俱棄細過,偕之大道,結兄弟之義,以全天下元元之民。和親以定,始於今年。"

[69] "孟子曰"四句:語出《孟子·滕文公下》:"我亦欲正人心,息邪説,距詖行,放淫辭,以承三聖者,豈好辯哉? 予不得已也。"大意是,要端正人心,撲滅邪説,批判放縱之行,排斥荒誕之言,以此來繼承三聖(禹、周公、孔子)的事業。

天下大器

【題解】

本篇主旨是"天下者，大器也"，並由此討論如何治理天下的原則（路線）問題。《老子》第 29 章有"夫天下神器也"的話，應該是這類論題的出處。對此，漢代賈誼《治安策》（又稱《陳政事疏》）有較爲深入的論析，趙時春的討論，明顯是在賈誼的基礎上進行的，爲便於理解，茲節引賈誼之言如下：

> 夫天下，大器也。今人之置器，置諸安處則安，置諸危處則危。天下之情與器亡以異，在天子之所置之。湯武置天下於仁義禮樂，而德澤洽，禽獸草木廣裕，德被蠻貊四夷，累子孫數十世，此天下所共聞也。秦王置天下於法令刑罰，德澤亡一有，而怨毒盈於世，下憎惡之如仇讎，禍幾及身，子孫誅絕，此天下之所共見也。是非其明效大驗邪？人之言曰："聽言之道，必以其事觀之，則言者莫敢妄言。"今或言禮誼之不如法令，教化之不如刑罰，人主胡不引殷、周、秦事以觀之也？

賈誼之言，在"天下，大器也"的基礎上，提出了治理天下的兩條道路，一條是三代的禮樂仁政之道，一條是秦國的刑法苛政之道。另外，北魏孫紹也有"夫天下者，大器也；一正難傾，一傾難正"（《魏書》卷六六《孫紹傳》）的表述，姑且看作是自《老子》、賈誼以來這類看法的沿襲吧。

趙時春沿着賈誼的思路，提出了以禮、樂、仁、義爲主、爲根本，以刑法爲輔、爲補充的意見。其論述邏輯是，聖人以天下爲公，能於萬千人情中理出"至一之理"，輔之以禮樂刑法，治理天下，天下遂安。桀、紂以及秦漢以來，公是公非淆亂，衆情不一，卻不能拈出"至一之理"進行治理，所以朝代更迭，甚至不旋踵而亡。於是他得出結論："置天下於安之術，必由仁、義、禮、樂；而所以定之而使之不敢悖，則必在乎君心。"即仁、義、禮、樂是治安天下的最基本方針，君主修養身心，堅定地實施仁、義、禮、樂，是治安天下的基本保證。

天下有不一之情，而聖王定之以至一之理[1]。情之無定久矣，其好惡、哀樂、毀譽、是非，何啻十百千萬之相遠哉？情之所向，彼以爲安；情之所背，彼以爲危，聖王惡得而定之乎？聖王即其向背之中，而求其安危之實，必有一定而不可易之理。不狥乎一偏之私情，而歸於天下之公，是出乎其心而安，施諸天下後世而順，是以天下後世亦咸以爲是。而由之者安，背之者危，由其處之者審也。

民生有欲，得其欲則樂且好，故是之譽之也；失其欲則哀且惡，故非之毀之也。自其所愛也則以爲仁，所是也則以爲義。仁義之形於文則爲禮，而好樂之極則爲樂，是皆生民之常情。聖王予之定之，而無所怫焉者也。以仁爲可常也，而不仁者常害仁；以義爲可常也，而不義者常害義；以禮樂爲可同也，而干禮亂樂者每每著見。聖王詢諸衆情，皆以爲不可，而彼自是其是，莫肯相下也。無可奈何而有刑罰之加，小者鞭笞，大者刀鋸，最大則甲兵。

是非、仁義，禮樂之本也。仁義、禮樂之極而後有之焉，是豈天下之公情也哉？堯之朝，舉以丹朱、鯀、共工爲非，而驩兜是之，四岳舉之[2]。桀之世，人皆賢湯、伊摯，而桀囚之、弃之[3]。紂之末，舉世皆望三仁、膠鬲以扶衰，而紂誅放之[4]。是豈天下之公情也哉？周道既熄，秦、漢代伯，天下之公是公非又非[5]。若是數代也，商鞅以虐民致戮[6]，秦宜亡矣，滅六國而後亡；項氏繼秦，則又甚矣，宜趣亡矣，戰勝七十而後死[7]，漢氏遂有天下。

以衆情之難一也，而雜用之，約法三章[8]，正秦、項罪[9]，禮義雜用，以是爲聖王之道矣。而慘夷不道之刑[10]，閨門衽席之私[11]，鄭衛桑間[12]，秦庭之儀度、音聲，各殽其間，而天下之情，其毀譽、是非之正，殆不可得知矣。以是而謂之安，吾不知其安也。故其臣賈生見而憤嘆之曰："天下，大器也，置安則安，投危則危。胡不觀於三代之安乎？以其置之仁、義、禮、樂也；胡不觀於秦之危乎？以其置之刑罰也。"[13] 夫三代之於仁、義、禮、樂，非固爲之也，蓋試之熟，而知其然也。故孔子曰："斯民也，三代之所以直道而行也。"[14] 誰毀誰譽乎？如有所譽，其有所試矣，是三代之仁、義、禮、樂皆衆情之一、天下之公。

聖王直其道，以定夫民難一者耳，而後濟之刑罰焉。刑罰果非安天下之具也，以助仁、義、禮、樂之不能，而制其危，使人皆由仁、義、禮、樂，則聖王安所事於刑罰？使人皆以仁、義、禮、樂爲是，則鞅之衛秦之法必不旋踵而亡，亦安能貽禍於世哉？

由是言之，衆情之不可一，亂之階而危之萌也。非聖王其何以定之？後世欲置天下於安乎？欲置之危乎？欲置之危，則已非天下之公情矣；如欲置諸安，則非仁、義、禮、樂將安施乎？誠如是也，天下常安而不危，而王者無易姓矣，而每每代興，何哉？亦曰："其情非天下之公，而不能定之以至一之理耳。"天下雖大治，未常無悖公滅理之人也，以其雖有之，而勢顧居下，故不能不奉公順理耳；天下雖大亂，亦未常無奉公順理之賢也，以其亦有之，而禁不得施，故無以遂其定之之道耳。

由此推之，則置天下於安之術，必由仁、義、禮、樂；而所以定之而使之不敢悖，則必在乎君心。君心之正非一日，必自預教於未爲君之日。預教之道，必使其所見所行亦皆仁、義、禮、樂，而無任刑信罰之失，則固誼之志，而天下後世之所瞻仰也。見宰庖而矜憫，觀甲兵而畏慄，君之少，其情豈異衆人哉？唯夫習久而積悖，遂以血氣之私生忿戾之心、逞己之欲，舉無所忌，而天下好惡、哀樂之正於斯變矣。持之不變，唯有至一之理焉。故堯、舜、禹之相傳舉歸於一,曰:唯一,而仁、義、禮、樂無不備矣,刑罰安所施哉?

【注釋】

[1] 至一之理:高度一致的道理。《莊子·繕性》:"當是時也,陰陽和静,鬼神不擾,四時得節,萬物不傷,群生不夭,人雖有知,無所用之,此之謂至一。當是時也,莫之爲而常自然。"

[2] "堯之朝"四句:相傳驩兜曾與鯀、共工爲亂,加上三苗,被稱"四凶"。由此推理,則趙時春所言"驩兜是之"(驩兜支持鯀、共工),是可能的。丹朱:傳説中堯之子,名朱,因居丹水而名丹朱,他傲慢荒淫,堯因此禪位於舜。又有記載説丹朱即驩兜。四岳:堯臣,掌四方諸侯事;具體所指,學人看法有出入。趙時春言"四岳舉之",即四岳選舉了共工、鯀、丹朱,今不得而知。

[3] "桀之世"三句:湯,成湯,商朝開國之君;伊摯,伊尹,名摯,湯以之爲相。夏桀囚禁成湯、伊尹之事,似難考索。

[4] "紂之末"三句:三仁,指微子、比干、箕子三人,稱"殷末三仁"。《論語·微子》:"微子去之,箕子爲之奴,比干諫而死。孔子曰:'殷有三仁焉。'"膠鬲,紂王大夫,遭商紂之亂,隱遁經商,販賣魚鹽,文王舉以爲臣,在武王伐紂的過程中發揮了重要作用。趙時春言"紂放逐之",應指放逐"三仁",其中微子、比干均自出逃,箕子更是遠走朝鮮。

[5] 公是公非:公認的是非。李翱《答皇甫湜書》:"故欲筆削國史,成不刊之書,用仲尼褒貶之心,取天下公是公非爲本。"

[6] 商鞅以虐民致戮:商鞅是古代著名改革家,先秦法家實踐的代表人物,但最終被車裂而死。趙時春言商鞅以"虐民"而殺,是基於秦法苛虐的認識上的。

[7] 戰勝七十而後死:《史記·項羽本紀》載,垓下戰後,項羽逃亡,窮途末路時,他對手下的騎兵將領説:"吾起兵至今八歲矣,身七十餘戰,所當者

破，所擊者服，未嘗敗北，遂霸有天下。然今卒困於此，此天之亡我，非戰之罪也。"這應是趙時春"戰勝七十而後死"的根據。

[8] 約法三章：劉邦進入關中之前，"與父老約，法三章耳；殺人者死，傷人及盜抵罪"（《史記·高祖本紀》）。

[9] 正秦、項罪：指劉邦除滅殘暴的秦政、項羽，統一天下。

[10] 慘夷不道之刑：漢初仍然沿襲許多殘忍的肉刑，如黥、髡、劓、斬左右止等，直到漢文帝時，始廢除。

[11] 閨門袵席之私：可能是指漢初後宮之酷，如呂雉之誅殺戚夫人，極爲慘烈，稱"人彘"。

[12] 鄭衛桑間：本指鄭、衛一帶的情歌，這裏應泛指鄭衛之樂。鄭衛，春秋時鄭、衛二國。桑間，在濮水之上。李斯《諫逐客書》："鄭衛桑間，韶虞舞象者，異國之樂也。"

[13] "故其臣賈生"九句：語出賈誼《治安策》（《陳政事疏》），可參本文【題解】引文。

[14] "故孔子曰"三句：語出《論語·衛靈公》："子曰：'吾之於人也，誰毀誰譽？如有所譽者，其有所試矣。斯民也，三代之所以直道而行也。'"孔子的意思是，我之所以褒貶人物，是有過考察的；三代之人都是這樣做的，所以他們能直道而行。

求忠臣必於孝子之門

【題解】

求忠臣必於孝子之門，即求忠出孝，是一個古老的儒學和倫理命題，語出《後漢書·韋彪傳》："孔子曰：'事親孝，故忠可移於君。是以求忠臣必於孝子之門。'……忠孝之人，持心近厚；鍛煉之吏，持心近薄。"其中孔子之語，不見於《論語》，據李賢注可知，出於《孝經緯》(已佚)。這應該是"求忠出孝"的故實之源。之後，求忠出孝、移孝作忠、忠籍孝崇等觀念就成爲古代社會的普遍認識。如《宋書·建平宣簡王宏傳》："求忠臣於孝子之門，安有孝如王而不忠者乎？"《資治通鑑·晉紀》孝武帝太元十年："古人求忠臣必於孝子之門。卿母在城，棄而不顧。不意中州禮義之邦，乃有如卿者也！"似此之語頗多，不贅。

本文主旨在分析"求忠臣必於孝子之門"的人性根源。趙時春從君子、小人的概念出發，認爲君子"能忍"，所以纔"有所不敢爲"，即因有所顧忌纔不敢肆意妄爲；小人們反之，他們"無所不敢，無所不忍"，即膽大妄爲，無所不爲。進一步說，君子有所忍，纔會有所不忍；有所不敢爲，纔會敢爲；當面對原則性問題時，君子能不忍而奮起，敢作敢爲，如周公、霍光等。小人無所忍，膽大妄爲，但當面對大是大非時，他們會毫無原則，畏首畏尾，如吳起、韓信、裴矩、王敦等。

衡之以君子、小人觀念，則孝子之作爲，是因顧念養育之恩才克己盡孝，孝子也是有所忍纔有所不敢爲的，其"不忍、不敢者，在於吾親也"。對親人不忍、不敢，纔可能對君主也不忍、不敢，"今之事君，不忍、不敢者，在吾君矣"，纔會勤謹奉君、不敢爲而有所爲，用趙時春的話來說，是"推其事親者以事君，則誠得矣"。所以，求忠臣必於孝子之門的結論纔得以成立。

文章還分析了"二十四孝"之一王祥的孝行，對其"卧冰求鯉"的故事進行了質疑，對其身爲孝子而有助晉篡魏之嫌的行爲進行了批判，雖然這種批判是基於君臣倫理，但從忠孝一體的角度來說，趙時春的質疑是有理也有力的。

君子有所不忍也，而後有所不敢。夫天下之用人者，皆取其能忍也，而不取其所不忍；嘉其敢爲，而不樂其所不敢爲。夫人必惻然有所不忍，而後能懂然自致其所能爲；必退然有所不敢爲，而後能毅然竭力於其所當爲。

蓋其所不忍、不敢者，乃天性之良；而其所能忍、能爲者，皆應世之才也。世事有不本於天者乎？才有不本於性者乎？用人者察其天性之本良，而後籍其用世之才具。是故其不忍者所以爲仁，而仁必不後親；不敢者所以爲義，而義必不遺君。不忍者先乎親，而後知其所忍者必棄親之徒也；不敢者急乎君，而後知其所敢爲者必正君之事也。故曰：求忠臣於孝子之門。至哉言乎！

蓋嘗聞古之人有召公者，於周公之當國，尚疑而不悅[1]。若召公者，不及周公之美才也，其遊於《卷阿》而告王曰：“有孝有德，以引以翼。”[2]故能終濟周公，而世並稱大賢。是周公才美之敢爲，非孝德者無以濟之，不然則王莽矣[3]。又有西巴者，放麑不殺，而其主孟氏留以輔其子[4]；霍光過立君門，不差尺寸[5]，而漢武以光輔幼君，竟安漢室[6]。陳平之智，而漢高以爲不及顜陵厚勃[7]；李勣之功，而唐太宗始黜而終用之[8]，又輔之以剛正之褚遂良[9]。

大抵忠信篤厚之士，以之爲世□軼蕩超群可悅之舉，必有所不忍；而純樸方直之人，使之爲色屬内荏之行，必有所不敢。是其所不忍、不敢者，根於天性。習與性成，少而學之，長而安焉。故非一日之積也，其來也漸矣。

上不之知，則恭爲子職，祗事其親，艱苦安焉，貧儉習焉，忠信立焉，不知世之有富貴也，不知君之用與否也，不知其用之而有榮辱貴賤升沉也，亦曰：“是應世之具，倘來之物也。”[10]一既用之，則曰："親，天也，君亦天也。等出於天，而無可逃也。"昔之養親，不忍、不敢者，在於吾親也；今之事君，不忍、不敢者，在吾君矣。而敢乎？而忍乎？夫持不忍、不敢之心，推其事親者以事君，則誠得矣。

卒然有意外之患、不測之機，禍變興於立談，生死決於俄頃，抑終不忍乎？不敢乎？曰："禍變莫大於三仁。"[11]周公方其不顧行遯而逃死，弗恤流言而東征者[12]，皆不忍、不敢之發也。惟其不忍於薄也，而後敢於仁；惟其不忍於詐也，而後敢於信；惟其不忍於怠也，而後敢於勤；惟其不忍於奢也，而後敢於儉；唯其敢於五者之行也[13]，而後忍於反是五者之小人而加誅罰焉。

彼小人者，無所不敢者也，無所不忍者也。君之富貴，忍而取之；彼之敝屣，不忍棄也。君之權柄，敢於竊之；彼之父兄，尚弗恤也。君用孝，則割股殺妻以爲孝[14]；君用直，則證父攘羊以爲直[15]；君用愛，則奉妾遺婢以求愛[16]；君用勤，則吮癰舐痔以効勞[17]；君好美，則諛佞容悦以自媚。故曰無所不忍也，無所不敢也。

故用人者，唯取其不忍、不敢，而其所忍所敢者斯備矣。若先見其所忍、所敢，斯吳起、韓信、裴矩、陳宜中之徒[18]，所以接迹以立名於世，而世道不復皇王也。故曰：求忠臣於孝子之門。信矣！

或曰："王祥非孝者乎[19]？何以移魏祚於晉也[20]？"曰："祥，僞孝者也。其以不慈之名歸母，以一魚之費危先人之遺體[21]，何忍也？"掃除，子弟職也，牛下安足言乎[22]？守果必須[23]，子弟涕泣，亦何苦乎？瑯琊冰不堅，數錢可以得魚，卧而墜淵，何其誕也？晉之王氏貴顯極矣[24]，誤國家，污青史，至王敦叛逆[25]，猶存

其功，著其雄。曹、馬姦詐得國，行若鬼蜮[26]，而祥、覽之流[27]，魍
魎之雄者也[28]，其詐爲孝久矣。孝者必忠，始乎帝舜，以此概之，
則古今人倫之鑒不誣矣。韋彪之論深有取焉[29]，故備而論之。

【注釋】

[1] "蓋嘗聞"三句：《史記·燕召公世家》："成王既幼，周公攝政，當國踐祚，
召公疑之，作《君奭》。《君奭》不説周公，周公乃稱：'湯時有伊尹，假於皇
天；在太戊時，則有若伊陟、臣扈，假於上帝，巫咸治王家；在祖乙時，則有
若巫賢；在武丁時，則有若甘般：率維兹有陳，保乂有殷。'於是召公乃
説。"大意是，周公攝政，召公不悦，於是周公作《君奭》（《尚書》中的一
篇），誠勉召公，召公遂消除疑慮，忠誠輔佐，促成了"成康之治"的局面。
召公，姬奭，西周宗室，周公之弟，周初任太保之職，其執政政通人和，深
受愛戴。

[2] 卷阿：《詩經·大雅》中的篇名，朱熹《詩集傳》認爲該詩是"（召康）公從成
王游歌於卷阿之上，因王之歌而作此以爲戒"，其説有理。詩中有"有馮
有翼，有孝有德，以引以翼。豈弟君子，四方爲則"的詩句，意思是，各種
人才有行有德，能讓成王有依憑、有輔助；他們和氣近人，或在前引導，或
左右扶助，萬民跟從。

[3] 王莽：西漢末年權臣，西漢哀帝、平帝時，王莽兩度任大司馬，虛與委蛇，
極力延邀聲譽，當時被認爲可比霍光，等到大權在握、篡權建新之後，便
暴露本性，殘酷暴虐，以致政權很快滅亡。

[4] "又有西巴者"三句：即西巴放麑之典。《韓非子·説林上》："孟孫獵得
麑，使秦西巴持之歸，其母隨之而啼，秦西巴弗忍而與之。孟孫適至而求
麑，答曰：'余弗忍而與其母。'孟孫大怒，逐之。居三月，復召以爲其子
傅。其御曰：'曩將罪之，今召以爲子傅，何也？'孟孫曰：'夫不忍麑，又且
忍吾子乎？'"後遂以"放麑翁"指仁慈忠厚者。

[5] "霍光"兩句：《漢書·霍光金日磾傳》載："（霍光）每出入下殿門，止進有

常處，郎僕射竊識視之，不失尺寸，其資性端正如此。"趙時春所言"不差尺寸"，即出於此。

[6] 漢武以光輔幼君：漢武帝臨終時，安排霍光輔政，與桑弘羊、上官桀、金日磾等輔佐年僅八歲的漢昭帝；昭帝亡，昌邑王繼位，因荒淫無道，霍光主持廢昌邑王，繼立漢宣帝，中興漢朝，因此，趙時春言"竟安漢室"。

[7] "陳平"兩句：陳平是跟隨劉邦進行統一戰爭的功臣，他善於謀略，但略嫌不夠磊落、果毅。《史記‧高祖本紀》記載了劉邦去世之前，呂雉問誰可主持朝政的事："呂后問：'陛下百歲後，蕭相國即死，令誰代之?'上曰：'曹參可。'問其次，上曰：'王陵可。然陵少戇，陳平可以助之。陳平智有餘，然難以獨任。周勃重厚少文，然安劉氏者必勃也，可令爲太尉。'呂后復問其次，上曰：'此後亦非而所知也。'"劉邦以爲，蕭何去世後，曹參可主持朝政；曹參去世後，陳平可以，但陳平謀略有餘而磊落、果毅不足，所以要用戇直的王陵和忠厚的周勃來輔佐。這也是趙時春"戇陵厚勃"的來歷。

[8] 李勣：唐初名將，英國公，爲"凌煙閣功臣"之一，在唐代北方、東北的戰爭中立下大功。唐太宗始黜而終用之：指唐太宗晚年卧病，將李勣由太子詹事、同中書門下三品外放爲疊州都督，並囑咐太子李治，讓李治登基後，再將李勣晉升宰相，以使李勣感恩，並期效忠。李治果拔李勣爲尚書僕射。事見《新唐書‧李勣傳》。

[9] 褚遂良：唐初宰相、名臣、書法家，唐太宗卒，安排褚遂良與長孫無忌共同輔政。李勣任尚書僕射，必然會與褚遂良、長孫無忌等一起組建宰相團隊。趙時春言"輔之以剛正之褚遂良"，應該是指李勣在唐高宗廢皇后事中的表現。《新唐書‧李勣傳》載："帝欲立武昭儀爲皇后，畏大臣異議，未決。李義府、許敬宗又請廢王皇后。帝召勣與長孫無忌、于志寧、褚遂良計之，勣稱疾不至。帝曰：'皇后無子。罪莫大於絕嗣，將廢之。'遂良等持不可，志寧顧望不對。帝后密訪勣，曰：'將立昭儀，而顧命之臣皆以爲不可，今止矣!'答曰：'此陛下家事，無問外人。'帝意遂定，而王后廢。"其中可見，褚遂良剛正，堅決反對高宗廢后；李勣則説："這是陛下家事，

不必問别人。"言下之意，皇帝自作主張就可以，不必顧忌大臣反對。顯然，這是變相地支持高宗廢后。李勣也因此而頗受後人譏諷。

[10] 倘來之物：即"儻來之物"，指意外得到或非本應得的東西。元秦簡夫《東堂老》第三折："這錢財是倘來之物。"

[11] 三仁：指殷末之微子、箕子、比干。《論語·微子》："微子去之，箕子爲之奴，比干諫而死。孔子曰：'殷有三仁焉。'"微子爲紂王之兄，因紂王無道、屢諫不從而懼禍出走。箕子爲紂王叔父，因勸諫紂王無功，佯狂避世，被紂王囚禁爲奴，商亡後，箕子遠走朝鮮。比干亦爲紂王叔父，因直諫而被紂王殺害。"三仁"遭遇如此，所以趙時春説"禍變莫大於三仁"。

[12] "周公"二句："不顧行遯"，離開職位逃遯於外，即避世隱居。語出《尚書·微子》："自靖，人自獻于先王，我不顧行遯。"逃死：逃避災禍或致死的危險。《國語·楚語下》："夫從政者，以庇民也。民多曠者，而我取富焉，是勤民以自封也，死無日矣。我逃死，非逃富也。"弗恤流言而東征：周公之平定"三監"、東征徐奄，起因是成王年幼、周公攝政，管叔便散播流言，煽動霍叔、蔡叔，慫恿武庚，發動叛亂；周公不懼流言，毅然東征，故言"弗恤流言"。

[13] 五者之行：即恭、寬、信、敏、惠五種品性。語出《論語·陽貨》："子張問仁於孔子。孔子曰：'能行五者於天下爲仁矣。'請問之。曰：'恭、寬、信、敏、惠。恭則不侮，寬則得衆，信則人任焉，敏則有功，惠則足以使人。'"

[14] 爲：原作"偽"，從下文來看，應作"爲"，今改。割股：指介子推割股奉君之事。《韓詩外傳》卷一〇："晉文公重耳亡，過曹，里鳬從，因盜重耳資而亡。重耳無糧，餒不能行，子推割股肉以食重耳，然後能行。"殺妻：指吳起殺妻求將之事。《史記·孫子吳起列傳》："齊人攻魯，魯欲將吳起，吳起取齊女爲妻，而魯疑之。吳起於是欲就名，遂殺其妻，以明不與齊也。魯卒以爲將。"

[15] 證父攘羊：兒子告發父親偷羊。語出《論語·子路》："葉公語孔子曰：'吾黨有直躬者，其父攘羊，而子證之。'"

[16] 奉妾遺婢：即獻妾，應指呂不韋。呂不韋爲了討好秦昭王，將自己的妾趙

姬獻給了昭王，"(呂不韋)欲以釣奇，乃遂獻其姬。姬自匿有身，至大期時，生子政。"（《史記·呂不韋列傳》）。這也是嬴政(秦始皇)是呂不韋子這一説法的來歷。

[17] 吮癰舐痔：比喻卑劣地奉承人。《莊子·列御寇》："秦王有病召醫，破癰潰痤者得車一乘；舐痔者得車五乘。所治癒下，得車愈多。"《史記·佞幸列傳》："文帝嘗病癰，鄧通常爲帝唶吮之。"莊子所記或爲傳説，但司馬遷所記應爲真事。

[18] 吳起：戰國初期將領、政治家，曾在楚國主持變法，失敗後被殺害；李悝曾評價其"貪而好色"，司馬遷評其"刻暴少恩"。韓信：漢代名將，中國古代著名軍事家，爲劉邦的統一戰爭立下大功，但最終功高震主，被殺；司馬光評其"以市井之志利其身，而以君子之心望於人"。裴矩：隋唐時期政治家，在征伐突厥、遼東等戰爭中有重要貢獻。史評其"佞於隋而忠於唐"（司馬光語），主要是批評其迎合隋煬帝、宇文化及。陳宜中：南宋末年宰相，在南宋將亡之際，他忠心耿耿，但卻膽小怕事，依附賈似道，且臨陣脱逃，也受到批評。

[19] 王祥：琅琊人，先後任曹魏、西晉司空、太尉、太保等職。事後母孝，《搜神記》《晉書》都有王祥臥冰求鯉的故事，《搜神記》卷一一載："性至孝。早喪親，繼母朱氏不慈，數譖之。由是失愛於父，每使掃除牛下。父母有疾，衣不解帶。母常欲生魚，時天寒冰凍，祥解衣，將剖冰求之。冰忽自解，雙鯉躍出，持之而歸。母又思黃雀炙，復有黃雀數十入其幕，復以供母。鄉里驚歎，以爲孝感所致焉。"

[20] 移魏祚於晉：王祥在曹魏任太尉，司馬氏篡魏後，他又官拜太保。趙時春的意思是，王祥事母孝，事君未必忠，有幫助司馬氏篡權的嫌疑。

[21] 危先人之遺體：即身體髮膚受之父母，王祥臥冰，危害健康，應有愧父母。

[22] 牛下：牛棚。王祥曾被後母安排經常掃牛棚。

[23] 守柰：王祥曾被後母安排守柰，"有丹柰結實，母命守之，每風雨，祥輒抱樹而泣"（《晉書·王祥傳》）。

[24] 王氏貴顯：琅琊王氏爲六朝門第，江左第一高門，其發跡之始，在王祥。

[25] 王敦：琅琊臨沂人，東晉大臣，任鎮東大將軍、都督江揚荆湘交廣六州諸軍事、荆州牧。後以司馬睿抑制王氏勢力，於永昌元年(322)起兵攻入建康，殺刁協、周顗、戴淵等，謀篡奪司馬氏政權。太寧二年(324)，他再次進兵建康，病死軍中。

[26] 曹、馬姦詐得國：曹魏、司馬氏都是權臣篡權而建立的政權。鬼蜮：暗中害人的精怪，《詩經·小雅·何人斯》：“爲鬼爲蜮，則不可得。”後以“鬼蜮”喻暗中傷人的小人。

[27] 祥、覽之流：指王祥、王覽。王覽是王祥同父異母弟，也是古代著名的孝子，《晉書》有“王覽争鴆”的故事：“祥喪父之後，漸有時譽。朱深疾之，密使鴆祥。覽知之，徑起取酒。祥疑其有毒，争而不與，朱遽奪反之。自後朱賜祥饌，覽輒先嘗。朱懼覽致斃，遂止。”(《王覽傳》)

[28] 魍魎：傳説中的山川精怪。《孔子家語·辨物》：“木石之怪夔、魍魎。”

[29] 韋彪之論：指“求忠臣比於孝子之門”的言論。韋彪，字孟達，東漢前期官員，學識鴻博，直言敢諫，有孝行，官至大鴻臚。《漢書》卷九七有傳。

王猛捫虱

【題解】

　　王猛,字景略,前秦著名政治家,官至丞相、大將軍。他出身寒微,但博學好兵書,立志高遠,受苻堅器重,政事一委之,王猛整頓吏治,加强農業生産,盡心國政,爲前秦的統一北方發揮了重要作用。《晉書》卷一四〇有傳。王猛捫虱,是桓温第一次北伐(永和十年[354])時發生的事,《晉書·王猛傳》載:"桓温入關,猛被褐而詣之,談當世之事,捫虱而言,旁若無人。温察而異之,問曰:'吾奉天子之命,率鋭師十萬,杖義討逆,爲百姓除殘賊,而三秦豪傑未有至者,何也?'猛曰:'公不遠數千里,深入寇境,長安咫尺而不渡灞水,百姓未見公心故也。'温默然無以酬之。温之將還,賜猛車馬,拜高官督護,請與俱南。猛還山諮師,師曰:'卿與桓温豈並世哉! 在此自可富貴,何爲遠乎?'猛乃止。"《太平御覽》卷九五一引檀道鸞《續晉陽秋》亦載此事。

　　本文以王猛謁見桓温時的"捫虱而談"爲題,議論桓温、王猛的人生志向、出處選擇、政治立場等問題。桓温兵臨關中,是東晉南北朝時期南方在軍事上的一次較爲顯著的勝利,在關中,王猛謁見桓温,遂有"捫虱而談"之事。在趙時春看來,桓温不過一代梟雄,本無統一天下之志,其軍事征伐不過是攜勝利以立威,以速成其篡;王猛之所以捫虱而談、有恃才傲世之態,是因爲他看清了桓温"長安咫尺而不渡灞水"的根本目的,所以纔不迎合桓温,不接受桓温委任的官職。趙時春還將桓温與後燕慕容垂、前秦苻堅、劉宋劉裕進行對比,將桓温任用郗超與曹操任用華歆進行對比,認爲桓温比不上慕容、苻、劉三人,所以祇能任用如郗超之流,似王猛這樣的有識之士,是不可能輔佐桓温的。趙時春還對桓温離開關中前不殺王猛表示了讚賞(胡三省認爲是桓温來不及殺王猛)。

　　嘗患高世之士，每懷輕世之心，非士之過也，乃世自有以取輕於士耳。夫世之所貴者必王公大人，而王公大人之所可貴者，非以其勢與利，乃所以責之濟斯民而躋諸治平之域；所高於士者，非以其敢輕王公大人，亦以其雖未至於王公大人，而身具濟世之才，足以當濟世之責。苟三公大人就而問焉，必有以度量彼己，而後可以效世濟世之具；不如是，非獨不足以自見，而反見輕於世矣。

　　管寧與華歆同耨[1]，揮金，寧視苗而歆視金，故寧終身爲漢士[2]，而歆卒辱爲魏相[3]。諸葛亮與龐統俱稱龍鳳[4]，亮三顧乃就昭烈[5]，而統屈身百里，且沉酣不治[6]，故亮有成而統無終[7]。蓋人有所不爲也，而後可以有爲。凡論人者，非其敢爲之爲難，而慎其所爲之爲難；非其有才之足高，而善用其才之爲高也。

　　方西晉喪亂，五胡雲擾，天下正統偏安江東[8]，而桓溫以梟雄之資輔之[9]，破蜀、平淮，取洛、度關[10]，是溫不可謂無一天下之志矣。王猛鬻畚布衣[11]，溫親造而訪焉，與昭烈之顧隆中蓋無以異[12]。猛奚輕於溫？至捫虱而談，弗與爲之禮哉！是時名士莫如殷浩、謝安[13]。浩乃爲溫所輕，而安已屈從，溫辟爲司馬[14]。猛尚未得志，而輕溫已甚，不幾於玩人而招禍乎？及觀溫之所以問猛，猛之所以應溫者[15]，蓋立談之間、行師進退之際，溫已露其張威圖篡之志，而無混一天下之誠，其勢不足以容天下大度之士，而所蓄不過如郗超、華歆等耳[16]。

　　昔韓信棄楚歸漢也，漢庭不知，而蕭何獨奇之，以嘗數相語，其語史不記，世莫能知也[17]。然後世卓識之士尚得而推。夫考何養民致賢，收巴蜀以定三秦，天下可圖之論[18]，與信爲將而席卷三秦[19]，東破關外[20]，釋李左車於俘囚而師事之[21]，卒定天下於漢，則信與何之數相語者，非是物而何哉？何有定天下之志之識，而信有定天下之才之力，故相與而即契。

温懷篡竊偏安之志，而猛有雄斷中原之謀，捫虱而言[22]，目中無温可知矣。温不自省，方自誇曰："吾奉詞伐罪，而三秦豪傑未至，何也？"猛知大言無實，徐詰之曰："公大軍遠討，而咫尺灞水不渡，民未知公心，是以不至。"嗚呼！猛知温之心。何心哉？欲雄跨六合，而勺水弗渡[23]，徘徊顧望，進畏氐羌之鋒，内懾晉室之變[24]，徒欲揚威關洛，退據江東，以速成篡事耳[25]。固知慕容垂、符堅[26]，非温之所能辦也。劉裕，命世英雄，一舉而定齊、秦，關中父老咸謂："其紹漢高之業矣。"[27]而裕急於篡晉[28]，棄之而去，況温不及裕萬萬哉！且既輕身以訪一布衣[29]，致其捫虱相待，若不以是爲怒，亦必以此爲奇矣，乃弗以三秦豪傑許之，辟爲軍謀祭酒[30]，弗就而棄之如□焉。兹温之所以重見輕於猛也。捫虱而言，猛蓋深知温，而温莫測猛也。

雖然，殺人有禮，而盜亦有道，亦君子之所許也。使猛遇曹操，則必夜刺而墙排矣[31]。温之是舉，尚有君子之度焉，其終爲亂賊，而付桓沖以忠晉室[32]，有以哉！然猛是役也，亦欲就温，謀諸其師[33]。猛知温之篡不可成，而晉之天命未絶也，其師以温與猛勢不俱立，止之。猛之雄才卓犖，固可喜也，而其師亦高於猛矣。方遁兹亂世，莫得而名，其又超世之傑也哉！兹非吾所謂有所不爲，而善用其才者歟？嗚呼，真超世之傑也哉！

【注釋】

[1] 管寧與華歆同耨：典出《世説新語‧德行》："管寧、華歆共園中鋤菜。見

地有片金,管揮鋤與瓦石不異,華捉而擲去之。又嘗同席讀書,有乘軒冕過門者,寧讀書如故,歆廢書出觀。寧割席分坐,曰:'子非吾友也。'"

[2]寧終身爲漢士:管寧一生始終隱士,曹魏建立後,屢被徵召,但從未入仕,故言"漢士"。

[3]歆卒辱爲魏相:華歆仕漢爲尚書郎、豫章太守等,後成爲曹操腹心重臣,曹魏時任丞相、太尉。趙時春從僅仕一姓的君臣倫理出發,認爲華歆出任曹魏丞相是屈辱。

[4]諸葛亮與龐統俱稱龍鳳:諸葛亮號卧龍,龐統號鳳雛,俱在襄陽,劉備新野戰敗,遂三顧茅廬,邀請到諸葛亮輔佐。《三國志·蜀書·龐統法正傳》裴松之注引《襄陽記》云:"諸葛孔明爲卧龍,龐士元爲鳳雛,司馬德操爲水鏡,皆龐德公語也。"

[5]昭烈:指劉備,劉備卒後謚昭烈皇帝。

[6]"屈身百里"二句:指劉備起初任龐統爲縣令(方圓百里),龐統看不起縣令之職,不好好治理。《三國志·蜀書·龐統法正傳》載:"先主領荆州,統以從事守耒陽令,在縣不治,免官。吳將魯肅遺先主書曰:'龐士元非百里才也,使處治中、别駕之任,始當展其驥足耳。'諸葛亮亦言之於先主,先主見,與譚,大器之,以爲治中從事。"

[7]亮有成而統無終:諸葛亮爲歷史名臣,其成就彪炳史册;龐統爲劉備盡心盡力,也備受器重,祇不過龐統戰死雒縣,年僅36歲。所以,龐統是有貢獻的,趙時春説龐統"無終",語嫌牽强。

[8]"方西晉喪亂"三句:指西晉末年的八王之亂、五胡亂華及永嘉南渡。

[9]桓温:字元子,東晉權臣,先後任徐州刺史、荆州刺史、揚州刺史等,曾三度北征,獨攬朝政十餘年,雖有篡晉之志,但因病未遂。趙時春稱其爲"梟雄",差近。

[10]破蜀:指永和三年(347),桓温率軍入蜀,攻滅成漢政權。平淮:太和六年(371),桓温征討前燕敗歸途中,攻佔了淮河流域的軍事重鎮壽春。取洛:永和十二年,桓温率軍征討後秦,大破姚襄,攻佔洛陽,但因糧草不濟而還。度關:永和十年(354)桓温北伐前秦時,入武關,戰於關中,因糧草

問題而退軍。

[11] 王猛鬻畚：王猛年輕時以賣畚箕爲生。《晉書·王猛傳》："（王猛）少貧賤，以鬻畚爲業。嘗貨畚於洛陽。"

[12] 昭烈之顧隆中：劉備前往隆中拜訪並邀請諸葛亮，三顧茅廬之後，諸葛亮有著名的《隆中對》。趙時春以爲，桓溫與王猛的故事，接近劉備與諸葛亮。

[13] 殷浩：字淵源，善清談，東晉名士、將領，曾任揚州刺史、中軍將軍等職。司馬氏爲了抵消桓溫的威勢，有意栽培殷浩以抗拒桓溫。但殷浩盛名之下其實難副，北伐失敗，被桓溫以武力脅迫之下彈劾，廢爲庶人。所以，趙時春言殷浩"爲溫所輕"。謝安：字安石，東晉著名政治家、宰相，對東晉政局影響深遠，淝水之戰，即爲謝安、謝玄叔侄指揮下的傑作。

[14] "安已屈從"二句：謝安早年高卧東山，不願出仕；升平三年（359），謝萬北伐兵敗，單騎逃還。爲了振興謝氏家族，謝安纔有出仕的意願。此時，"征西大將軍桓溫請爲司馬"（《晉書·謝安傳》），謝安遂答應桓溫。趙時春認爲，謝安任桓溫司馬，是向桓溫威勢的屈服，亦可備一解。因爲此前謝安是屢徵不仕，其任桓溫司馬，一方面是爲了謝氏家族，一方面也是桓溫適時地發出了邀請；當然，謝安選擇桓溫，或許也有迎合桓溫的政治態度。

[15] "溫之所以問猛"二句：桓溫與王猛的對話，見本文【題解】的引文。

[16] 郗超：即郗超，字景興，太尉郗鑒之孫，曾任征西掾、大司馬參軍、中書侍郎、司徒左長史等職。郗超是桓溫謀主，深得桓溫信任，故雖其職位不高，但對時局影響頗大。又因其與於桓溫陰謀篡權，所以儘管其才華頗高，但史評不好。華歆：是曹操的腹心重臣，雖然《三國志·華歆傳》記載華歆爲正直之臣，但《後漢書·獻帝皇后紀》卻將華歆在衣帶詔事件中的作爲記載得很清楚，因而使華歆的人物形象產生了鮮明反差。趙時春將郗超、華歆並列，是有道理的，他們其實都是權臣篡權過程中的重要謀主。

[17] "昔韓信"六句：韓信初爲項羽郎中，因不得重用，遂背楚歸漢，投奔劉邦。在劉邦帳下，韓信起初亦未得重用。此時，"信數與蕭何語，何奇之"（《史記·淮陰侯列傳》），蕭何發現了韓信的才華。韓信本以爲蕭何會推薦自

己，但等了數日，仍不見重用，於是準備離開。就在韓信離開時，蕭何追回了韓信，推薦給劉邦，纔有了劉邦登壇拜將之事。趙時春在推理，蕭何與韓信交談，究竟談了什麽内容，能讓蕭何如此欣賞並重點推薦。

[18] "夫考何養民致賢"三句：《史記·淮陰侯列傳》："何曰：'諸將易得耳。至如信者，國士無雙。王必欲長王漢中，無所事信；必欲争天下，非信無所與計事者。顧王策安所決耳。'"這是蕭何給劉邦推薦韓信的話。趙時春言蕭何"養民致賢，收巴蜀以定三秦，天下可圖"的話，似未見。"下"字原無，不通，兹據上下文意補。

[19] 席卷三秦：指韓信明修棧道，暗度陳倉，迅速收復三秦之地，這也是劉邦東向，與項羽争天下的開始。

[20] 東破關外：韓信在定三秦之地後，"出關，收魏、河南，韓、殷王皆降。合齊、趙共擊楚"（《史記·淮陰侯列傳》）。

[21] 釋李左車於俘囚而師事之：李左車爲趙國名將李牧之孫，輔佐趙王歇，被封爲廣武君；韓信攻趙時，李左車向趙王歇提出了防禦對策，但趙王歇不聽，趙國滅亡；趙亡後，"有縛廣武君而致戲下者，信乃解其縛，東向坐，西向對，師事之"（《史記·淮陰侯列傳》）。

[22] 虱：原作"風"，刊刻致誤，今改。

[23] 勺水弗渡：即"咫尺灞水不渡"。勺水，言水之少。

[24] 進畏氏羌之鋒：畏懼苻堅軍隊的兵鋒。内攝晉室之變：擔憂東晉政權内部的變更。桓温的第一次北伐，是在其平定蜀地成漢政權、逼廢殷浩之後，此時的桓温纔初步建立起自己的權勢，爲了進一步增强威重，他發動了三次北伐戰役。這些北伐，首要目的是借戰功以自重，對此，東晉朝廷一直非常忌憚，所以纔有了庾氏、謝氏等家族勢力的平衡。趙時春言桓温"内懾晉室之變"，即應指此。

[25] 以速成篡事：隨着桓温野心膨脹，他擅自廢立皇帝，清除異己，專政弄權，幾成其篡；只不過因其年老多病，卒，終未遂願。

[26] 慕容垂：十六國政權後燕的建立者，字道明，鮮卑族，曾在枋頭大敗桓温。淝水之戰前秦失敗，他乘機恢復燕國，定都中山，稱帝，年號建興。苻堅：

字永固,氐族,前秦國君,十六國時期著名政治家,他用人得當,政治開明,文治武功都較爲顯著,最終統一方,但他未能聽取王猛的意見,輕率發動對東晉的淝水之戰,慘敗而還。趙時春的意思是,相比起慕容垂、苻堅這些有作爲、有抱負的國君來説,儘管桓温武功也較爲顯著,但整體作爲還相差頗多。

[27] 劉裕:即宋武帝,南朝宋的建立者,字德興,初爲東晉北府軍將領,後來他擊敗桓玄,掌握東晉的大權;滅南燕,收巴蜀,滅後秦,420 年代晉稱帝,是東晉南朝時期武功最爲顯著的帝王。劉裕攻克長安,獲得了長安百姓的積極支持,據《南史・廬陵孝獻王義真傳》載,劉裕離開長安時,"三秦父老泣訴曰:'殘生不霑王化,於今百年,始睹衣冠,方仰聖澤。長安十陵,是公家墳墓,咸陽宮殿,是公家宅屋,舍此何之?'"趙時春言關中父老有"紹漢高之業"的話,不詳出處。

[28] 裕急於篡晉:劉裕北伐後秦、佔領關中,是其武功之盛的頂點,但其迅速撤離,以致關中匆匆丟失,又是其一生唯一的重大失敗。對此,《魏書・島夷劉裕傳》載:"裕志傾僭晉,若不外立功名,恐人望不許,乃西伐姚泓。"從《魏書》的記述來看,劉裕北伐與桓温北伐無異,都不過是借北伐來立威,因爲他們本無統一天下的雄心。《宋書・武帝紀》則記載劉裕"本欲頓駕關中,經略趙、魏,聞問驚慟,哀惋者數日。以根本虛,乃馳還彭城",即劉裕是因爲留守建康的劉穆之死,擔心後方不穩,朝政生變,所以急忙班師還朝。趙時春顯然是沿襲了《魏書》的看法。

[29] 輕身以訪一布衣:即桓温親自去拜訪王猛。這與《晉書・王猛傳》記載"猛被褐而詣之"的記載恰好相反。趙時春是誤記。

[30] 辟爲軍謀祭酒:《資治通鑑・晉紀二一》穆帝永和十年記載,桓温與王猛對話之後,"乃署猛軍謀祭酒",似乎也未見王猛當時拒絶,估計王猛先在桓温帳下任軍謀祭酒之職。

[31] 夜刺:夜晚刺殺。墻排:推倒墻壓死。趙時春的意思是,如果是王猛遇到了曹操那樣的人,必然會被殺死的。有意思的是,《資治通鑑》胡三省注曰:"猛不肯從温,温豈不欲殺之耶!蓋温軍已敗,不暇殺之也。"即胡

三省認爲，桓温不是不殺王猛，而是敗軍之後，匆忙之間，無暇殺之。趙時春則認爲，是桓温有君子氣度，所以纔未殺王猛。

[32] 桓沖：字幼子，桓温之弟，博學有才幹，桓温臨終時，讓桓沖繼續統領部衆，桓沖任中軍將軍、揚豫二州刺史。但桓沖忠於晉室，没有非分之想，他自認才望不及謝安，所以，他將揚州刺史之職讓給謝安，自願出鎮京口。

[33] 謀諸其師：桓温敗於關中、準備南返時，任王猛以高官都護，欲帶之一起回南方，去留之際，王猛請教老師。《晉書·王猛傳》："猛還山咨師，師曰：'卿與桓温豈並世哉！在此自可富貴，何爲遠乎！猛乃止。'"王猛的老師，今難詳悉。

附　録

趙時春交游考論

　　考察趙時春詩文詞集中有關交游的作品，其中唱和、贈別等詩詞五百五十餘首，書、序、跋、銘、狀等文一百三十餘篇，相關人物僅姓名、生平可考者近一百五十人①。這些人來自全國各地，社會地位不同，學術文化成就各異，與趙時春交往的時間長短也不同，但他們的交往鮮活地呈現了明代嘉靖政壇、文壇乃至學術文化的一個側面，對於考察趙時春的交游及文學、學術背景有重要參考價值。爲了能較爲全面而又有所側重地分析趙時春與這些人物的交往及其背後的時代文化信息，本文分社會地位、地域分佈、文化成就三個方面來論述。

一、趙時春交往群體的社會地位

　　（一）閣臣、部僚

　　閣臣有翟鑾、徐階，部僚有霍韜。其中翟鑾曾三任首輔，徐階是嘉靖末期的首輔，霍韜曾以禮部尚書掌詹事府。

　　嘉靖十九年（1540）翟鑾巡邊，路過平涼，罷官家居的趙時春與翟鑾相見並有三首詩相贈，這是他們僅見的交往記録；他們相交不深。相對於翟鑾，徐階可謂是趙時春的知音，趙時春第三次出仕即因徐階的引援。徐階推薦趙時春任兵部郎中，隨後趙陞任山東民兵副使；在趙時春受到仇鸞的排擠時，徐階堅決支持趙時春，並推薦他出任山西

---

① 統計依據杜志强《趙時春文集校箋》（天津古籍出版社 2012 年 2 月）、《趙時春詩詞校注》（巴蜀書社 2012 年 6 月）兩書。

巡撫。雖然趙時春在山西的軍事失敗辜負了徐階的期望，但對於趙時春的人格，徐階則始終給予肯定評價，他先後爲趙時春母親及趙時春本人撰寫墓誌，爲《浚谷文集》作序，這些文章一再表達了對趙時春人格的高度肯定，在現存對趙時春的各種評價中，徐階是最爲深刻的；他們互相唱和、往來的 12 首詩、10 篇文章也印證了二人的一世交情。坎坷的仕途中能有徐階這樣的知遇者，是趙時春一生最好的際遇。

趙時春與霍韜的關係亦頗爲密切。趙時春沒有留下與霍韜早年交往的記載，但霍韜《題趙景仁卷後》①一文卻透露出他們定交很早。該文記載，嘉靖八年霍韜向其同鄉方獻夫薦引趙時春；其時方獻夫正以大禮新貴的身份參與朝政，而趙時春僅任刑部主事，地位低微，可是，在霍韜的薦引下，在方獻夫一再傳達出會面要求時，趙時春卻沒有去拜訪，這頗耐尋味。其實，趙時春對方獻夫的態度，正是他對大禮新貴的態度，在議禮事件中，他傾向於支持楊廷和等武宗舊臣，所以不去交往方獻夫；可是，他畢竟還是與新貴之一的霍韜有很多交往，該如何理解？我們以爲，這與李開先、唐順之等有關。霍韜是嘉靖八年的會試考官，該榜拔唐順之爲會元，李開先、羅洪先等在列，因此，唐、李、羅與霍韜有座主門生之誼；而趙時春與諸人關係密切，在與他們交往、唱和時，也逐漸與霍韜交往並得到賞識。另外，就科舉成績來説，霍韜、趙時春、唐順之三人爲會元，羅洪先是狀元，這樣的科舉身份可能也是他們惺惺相惜的原因之一；至少從霍韜薦引趙時春來看，他們當時關係相當密切。嘉靖十九年，趙時春第二次出仕，任翰林院編修、司經局校書，而霍韜恰好以禮部尚書兼掌詹事府事；霍韜成了趙時春的直接領導。行政隸屬之間，他們理應有更多的交往，但因趙、羅、唐上書而同時罷官，仕履匆匆，沒有留下與霍韜交往的更多記載。

---

① 霍韜《渭厓文集》卷六，《四庫存目叢書》集部第 68 册，第 441 頁。

（二）督撫、憲使

明代督撫例帶督察院御史銜，所以，各地的總督、巡撫都可看成憲使。趙時春與督撫、憲使的交往多有記載，明確可考者有張潤、姚鏌、陳察、劉天和、唐龍、楊守禮、汪文盛、黃臣、應大猷、王邦瑞、許宗魯、柯相、張珩、何棟、李宗樞、賈應春、張鰲、詹榮、翁萬達、謝蘭、蘇佑、楊博、胡松、陳棐、王夢弼、郭乾、王崇古、楊巍、陳瓚、李世達等（以中進士時間先後排列，舉人及科舉不詳者排後。下同）。這些人中，姚鏌、劉天和、唐龍、張珩、賈應春、王夢弼、郭乾爲三邊總督，翁萬達、蘇佑爲宣大總督，何棟爲薊州總督，其他多爲山西、陝西、甘肅、寧夏等地的巡撫或巡按御使。他們大多駐守在明朝抵御俺答的防線上，翁萬達甚至被譽爲"嘉靖中葉第一邊臣"，王崇古則是"俺答封貢"的主持者。

趙時春積極主戰，鑽研軍事，關注西北邊防，也曾就職於兵部、親任山西巡撫與俺答作戰，這些都成爲他與督軍邊臣交往的契機；再加上他長期偏居平涼，而三邊總督駐節固原，距平涼很近，所以他與三邊總督交往較多。前列30人中與趙時春交往較深的是唐龍、翁萬達、王崇古。唐龍與趙時春有門生之誼，嘉靖二年唐龍主持陝西鄉試，大力讚譽和提攜趙時春，爲此，趙時春終生感激。嘉靖十年前後，趙時春有多篇詩歌、書信寄贈唐龍，還爲唐龍文集作序，這說明他們當時交往頗爲密切；不過，唐龍後來與嚴嵩交好，其子唐汝輯更是嚴世蕃的狎客，這也許是後來趙時春與唐龍很少來往的原因；唐龍去世後，趙時春作《哭唐漁石冢宰》3首，自稱及門弟子，寄托哀思，讚美唐龍的戰功，而對於唐龍父子與嚴嵩的關係則不置一詞。他與唐龍交往的前密後疏跟與徐階的一世交情反差明顯，這也正好可以説明他慎重交游，尤其是在重要是非面前態度鮮明。

翁萬達與趙時春同年。從趙時春詩文看，翁萬達在任陝西巡撫時曾來平涼拜訪趙時春而不遇，在任宣大總督時也多有詩文寄贈，且托人帶來學者尹耕關於軍事組織、訓練民兵的著作《塞語》《鄉約》，這是他們討論軍事、關注邊防的見證。趙時春也給翁萬達以高度評價和期待，敢於向他直訴民瘼，甚至勸翁萬達"懲一儆百"①，反映出真誠的同年情誼。

趙時春與王崇古交往較晚，但相知甚深。嘉靖四十三年，寧夏巡撫王崇古來平涼拜訪趙時春，二人相得甚歡，趙時春作長詩《寄寧夏撫臺王鑒川》以贈。從本詩看，二人對時局看法相同處較多，王崇古也向趙時春表達了援引之意，不過趙予以婉拒。趙時春去世後，王崇古爲之請恤典，作《趙浚谷墓表》；《墓表》不僅讚譽趙時春的才華與人格，而且也嘆美趙時春與徐階的交情。可以説，趙時春與徐階、翁萬達、王崇古之間形成了君子之交，其交往的契機在於相互間的惺惺相惜和對國事的共同認知，以及對於嚴嵩的相同態度。趙時春十分痛恨嚴嵩，這在其《唁分宜嚴氏》詩中表露得很清楚，而翁萬達之罷兵部尚書就是嚴嵩所爲，徐階則是參倒嚴嵩的核心。

另外，陳察與趙時春的交往也值得一提。陳察在嘉靖前期以廉政和直諫聞名。嘉靖九年，23歲的趙時春以言事被杖、罷官，帶傷離開京城，50餘歲的陳察與楊言、邵天和一起追至臨清，陪送數日，趙時春頗爲感動，作《臨清東邵苑卿天和、陳僉憲察、楊同知言俱謫宦，稍遷，聞余重困，追陪數日》詩。可以推理，陳察等之所以追陪數日，主要是讚許趙時春直言敢諫的氣節，而陳察、楊言等也都有過相同的經歷，所以，他們同病相憐。後來陳察在南贛巡撫任上寫信要趙時春爲其《奕世清風録》《還政録》《思舊録》作跋，趙文今存，文中自稱忘年之交，可見兩人交往之深，也能從側面反映出趙時春嘉靖八年的犯顏直諫贏得了朝臣的尊重。

---

① 《答巡撫翁都憲僕時在野獲睹尺書》，《趙時春詩詞校注》，第332頁。

　　（三）地方官員、州縣豪族

　　趙時春交往的地方官員主要是平涼州縣官員和中央分駐平涼的太僕寺、苑馬寺官員，其中兩寺官員有：王崇慶、歐陽席、賈啓、辛東山、喬英、胡節、應槚、陳錠、左傑、胡安、郭學書、李檗、范充濁、成井居等。這些官員任職平涼大多來去匆匆，他們與趙時春的交往也多是官場之外的詩酒應酬，但也不乏深交者如王崇慶、應槚。應槚是趙時春同榜進士、明代法律學家，官至兵部侍郎總督兩廣，趙時春今存贈別應槚的7首詩以及《應氏家譜序》等4篇文章，詩文對應槚的幹練行政、經綸時務表達了期許和讚譽。

　　王崇慶受學於理學名家湛若水，當時較爲有名，稱"端溪先生"。在平涼的兩年間，他與趙時春交往過從，趙時春今存與之唱和的45首詩、4篇文，總數爲趙集中單人寄贈作品之最。從這些詩文來看，兩人的交往主要集中在詩文唱和與學術交流上，雖然王崇慶的文學主張今難考知，但兩人的學術取向則大致趨同，如王崇慶是方志學家，有《開州志》《南户部志》，著《周易議卦》，同時還有立言著作《海樵子》等，這與趙時春著方志、喜《周易》及作立言著作《稽古緒論》的學術取向一致。正因此，在短短兩年中，王崇慶就成了趙時春一生寄贈作品最多的朋友。俗云："人之相識，貴在知心；人之相知，貴在知心。"趙、王的交情是否"知心"不能遽斷，但他們在學術旨趣上的"相知"，則是可以肯定的。

　　趙時春交往的平涼州縣官員有：知府邊沅、高尚志，縣令田西成，韓王府成員靜明子、滄江子，地方豪族陶希皋等。趙時春以封疆大吏的身份"回籍聽調"，在平涼聲譽很高，按理說，他可能與平涼州縣官員、宗室、豪族有很多交往，但事實並非如此。他是有意減少與地方官員的交往，不干擾地方政務，也不要求特殊待遇，因此，與平涼地方官員交往很少、很淡，但與平涼豪族陶希皋的交往卻十分密切。陶家世襲武職，陶希臯曾任寧夏副總兵等職，身爲武將卻頗喜作詩，這與趙時春相近，再加上兒女姻親，所以來往密切，唱和很多，趙時春有與之唱和的詩 39 首，各類文 4 篇。揆諸情理，趙、陶二人交往的出發點主要是性格相投和戚屬關係，很難説有多少學術交流或知心交情。

二、趙時春交往群體的地域分佈

（一）陝西士人群

明代的陝西轄區廣大，人才輩出；平涼府屬陝西，所以趙時春對陝西士人有特殊的感情；其交往的陝西士人有：許讚、許誥、康海、呂經、馬理、張治道、胡侍、李宗樞、何棟、許宗魯、閻溥、呂頲、許論、傅學禮、黃綬、趙康、來聘、呂顒、李瑜、李世達、許詞、樊得仁等。

先解釋一下趙時春與靈寶許氏的交往。許氏是明中期的官宦世家，一門四尚書。從地理上來説，靈寶屬河南，而非陝西，可是考慮到靈寶與陝西接鄰，地理上的接近會使許氏兄弟對於陝西有親近感，我們甚至以爲，這應當是許氏兄弟與趙時春交往的契機之一，所以將他們列入陝西。嘉靖十八年，吏部尚書許讚薦舉趙時春爲宮僚，同時還推薦霍韜、徐階、鄒守益、羅洪先、唐順之等一起就職於東宮，《明史》評價這些人"皆天下名儒，自明初宋濂諸人後，宮僚莫盛於此"[1]，顯然許讚的薦舉是成功的，這也證明趙時春確是側身於當時的學術文化精英中。許論與趙時春同年，官至兵部尚書，在許氏兄弟中與趙時春關係最近。趙時春共有 16 首詩、2 篇文與許氏兄弟唱和、寄贈，還有一文《許氏家譜序》，這些都反映出他與許氏兄弟的較多交往。

趙時春與馬理、康海、張治道、胡侍等陝籍文人的交往耐人思考；他們組合在一起是一個頗具實績的文學群體。這些人中，馬理是《陝

---

① 張廷玉《明史》卷七三《職官二》，中華書局 1974 年版，第 1785 頁。

西通志》的總纂,康海是名揚天下的才子,還曾爲趙時春父親撰寫墓誌;康海去世後,張治道編康海文集,趙時春爲其提供康海《趙玉墓誌銘》一文,並爲康海文集作序;趙時春還爲張治道《少陵志》及胡侍文集作序。其中《〈康太史集〉序》一文在讚譽康海風骨、感慨其人生際遇的同時,發出了知人難、知文更難的感慨;言下之意,因爲知文更難,所以他對康海的文學創作未置一評。今天來看,趙時春是爲避免物議而不願置評,因爲康海去世後,其文學評價褒貶不同,《四庫全書總目》"明人論海集是非不一"①之語可爲明證,趙時春此文正隱約透露出其中的微妙之處。趙時春還有《〈胡蒙谿集〉序》一文,對胡侍文風過於"富密"而不够天然略有微詞。

　　另外,不得不提的還有李夢陽。李夢陽的家鄉慶陽與平涼接鄰,可以説,在當時的陝籍作家中他們最爲近鄰。按常理,對於曾經主盟文壇的鄉黨李夢陽,趙時春應該有所拜謁或交往,但是,我們卻看不到他們的任何交往,該如何理解? 我們以爲,這一方面是年齡相差懸殊所致;二人相差 36 歲,趙時春出仕時,李夢陽已經罷官、定居河南,趙時春没有機緣拜謁、會面。另一方面則是二人的文學旨趣差異明顯;趙時春中進士後,與唐順之等人"詩學初唐","盡洗李、何剽擬之習"②,掀起了嘉靖初年的詩風變革,他們針對的正是李夢陽等"前七子",這應當是他們没有交往的根本原因。由此,再來看趙時春對康海文學的不置可否,以及對胡侍詩歌的委婉批評,都反映出趙時春與以李夢陽爲首的"前七子"文學創作的距離,一定程度上也可看作是"嘉靖八才子"對"前七子"的微妙態度。

　　趙時春還與慶陽吕經、吕顒、吕顯、傅學禮等人交往密切,不過,因與他們的交往不及與康海等人的交往典型,故不具論。總體來看,趙

---

① 永瑢等《四庫全書總目》卷一七一《對山集提要》,中華書局 1965 年版,第 1499 頁。
② 永瑢等《四庫全書總目》卷一七七《閑居集提要》,第 1585 頁。

時春與陝籍文人的交往，不僅延伸了自己的文學影響，同時也強化了陝西作家群的創作風格；康海詩文之"逸氣往來"①、李夢陽之"才思雄鷙"②、趙時春之"文章豪肆""秦人而爲秦風"③，無不體現出這個群體在創作個性基礎上的共性——慷慨任氣，謂爲"秦風"，堪稱準確。而且，趙時春是這個群體中"秦風"特色最鮮明的作家，也是唯一一個大力描繪隴東風物的作家，他的文學實績，使得隴東高原在豳風、北朝民歌之後再次深刻地融入了時代文學、文化的版圖，具有積極的人文意義。

（二）江南士人群

趙時春交往的江南士人有：上海徐階、馮恩、包節、馮行可，江蘇華鑰、華察、皇甫汸、陸粲、唐順之、謝少南、王立道、薛應旂，安徽胡松，浙江姚鏌、唐龍、姚淶、屠應埈、袁袠、田汝成、聞人銓、應檟、胡安、趙錦、袁遷，福建姚文焻、龔用卿、王慎中、楊昱，江西鄒守益、張鰲、羅洪先，湖南楊守謙等。徐階曾在給趙時春的信中說："至於兵事，恐南人終非本色。"④在徐階看來，江南士人的本色在文事而不在兵事；從當時士人的總體特點來看，這是準確的；上列 32 人中，除姚鏌、唐龍、楊守謙、唐順之曾督軍之外，其他均任文職，也可説明這一現象。不過，他們的文事確實出色，其中有多位著名理學、文學、史學家，姚淶、龔用卿、羅洪先分別爲嘉靖二至八年的狀元，徐階爲探花，唐順之爲會元；他們還研討理學，砥礪名節，成爲士林的風向標。對於他們在文化上的成就及交流，我們將在後文論述，這裏僅以陸粲、馮恩、包節、趙錦爲例，分析幾件能顯現江南士人風骨的事件以及趙時春對這些事件的態度。

陸、馮、包、趙四人是嘉靖年間的諍臣，趙時春也以直言敢諫而聞

---

① 永瑢等《四庫全書總目》卷一七一《對山集提要》，第 1499 頁。
② 張廷玉《明史》卷二八六《李夢陽傳》，中華書局 1974 年版，第 7348 頁。
③ 胡松《浚谷集序》，《趙時春文集校箋》，第 1 頁。
④ 徐階《與趙浚谷》，《世經堂集》卷二二，《四庫存目叢書》集部第 79 册，第 349 頁。

名,所以,他對這樣的諍臣總是給予積極的支持。嘉靖八年,陸粲因彈劾大禮新貴張璁、桂萼被貶貴州驛丞;此時趙時春任刑部主事。我們現在看不到當時趙時春給陸粲的支持,但他們對議禮事件態度相同,所以,他們之間相互支持是很可能的。嘉靖二十九年春,罷官家居的趙時春作長詩《寄同年陸浚明》,慰問陸粲,也回憶當年因直諫而受讒的經歷,"昨者春鶯得意鳴,百舌之口何其餓",明顯影射讒言者,對於陸粲,則以留名青史相鼓勵。

馮恩是著名的"四鐵御史"。嘉靖十一年,馮恩上書抨擊張璁、方獻夫,被下獄,免死,歸田。嘉靖二十二年,趙時春作長詩《寄答馮子仁御史》,高度讚譽馮恩"壯士直欲扶天柱"的勇氣,次年又作《答馮府判》,鼓勵馮恩之子馮行可。

嘉靖二十三年,包節因彈劾南京顯陵中官而被貶莊浪衛。兩年後,家居的趙時春作長詩《寄包蒙泉侍御》,給遠貶西陲的包節以深切的同情,批判狐假虎威的宦官,抒發了自己身世浮沉的感嘆,該詩也成爲趙集最好的篇章之一;包節深受感動,回信稱兩人之間乃"云天之誼"①。後來,趙時春任山西巡撫,包節又有詩相贈。

嘉靖三十二年正月初一,趙錦上書彈劾嚴嵩奸權亂政,被杖責、罷官,時任山西巡撫的趙時春作《送趙左使謝病歸浙》二首以贈。當時嚴嵩威勢顯赫,且在楊繼盛激烈彈劾嚴嵩而被下死囚後不久,正值輿論的風口浪尖;趙時春又任封疆大吏,所以他委婉地稱趙錦歸浙是"謝病";即便是如此的隱約其辭,但在這敏感時刻寫詩寄贈,還是需要勇氣的。在詩中,趙時春不談政治,只談友誼,詩末"伐木憶徽音"表達了他們間"求其友聲"的友誼。

從這些分析可見,趙時春與陸、馮、包、趙四人交往的基點在於惺

---

① 　包節《寄趙太史浚谷》,《包蒙泉集》卷六,《四庫存目叢書》集部第 96 册,第 602 頁。

惺相惜,可稱患難之交,也反映出他們共同的政治傾向與對名節的砥礪、追求;進而可以推斷,這也是趙時春與江南士人群體交往的基點之一。正因此,趙時春纔深入地融入了時代主流,獲得積極評價,形成普遍影響。

　　(三)北方士人群

　　趙時春與陝西士人的交往已見前,這裏只分析他與陝籍之外北方士人的交往。這些人有:山東黃臣、李順孫、顧鐸、胡節、李舜臣、黃禎、李開先、高尚志、楊巍,山西楊守禮、劉一中、張珩、張鐸、謝蘭、楊博、王與齡、郭鋆、王夢弼、王崇古、王道行,河北翟鑾、張翰、賈應春、喬英、劉宗仁、詹榮、尹耕、郭乾,河南王崇慶、辛束山、王邦瑞、蘇佑、陳棐。其中 15 人曾任軍職(包括 13 人任總督),這也説明北方士人工兵事的特點;相對於軍事成績,其文化成績則遠遜江南人,與江南士人形成了鮮明對照;但也並不意味着他們的交往就無意義可言。我們以爲,其交往至少可反映以下兩方面的問題:

　　1. 反映了趙時春與北方士人的淳樸友誼。趙時春云:“余雖尚友於天下,而取諸齊魯者爲多。”[1]可知趙時春多交、也喜交齊魯之士。他與山東李舜臣、黃禎、李開先的交往較有代表性。李舜臣、黃禎是嘉靖二年進士,據《四庫全書總目·北海野人稿提要》記載,他們頗著文名,並稱“李黃”。趙時春在剛中進士的一段時間與李、黃有着頻繁的唱和,嘉靖九年趙時春罷官後,他們再未聚首,但與黃禎之間寄贈不輟。嘉靖十八年,黃禎以貪賄罷廢,作《擬騷》18 篇以抒憤;趙時春作十餘首詩唱和,寬慰友人,表示相信其清白[2]。趙時春今存 26 首寄贈黃禎的詩歌。

---

[1] 《宋寺丞壽母序》,《趙時春文集校箋》,第 146 頁。

[2] 《明世宗實錄》卷二二六記載,黃禎貪賄案由王廷相查證落實。“梁本”第 4697—4698 頁。

趙時春與王與齡交情頗深。王與齡字受甫,與趙時春同年,趙昵稱其"壽夫"。王與齡任吏部文選郎中時,翟鑾、嚴嵩私下請託,王不僅不與理會,還上奏嘉靖皇帝,結果被罷,終老於家。王與齡事件是嚴嵩與部僚之間制衡關係的分水嶺,此後吏部銓選基本由嚴嵩操控。趙時春得知後,作《寄王壽夫銓郎》詩相贈,其中有"四海交親多逐客"之語,表明他們一起的那些正直朝臣已多被放逐,同病相憐之情顯然。王與齡去世後,趙時春爲作《行狀》,歷述王與齡生平及其與趙時春、羅洪先、唐順之等人的交往;由於前此數年唐順之病故,此時羅洪先、王與齡又先後去世,故交零落,趙時春不禁黯然神傷,也使該文充滿沉痛,從側面反映出他們的深厚情誼。

2. 反映了明中期以後有識之士密切關注北防問題的時代信息。趙時春多交邊臣,固然是其個人志趣所在,但也絕不僅僅是他的一廂情願或相互間的詩酒唱和,根本原因當在於他們間交流北防看法的需要;其中與翁萬達、王崇古的交往已見前,這裏僅分析與尹耕的交往。

尹耕有《兩鎮三關志》《塞語》《鄉約》等著作。趙時春家居時,曾閱讀了翁萬達捎來的《塞語》《鄉約》兩書;"庚戌之變"後他赴北京履任,曾寄居尹耕家,爲尹耕兩書作序,之後便開始了訓練民兵、巡撫山西之旅。可以肯定,尹耕的著作對趙時春督軍產生了影響。另外,《明史·藝文志》還著録有許論《九邊圖論》、蘇佑《三關紀要》、翁萬達《宣大山西諸邊圖》、楊守謙《花馬池考》、詹榮《山海關志》等 21 部北部地理、邊防著作,完成時間基本都在嘉靖年間。趙時春還爲楊守謙《紫荆考》《大寧考》、楊子統《備邊雜議考》作序。這些著作的集中涌現,反映了在明代北部邊患空前嚴峻的情勢下,有識之士開始研究北部地理與邊防的現實。趙時春交往的北方士人群就是撰寫這類著作的主力軍;他們對國防的觀注和對危機的思考值得高度肯定。這是他們交往的積極意義的集中體現。

三、趙時春交往群體的學術文化成就

（一）文學成就

趙時春交往群體中較有文學影響的有：康海、張治道、胡侍、樊鵬、皇甫汸、謝少南、王立道、屠應埈、袁袠、田汝成、華察、李舜臣、黃禎以及"嘉靖八才子"之唐順之、李開先、王慎中、陳束、熊過、任瀚、呂高。這一群體的文學實績大體能反映出正德、嘉靖年間文學發展、變化的歷程。朱彝尊云："明三百年詩凡屢變。洪、永諸家稱極盛，微嫌尚沿元習。迨'宣德十才子'一變而爲晚唐，成化諸公再變而爲宋，弘、正間三變而爲盛唐，嘉靖初，'八才子'四變而爲初唐，皇甫兄弟五變而爲晚唐，至'七才子'已六變矣。"[1]朱氏所列明詩之三、四、五變，正在趙時春交往的這個群體中。其中康海、張治道等詩學盛唐，唐順之、趙時春等"嘉靖八才子"學初唐，"皇甫四杰"學晚唐。

詩學初唐持續時間並不長，成績並不顯著。嘉靖五年至十四年前後，應當是他們熱心學初唐的時間；不過，即使在那時，學中唐、六朝者也大有人在，"八才子"之詩學初唐沒有像李夢陽等學盛唐之影響普遍。嘉靖十四年後，"八才子"各奔天涯，王慎中、唐順之陸續改變了自己的文學主張，詩學初唐逐漸式微，"八才子"的文學思想也發生了明顯分化。其中李開先在章丘，鍾情於戲曲創作；趙時春在平涼，詩歌繼承了"秦風"特色；熊過、任瀚返回西蜀，文學上沒有形成影響；只有王慎中、唐順之在江南又形成了一個影響深遠的散文流派——唐宋派。"唐宋派"應當能夠代表這一群體的文學成就。皇甫汸、謝少南、王立道、屠應埈、袁袠、田汝成、華察諸人均在蘇、杭一帶，他們詩風略異，但宗唐則一，與王慎中、唐順之一起，代表了當時江南文學的最高成就，

---

[1]　朱彝尊《静志居詩話》，人民文學出版社 1990 年版，第 636 頁。

也代表了嘉靖中期文壇的成就。

上列 21 人中，文學成就最高、與趙時春關係最密切的是唐順之。唐順之爲有明一代奇才，文學、學術成就突出，理學、軍事甚至算學亦有成就。趙、唐二人定交於嘉靖八年。當時他們年輕才俊，詩學初唐，頻繁唱和。十年後，罷官已久、漸近不惑的趙、唐及羅洪先一起任職於東宫，此時他們以儒學聞名，被稱“三翰林”。“壬寅宫變”後，嘉靖皇帝深居内宫，久不臨朝，三翰林心念天下，遂一起上書要求太子臨朝，這激怒了嘉靖皇帝，三人再被罷官。今天來看，三人的直諫雖然没有産生多大的政治效應，卻成了他們踐行儒學、高揚政治理想的見證，也是他們一生知音的見證。此後，他們再未會面，但詩信不輟。唐順之殉職後，趙時春極爲悲痛，作《祭唐荆川文》《唐荆川墓志銘》兩文，歷述唐順之的直諫、抗倭、風骨、功名等，對唐順之以道與天下自任的抱負和特立勇進的氣節給予了高度讚譽，爲唐順之的英年早逝表示了深切嘆惋。由此可見，趙、唐的交情，不僅在於詩學初唐的文學觀念，更在於相互間思想、氣節、人格的高度肯定；唐順之曾評曰：“宋有歐、蘇，明有王、趙。”[1]將王慎中、趙時春比爲歐陽修、蘇軾，也應當包含了人格、道學的因素。

趙時春還與王慎中、李開先有較多交往。在《答江西王少參書》中，趙時春與王慎中探討理學問題；該文在趙文中討論理學最爲集中。李開先爲《趙浚谷集》作序，序中記載了他設法營救“三翰林”之事；在“三翰林”激怒嘉靖皇帝、處境危急之時，李開先“周旋其間，百計求解”，可謂患難真情。不過相對來説，趙時春與王慎中、李開先的交往不及與唐順之深，與“八才子”其他成員的交往相對更少。

“嘉靖八才子”以及由此進化而來的“唐宋派”在嘉靖文壇上扮演

---

[1]　儲大文《雪苑朝宗侯氏集序》，《存研樓文集》卷一一，《四庫全書》本。

了重要的角色，甚至一度成爲文壇主流，尤其是"唐宋派"的散文創作更是成績突出。如果説這個群體的文學有什麼特色，則其特色不僅在於復古宗唐或以古爲新，而更在於文道思想上；他們文道合一的思想十分鮮明。顯然，這是嘉靖年間濃重的理學思潮下的産物，也是"唐宋派"與前、後"七子"文學觀念的重要分野所在。趙時春雖不屬於"唐宋派"，但他與"唐宋派"有着千絲萬縷的聯繫，因此，可納入這個圈子來討論。

（二）理學成就

按《明儒學案》的學派劃分，趙時春交往的理學家有：三原學派之馬理，江右王學之鄒守益、聶豹、羅洪先，浙中王學之錢德洪，南中王學之徐階、唐順之、薛應旂，諸儒學案之崔銑、霍韜，以及没有進入《學案》的胡松、孫應鰲等。他們雖然人數不多，但成就很高，影響很大，基本能代表該派的理學成就。如被稱爲"王學正宗"的江右學派之鄒、聶、羅三人，無一不發揚王學，建樹不凡，黄宗羲的評語"鄒東廓之戒懼，羅念庵之主静，此固真陽明之傳也"[1]，可以説明他們在王學發展中的地位。從思想史的角度來看，江右王學之注重修持等思想，對明清之際實學思潮的興起有積極的引導意義；南中王學之唐順之、薛應旂是東林黨人思想的源頭，唐順之之子唐鶴徵、薛應旂之孫薛敷教、弟子顧憲成更是東林黨的核心成員。這足以證明這個理學家群體在明代思想史上的地位和影響。

趙時春與這些人的交往有疏有密。其中與徐階、唐順之的交往見前；胡松、孫應鰲分别爲趙時春《浚谷文集》《稽古緒論》作序；趙時春與聶豹交往不多，但可以考知，聶豹在任兵部尚書時，曾積極爲戰敗的趙時春開脱，趙時春詩中也流露出了對聶豹的讚譽；錢德洪只在趙時春詞中一見；鄒守益與趙時春爲忘年交，兩人交情較深，多有唱和，而且

---

① 黄宗羲《明儒學案》卷一一《浙江相傳學案·錢德洪》，中華書局 2008 年版，第 225 頁。

鄒守益之子鄒繼甫師事趙時春,在趙時春去世後編《趙浚谷文萃》,並請理學家胡直作序,書、序今存。趙時春與薛應旂相知不淺,他有《薛仲常文集序》一文,文章因人及文,論述薛應旂之交友訪道、修辭立誠以垂名後世,體現出對薛應旂其人、其文的深刻理解;今《方山先生文錄》之首即冠此文。

羅洪先是趙時春一生最爲親密的知音。趙時春今存與羅洪先寄贈、唱和的詩詞46首、文3篇,總數等於他與王崇慶唱和的作品;羅洪先則有9首唱和詩、5篇來往書信。這些作品證明,從嘉靖八年羅洪先中狀元始,直至羅去世之前一年,其間雖暌隔三四十年,但兩人詩信未輟,交情愈益深厚。他們年紀相仿,政治、學術思想相近,性格相投,共負"三翰林"之譽,還曾一起上書、被罷,這些都奠定了他們終生相守的交情。趙時春對羅洪先之天性忠厚、守正不渝、兀兀修持的品性給予高度讚譽,同時借以自勉。不過令人費解的是,同爲親密的知音,唐順之去世後,趙時春爲作祭文、墓誌銘,可羅洪先去世後,趙時春卻沒有詩文祭悼,原因何在?從常情來看,趙時春應該作詩文來祭悼這位最親密的知交,但他畢竟沒有這麼做。就在羅洪先去世的次年,趙時春還爲王與齡撰《行狀》,云:"奸逆伏辜,衆方屬望壽夫、達夫,乃皆先余而逝,嗚呼!余之悲嘆,豈獨傷交親也哉!"意思是,嚴嵩倒臺後,王與齡、羅洪先等人被重新起用的時機已經到來,可是王、羅卻相繼離世,難濟時運,這引起了趙時春深深的感傷。《王與齡行狀》中包含了對羅洪先的傷悼,但畢竟只言片語,似乎難以匹配他們近四十年的交情。

另一個耐人思考的現象是,趙時春與陽明後學交往密切,但對王陽明,他卻從未置一辭以褒貶。對此,試解釋如下:趙時春與羅洪先等陽明後學的交往,就理學思想而言,他們在修持、心性、良知等問題上達成了一定程度的一致性,但分歧也明顯存在,集中體現就是趙時春對王陽明的不置可否和對薛瑄的高度肯定。薛瑄爲明代北方河東學派的創始人，在明代儒學的發展中，影響不及王陽明，而趙時春卻認爲明儒僅薛瑄爲純 ①，這正反映出他對陽明之學的委婉態度。趙時春更看重的是身體力行，這不僅包括修持、事功，還包括日常生活中的灑掃應對；對於空談性命，趙時春興趣不高，至少評價不高；這些都接近薛瑄的思想，所以他對薛瑄評價很高，對三原學派中的馬理和傳承薛瑄思想的呂柟也十分欽佩。從這個角度來看，趙時春的思想正是南方陽明之學與北方河東之學、關學交相影響下的產物。

（三）經學、史學成就

在趙時春的交往群體中，學者有王崇慶、馬理、崔銑、陸粲、田汝成、李元陽、熊過、唐順之、尹耕、薛應旂、孫應鰲等。除崔銑、李元陽、孫應鰲之外，其他諸人與趙時春的交往均已見前。崔銑與趙時春的交往主要在嘉靖十八年二人任職東宮時，一年後，崔銑因赴任南京禮部侍郎而離開北京；這一年左右就是他們集中交往的時間。趙時春有《和崔侍郎謝過訪不遇》《送崔侍郎之南都》兩首詩。李元陽與趙時春同年，同選庶吉士，但李元陽很快因議禮被貶謫，嘉靖二十九年，暌隔二十餘年的趙時春作《寄李仁甫》一詩回復李元陽。孫應鰲在任陝西提學副使時與趙時春交游，爲趙時春《稽古緒論》作序，序文表達了對趙時春思想和學術的讚許；趙時春有《題孫督學冊》一詩。可以看出，趙時春與崔、李、孫三人交往的時間都較短，但從唱和詩文可知，他們有着詩文唱和、書信往來，有着對對方文章、學術的肯定。

就學術成就而言，這 11 人均有不少的學術著作流傳或著錄，他們在明代學術史上占有一席之地。其中馬理、崔銑、唐順之、薛應旂、孫應鰲兼理學家、學者於一身，不僅在理學上有影響，而且還在經學、史學上頗有成就；田汝成、李元陽、尹耕等的成就主要在史學上，陸粲、熊

---

① 《諸儒》，《趙時春文集校箋》，第382頁。

過的成就主要在經學上。四庫館臣給崔銑以較高評價,認爲其書"頗爲嚴謹"①,"不巧言回護,亦絶無門户之私"②,聯繫館臣對明代學者總體的苛評來看,這個評價是相當高的。相對而言,館臣對唐順之、薛應旂的評價則頗多貶詞,如評唐順之著作"妄爲升降,顛倒乖錯"③,這是"前明學者之通病"④;評薛應旂著作爲"孤陋寡聞""疏漏"⑤。今天來看,館臣對唐順之、薛應旂的評價或多或少地包含了清代考據學家對明代學風的成見;平心而論,唐順之、薛應旂的學術成就應當是這個群體中最高且影響最大者,可是由於他們著述駁雜,卷帙浩繁,所以難免出現紕漏不純之處,但其修撰之勤、著述之豐、規制之宏,在有明學者中當居一流;館臣的評價對其弊端批評有餘,而對其優點襃揚不足,難以服人。

　　爲了呈現趙時春交往群體的學術成就,我們再將考察範圍擴展至趙時春交往的一百餘人之中,分析他們著述的總體情況,以概括這一群體的學術傾向。通過對《明史·藝文誌》《千頃堂書目》《四庫全書總目》的檢索,我們得出以下結論:

　　1. 這一群體學術的主要成就在史學尤其方志學上。我們統計到其史學著作 71 部,包括正史、雜史 38 部,方志、準方志 33 部,被《四庫全書》收録、存目 29 部。其中通史如薛應旂《宋元資治通鑑》157 卷,雜史如唐順之《左編》《右編》《稗編》《武編》《儒編》共 314 卷、薛應旂《憲章録》47 卷等;很少有史論和野史雜傳,這也反映出該群體史學思想的保守性。他們史學成就最顯著的是方誌,如馬理、李元陽、薛應旂分别主編陝西、雲南、浙江通誌,其他如王崇慶《開州誌》、康海《武功縣誌》、

①　永瑢等《四庫全書總目》卷七三《彰德府誌提要》,第 640 頁。
②　永瑢等《四庫全書總》卷九六《後渠庸書提要》,第 809 頁。
③　永瑢等《四庫全書總》卷六五《史纂左編提要》,第 580 頁。
④　永瑢等《四庫全書總》卷九〇《兩晉解疑提要》,第 762 頁。
⑤　永瑢等《四庫全書總》卷四八《宋元資治通鑑提要》,第 434 頁。

崔銑《彰德府誌》、鄒守益《廣德州誌》、趙時春《平涼府誌》、傅學禮《慶陽府誌》、謝少南《全州誌》、李舜臣《樂安縣誌》、胡松《滁州誌》、李元陽《大理府誌》等。這些舊誌或存或佚，存者多爲當地現存最古方誌，佚者內容則又多被續修方誌所取法或借鑒；而且，這些飽學之士修誌多出一人之手，體現出自己的考證結果和史學思想，較有個性特色，如康海之《武功縣誌》享譽海內，趙時春之《平涼府誌》有鮮明的經世傾向等，這與成於衆手的集體修誌明顯不同。

2. 經學研究是這一群體學術的又一重要領域。我們統計其經學著作有 32 部，包括春秋學 11 部，易學 9 部，詩、書、禮學各 3 部，五經總論 3 部，被《四庫全書》收錄、存目 11 部。從其中少數今存著作及《四庫全書總目》來看，這些著作有着明代學術的基本特色，即喜駁斥前人、標立新說，如陸粲之《春秋胡氏傳辨疑》、熊過《春秋明志錄》、孫應鰲《淮海易譚》等即是。同時，這些著作的另一重意義在於，它們是明代經學由假經以明傳，變爲因傳以明經的重要表徵，其中以陸粲《春秋胡氏傳辨疑》最具代表性。該書針對胡安國《春秋傳》而作。胡安國對《春秋》進行了理學本位的疏解，忽視了《春秋》史的本質，而陸粲辨疑則首次體現了春秋學研究由經學向史學的轉變。張德建先生論曰："明代學術風尚由經學向史學的轉換是通過春秋學發生的。"①然則陸粲之春秋學成就一定程度上也可看作是明代學術轉變的表徵；聯繫趙時春交往群體的學術特色來看，他們史學成就高於經學、子學，當然可看做是明代學術由經學轉向史學的表徵；進而聯繫這一群體的文學、理學成就來看，我們可以肯定，他們的文學和學術，深刻體現了明代學術文化發展演變的階段特徵，因而在明代學術文化史上占據重要地位。

---

① 張德建《春秋學與明代學術的歷史變遷》，《武漢大學學報》2008 年第 3 期。

四、結　語

（一）趙時春交游廣泛，以嘉靖年間的進士群體爲主。他們從閣臣、部僚、憲使到地方官員，身份不等，但一個基本的特點是爲官清正、廉潔，有着基本相同的政治傾向，多數有着與新議禮派和嚴嵩集團斗争的經歷。在當時，這是能代表社會進步方向的一個階層。

（二）從士人之間的地域交往來看，趙時春所在的陝西士人群體具有較爲獨特的文化品格，他們與江南、山東等地士人群體的交往，既代表了不同地域文化之間的交流，也可看成是嘉靖年間不同地域的士人群體之間交往的縮影。趙時春在接受其他地域文化的影響的同時，也傳播、加强了“秦風”的影響，尤其是對隴東高原深刻融入時代文學、文化的版圖，具有積極的人文意義。

（三）趙時春交往群體有着很高的學術文化成就。他們在文學、理學、史學、經學等方面的成就，反映了他們對學術文化的高度責任感和使命感，也深刻體現了明代學術文化發展演變的階段特徵，因而在明代學術文化史上占據重要地位。